Gabriele Krone-Schmalz

Privatsache

Gabriele Krone-Schmalz

Privatsache

Mit 17 Abbildungen

Herbig

Bildnachweis

Alle Abbildungen aus dem Archiv der Autorin, außer:
Seite 103: Axel Strencioch; Seite 157: WDR/Napp-Zinn

Besuchen Sie uns im Internet unter:
www.herbig-verlag.de

1. Auflage August 2009
2. Auflage Oktober 2009

Umschlaggestaltung: Wolfgang Heinzel
Umschlagbild: Tilo Fünger
Herstellung und Satz: VerlagsService Dr. Helmut Neuberger
& Karl Schaumann GmbH, Heimstetten
Gesetzt aus der 11,5/14,1 Punkt Minion
Druck und Binden: GGP Media GmbH, Pößneck
Printed in Germany
ISBN 978-3-7766-2609-4

Inhalt

Vorwort

Der Kabarettist Werner Schneyder hat einmal übers Älterwerden gesagt: »Resignation ist mit den Jahren unvermeidbar, nicht bekämpfbar, aber man kann Lust haben, Resignation zu gestalten.« Und ich habe große Lust dazu. Nein, ich werde kein weiteres Buch über die Reformfähigkeit Deutschlands schreiben. Wozu? Sich fernab parteipolitischer Minenfelder an der Suche nach Lösungen zu beteiligen, ist schön und gut. Aber was folgt dann? Es wissen doch ohnehin alle, wo es langgehen muss, wenn man nur wüsste, wohin man wollte … Ich jedenfalls werde meine Zeit nicht weiter vergeuden mit Erörterungen über politisch Machbares und gesellschaftlich Wünschbares, über Demokratiefähigkeit von Menschen, welche letztlich doch immer wieder diejenigen wählen, die ihnen am meisten versprechen, obwohl sie penetrant behaupten, gerade denen zu misstrauen und sich nach solchen zu sehnen, die ihnen reinen Wein einschenken. Nein, ich werde auch kein weiteres Buch über Russland schreiben. Jedenfalls nicht jetzt. Russland ist zu groß für westlich geprägte Köpfe. Aus der kleinen fetten Kröte mit Namen Feindbild – klar umrissen, eindeutig definiert, aus übersichtlichen Zeiten des Ost-West-Konfliktes stammend – ist ein schleimiges Ungeheuer geworden, das seine Konturen geschickt verändert, sich nur schwer fassen lässt und einem durch die Finger glitscht. Ich habe im Moment keine Lust, mich damit zu beschäftigen. Ich mache jetzt mal ganz was anderes. Gedanken ausbreiten und Geschichten erzählen. Mit sechzig kann man ruhig mal Bilanz ziehen. Was ist mir wichtig im Leben und warum? Hat sich da im Laufe der Zeit viel geändert oder waren fundamentale Dinge schon früh genauso angelegt, wie sie jetzt sind? Als Mensch mit einer gewissen Sammelleidenschaft und großer Liebe zum geschriebenen Wort bin ich nicht nur auf Erinnerung angewiesen, sondern kann in meinem eigenen Leben vieles nachschlagen wie in einer alten Chronik. Da steht dann schwarz auf weiß, was ich »damals« gedacht und gemacht habe. Was prägt einen Menschen und warum? Auf der Suche nach Antworten werde ich mich nicht in eine chronologische Abfolge zwingen lassen. Ich nehme mir mit diesem Buch die Freiheit, durch die Zeiten zu springen, wenn die Gedanken dasselbe Thema berühren. Bei manchen halte ich mich länger auf, andere streife ich nur. Nach all meinen »Pflichtbüchern«, die der Information über Russland und Deutschland dienten, ist das hier meine »Kür«, die Sie unterhalten, ermutigen und gegebenenfalls auch nachdenklich stimmen soll.

Prolog

Ich sitze auf einer Schaukel, fliege hoch oben und sehe viel. Ich sehe gelben Sand und das Meer, mächtige Palmen, in denen sich der Wind verfängt. Dort ist es ruhig und menschenleer, nur die Wellen rauschen mit dem Lied der Luft. Eine große schwarze Mauer ist unter mir, breit und unüberwindlich für die da unten; hinter ihr weißer brennender Sand mit gleißenden Steinen, auf denen sich Schlangen sonnen, Skorpione und Spinnen räkeln. Ich schaukele hoch hinaus, bin über der Mauer, sie hindert mich nicht. Und dennoch sehe ich die eingezäunte Wildnis. Aber ich bin nicht ihr Gefangener, weil ich schaukeln kann. Wie lange werden die Stricke halten und wohin werde ich fallen …

25. Januar 1969

1
Traumstart

Das Abitur in der Tasche, gerade achtzehn geworden und noch vier Monate Zeit bis zum Beginn des Studiums – eine wunderbare Gelegenheit, dem Berufswunsch in der Praxis näherzukommen, bevor die Theorie an der Universität für Praxis keinen Raum mehr lassen wird. Während der letzten Schuljahre wurde immer deutlicher, was mich wirklich interessierte: fragen, den Dingen auf den Grund gehen, und dann erzählen, was man herausgefunden hat.

Welch ein Traumberuf, als Journalist zu arbeiten, und zwar fürs Radio. Welch ein grandioses Medium! Du hast Geräusche, mit denen sich die Beiträge gestalten lassen, du hast den Klang der Stimmen, deine und die der Menschen, mit denen du redest, von denen du etwas wissen willst. Du hörst, ob jemand lächelt oder verkniffen artikuliert. Um das im Fernsehen sichtbar zu machen, braucht man einen guten Partner an der Kamera. Das hängt nicht allein von dir ab. Radio dagegen ist direkt, schnell, arbeitet mit Musik und spielt auf der Klaviatur der Fantasie. Als eifriger Radiohörer des Westdeutschen Rundfunks, mit dem Vorteil bedacht, in Köln zu wohnen, am Hauptsitz des Senders, ist klar, wohin die Reise geht: in die aktuelle Abteilung des Hörfunks. Dass der Leiter Dieter Thoma heißt, ist bald herausgefunden, sich mit seinem Vorzimmer verbinden zu lassen, auch kein unüberwindliches Hindernis. Und ein Gesprächstermin ist rasch vereinbart. Zwischen mir, der frischgebackenen

Abiturientin, und dem viel beschäftigten Chef der Aktualität im Hörfunk des WDR, immerhin die größte Anstalt der ARD.
Ob das heute auch noch so problemlos funktionierte? Ich fand es damals eher selbstverständlich als außergewöhnlich. Mit einer Ernsthaftigkeit, die ich erst heute voll zu würdigen weiß, nimmt sich dieser Mann Zeit für mein Anliegen.
Dabei sehe der Apparat so etwas nicht vor, erklärt er mir. Ein Praktikum gebe es nur für Studenten und ein Volontariat nur nach abgeschlossenem Studium. Und freie Mitarbeit? Ja, das sei prinzipiell schon möglich, aber mit achtzehn, einfach so? Dieter Thoma denkt kurz nach und erzählt mir dann von dem neu installierten Morgenmagazin von sechs bis halb neun namens *heumo*, was für »Heute Morgen« steht. Da werde noch entwickelt und experimentiert und zum Lernen sei das sicher genau richtig. Ob ich denn schon mal was geschrieben hätte, ob es irgendwelche Texte gäbe, für eine Zeitung, und sei es eine Schülerzeitung, irgendwas, das geeignet sei, sich ein Bild von mir und meinen Fähigkeiten zu machen? Ohne lange zu überlegen, biete ich an, am darauffolgenden Tag ein paar Proben vorbeizubringen. Ich will noch wissen, ob es wichtig sei, dass die Texte veröffentlicht worden sind, denn damit könne ich nicht dienen. Darauf komme es nicht an, meint Dieter Thoma und wir verabschieden uns.
In der Straßenbahn auf dem Weg nach Hause frage ich mich, ob ich das Richtige tue und ob ich die Texte überhaupt aus der Hand geben will. Schließlich sind sie sehr persönlich. Aber der Typ wirkt seriös und vertrauenerweckend. Was soll schon sein? Der kriegt sie. Einer davon ist eine Klassenarbeit.

Großstadtstraße

(14. Juli 1965)

Jede Woche gehe ich um dieselbe Zeit denselben Weg. Es ist kurz vor Geschäftsschluss. Menschenmassen schieben sich an Schaufenstern vorbei, Ausgänge quellen über vor Menschen, ein hastiges, unruhiges Durcheinander von Menschen, die zu Leuten geworden sind. Mitten in diesem Gewühl zu sein und doch niemanden zu kennen, stimmt einen sonderbar traurig. Alle laufen vorbei, sie haben mit sich selbst genug zu tun, sie können sich nicht an den anderen stören. Ich bin niemand unter vielen; alleine, obwohl ringsherum mehr als genug Menschen laufen, das ist eine Einsamkeit, die wehtut. Alle sind zusammen, aber um jeden ist eine unüberwindbare Mauer der Anonymität.

Es werden immer mehr Menschen, die in der aufkommenden Dämmerung zu einem unpersönlichen Ganzen zusammenwachsen. Sie schreien und lachen durcheinander, einer will den anderen übertönen, diese elende Hetzerei, sogar beim Reden. Manchmal staut sich der endlose Zug von bunten Menschen, sie stehen eingekeilt zwischen Obstständen und Glasfronten. Ein Geruch, der sich nicht genau beschreiben lässt, der von jedem etwas hat und abstoßend wirkt, liegt über der Masse: Parfum, Schweiß, angefaultes Obst, Leder und wieder Schweiß. Das Atmen ist beschwerlich, das Beklemmende dieses Geruchs, die Schwere der Luft erstickt einen fast, und dann der Staub, das Flimmern der Luft, die Hitze … – entsetzlich; ein Gefühl der Unruhe, das einen willenlos weitertreibt, weg von der Menge der Dinge, die alle auf einmal nicht zu bewältigen sind.

Nach zwei Stunden erwartet mich derselbe Weg noch einmal. Es ist ganz dunkel geworden, bis auf die Ränder der Straße. Sie sind strahlend hell beleuchtet von den unzähligen Schaufens-

tern. Die Menschen sind fast ganz verschwunden. Jetzt bin ich wirklich alleine, aber jetzt tut es gut. Die Lichtreklamen scheinen am Ende der Straße zusammenzustoßen, und ein leuchtendes Farbengemisch entsteht. Die darüber hinausragenden, dunklen Häuser wachsen mit dem Nachthimmel zusammen, der alles bis ins Unendliche fortführt, zu einer Größe, die einschüchternd wirkt. Jeder Schritt hallt auf dem Pflaster und wird als verzerrtes Echo zurückgeworfen. Dieses Echo und die plötzliche Verlassenheit der Straße lassen einen unsicher werden und sich beobachtet fühlen. Aus allen Schaufenstern starren die unbeweglichen Augen der Modepuppen, und diese hässlich verkrampften Hände recken sich immer weiter vor. Ein paar Menschen lassen sich im Spiel von bunten Reklamebirnen und schwarzer Nacht nur als schemenhafte Gestalten erkennen. Sie werden langsam größer, die Gesichter erscheinen abwechselnd blau und grün, wie verzerrte Masken sehen sie aus. Alles verändert sich im Licht, das die Augen täuscht. Nach so vielen Gegensätzen hat man das Verlangen, die Augen zu schließen und auf nichts mehr achten zu müssen.

Die ersehnte Antwort lässt nicht lange auf sich warten. Ich darf sofort anfangen. Ein paar Formalitäten sind noch zu erledigen. Ich bekomme einen Hausausweis und Essensmarken für die Kantine. Im Arbeitsvertrag steht unter Vergütung: zwanzig Mark pro Tag. Es geht mir gut. Der WDR wird mein zweites Zuhause. Alle sind nett zu mir, beantworten geduldig meine Fragen, lassen mich machen und nehmen mich ernst, jedenfalls meistens. Der Redaktionsleiter ist ein Profi, sanft im Umgang, kreativ und menschlich. Ich fühle mich in seinem Laden gut aufgehoben, in dieser Redaktion, die aus sechs Männern und einer Frau besteht und die in zwei miteinander verbundenen Räumen dafür sorgt, dass täglich außer sonntags ein aktuelles Morgenmagazin die

Hörer informiert und unterhält. In den Zimmern nebenan sitzen diejenigen Menschen, die Informationssendungen für den Nachmittag und Abend vorbereiten; in der Etage unter uns die Kollegen des Mittagsmagazins, um die Ecke die Truppe der Nachrichtenredaktion, die rund um die Uhr im Schichtdienst arbeitet. Kein Tag ist wie der andere. Lang sind sie fast alle, lang und vollgestopft mit Neuem, Fremdem, Aufregendem. Wie recherchiert man eine Geschichte? Was ist überhaupt eine Geschichte? Wie fragt man sich durch? Wie überzeugt man Interviewpartner, dass sie in aller Herrgottsfrühe auf dem Sender zur Verfügung stehen? Worauf ist beim Vorgespräch zu achten? Welche Themen eignen sich und welche nicht? Welche fliegen als erste raus, wenn die Sendezeit knapp wird? Oberstes Gebot: Live muss es sein. In eben der Sekunde gesagt, in der es gesendet wird. »Gebaute Beiträge«, also Vorproduktionen, sind in unserer Redaktion tabu. Das sollen andere machen. Wir doch nicht. Authentisch, lebendig, direkt. Wer das nicht kann oder will, kommt in *heumo* nicht vor.
Abgesehen von Botengängen aller Art, Fotokopieren, Brötchenholen und ähnlichen Hilfsarbeiten werde ich fest in den Dienstplan eingebunden. Man lernt eine Menge, wenn man die Unterlagen für die Moderatoren vorbereitet und ihnen stichwortartig die Vorgespräche protokolliert. Ich stelle fest: Wenn man wirklich etwas wissen will und einer Sache gründlich nachspürt, erfährt man die interessantesten Dinge. Desinteressierte Routine ist langweilig, vor allem für die Hörer. Ich merke schnell, wie wichtig es ist, überzeugend zu kämpfen: für ein Thema, für einen Gesprächspartner, für eine Reihenfolge im Programm. Und ich versuche herauszufinden, woran es liegt, wenn sich jemand durchsetzt und warum sich manche öfter durchsetzen als andere. Haben sie die besseren Ideen oder die größere Überzeugungskraft?

Hängen beide Dinge irgendwie zusammen? Welche Rolle spielt das Alter dabei?
In der Redaktion sind sie alle vertreten: die Alten, die Jungen und die dazwischen. Der erfahrene, nahezu abgeklärte Programmmacher, der ungeduldige junge Wilde, der den Namen seiner Mutter angenommen hat, weil ihm die Fragen nach seinem prominenten Bruder auf die Nerven gingen, dann der ewig braun gebrannte gut gelaunte Mittdreißiger und der schlagfertige, motorsportbegeisterte Oldtimerfan, mit dessen Art von Humor ich mich zunächst schwertue, aber an dessen Mimik ich mich bis heute am besten erinnern kann. Und dann die einzige Frau, jung, blond, weiblich, nicht wirklich schlank. Ich bin froh, dass sie da ist, obwohl mich die Kerle gut behandeln. Aber ich bin ja auch ein Exot und keine Konkurrenz. Sie dagegen hat es schwerer als ich, und es erschreckt mich schon ein wenig, wie grob manche Moderatoren, freie Mitarbeiter und Kollegen aus anderen Redaktionen mit ihr umspringen. So ein Verhalten kenne ich nicht, bin ich nicht gewohnt. Ich verfolge ihre Reaktion auf unterschwellige Beleidigungen und Machogehabe und wundere mich über ihre Gelassenheit.
Vermutlich war es langfristig gesehen die bessere Strategie, nicht jedes Stöckchen anzunehmen und Zirkus zu machen: Grenzen einziehen, ja, aber nicht jedes Mal die Fahne der Gleichberechtigung schwenken. Das kostet zu viel Kraft und führt zu nichts. Verlässliche Arbeit, mehr als nur eine Prise Humor und eine gut austarierte Mischung aus Gelassenheit und Selbstbewusstsein. Damit lässt sich in dieser Männerwelt gut überleben, denke ich mir. Warum bleibe ich nicht gleich hier? Jetzt bin ich drin, kenne mich aus, fühle mich wohl. Wozu denn noch ein Studium? Im Traumberuf arbeiten, Geld verdienen, im und durch Alltag lernen. Reicht doch. Aber da gibt es diesen Journalisten mit Namen Klaus-

Martin Meyer, ein Original mit Kanten und Ecken, mit Leib und Seele Radiomann. »Mädchen, geh zur Uni«, rät er mir. »Geh zur Uni und mach dein Studium zu Ende. Abgebrochene Studenten haben wir hier schon genug. Studier, was du willst, aber schließ es ab. Und wenn du schlau bist, dann komm mit den zwei Buchstaben vor dem Namen wieder. Schon gar als Frau. Glaub mir, das ist besser.«
Ich glaube ihm. Aber es fällt mir schwer, mich zu trennen. Ich zermartere mir das Hirn, wie ich beides kombinieren kann, und komme auf eine Idee. Warum nicht als Produzent arbeiten? Darin hatte ich immerhin schon Erfahrung, denn mittlerweile durfte ich hin und wieder das Morgenmagazin »produzieren«, wenn die dafür eingekauften freien Mitarbeiter überraschend ausfielen. Was sich so hochtrabend anhört, war im Grunde eine relativ simple Geschichte, jedenfalls dann, wenn der geplante Sendeablauf nicht durch die Aktualität der Nachrichten über den Haufen geworfen werden musste. Das übliche Verfahren ging so: Der Produzent sitzt, durch eine Glasscheibe von den beiden Moderatoren getrennt, im Studio neben den Technikern und dem Musikredakteur und führt sekundengenau Protokoll. Die Wortbeiträge muss er auf Band mitschneiden, die telefonischen Gesprächspartner rechtzeitig anwählen und zu den Moderatoren ins Studio durchstellen. Er achtet darauf, dass diese die geplante Gesprächszeit nicht überziehen oder – gegebenenfalls, wenn der vorgesehene Musiktitel nicht lange genug dauert, um pünktlich zur Nachrichtenzeit zu enden – eine sogenannte bunte Meldung zur Verfügung haben, um die fehlenden Sekunden bis dahin zu überbrücken. Parallel dazu – ganz wichtig – hat er den Fernschreiber im Auge zu behalten. Wenn die Nachrichtenagenturen etwas melden, was zu den geplanten Themen passt, bekommen die Moderatoren das Papier mit den Informationen gereicht. Wenn

etwas Unvorhergesehenes passiert, das bedeutend genug ist, um darüber zu berichten, heißt es, gezielt herumzutelefonieren, um geeignete Gesprächspartner aufzutun und gleich auf den Sender zu bringen. Kein schlechter Job. Und der Verdienst von fünfzig Mark pro Sendung ist einfach gigantisch. Diese Arbeitslösung scheint mir optimal: Um halb neun ist das Morgenmagazin zu Ende, und mit ein wenig Glück kann ich um halb zehn die Redaktion verlassen, um rechtzeitig zu den Vorlesungen an der Uni zu kommen. Als ganz so optimal entpuppt sich die Lösung in der Praxis dann doch nicht. Nach ein paar Wochen muss ich mir widerwillig eingestehen, dass ich diese Parallelität von Studium und Job nicht aushalte. Nachts um drei, halb vier aufstehen und nach der Sendung einen normalen Tag anschließen – das ist zu viel. Schweren Herzens ziehe ich die Konsequenz. Ich verlasse den WDR. Doch der Entschluss, nach dem Studium wiederzukommen, ist bereits gefasst.

2
Die Grundsteine

Es ist nichts so schlecht, als dass es nicht für irgendwas gut wäre.« Dieser Spruch brachte mich zur Weißglut, als ich noch jung war. Und jetzt, mit fast sechzig, was bin ich da? Jung? Nicht wirklich. Alt? Relativ. Älter? Als wer oder was? Ich fühle mich jedenfalls so, wie hübsche junge Mädchen aussehen. Trotz Falten oder Fältchen – eine Frage des Lichtes und des Schlafs – und trotz beginnenden Truthahnlooks. Den kennen Sie nicht? Er betrifft die vordere Halspartie. Natürlich habe ich mich schon mit dem Gedanken beschäftigt, meine Garderobe durch mehr oder weniger attraktive Accessoires zu erweitern, um diese Stelle zu kaschieren. Aber das scheint mir keine Lösung zu sein, zumindest keine, mit der ich mich wohlfühle. Meine grauen Haare werde ich auch nicht färben lassen. Wozu? Grau meliertes Haar – das glitzert so schön in der Sonne.

Wie reagiert die Umwelt auf eine grau melierte Sechzigjährige in knallengen Jeans? Ist das wichtig? Ich will mich nicht lächerlich machen und möchte einen ästhetischen Anblick bieten. Doch hin und wieder, wenn ich an die Regeln denke, die für meine Großmutter maßgeblich waren, werde ich unsicher: Ab fünfzig nur gedeckte Farben, am besten dunkel, nichts Figurbetontes. Punkte und Pünktchen waren damals für diese Generation »in«: allerhöchstens schwarz auf weiß, statt wie üblich umgekehrt. Da hilft es mir schon, wenn ich in meinem Alter aufmunternde Blicke von jungen Leuten ernte, die meine Enkel sein könnten.

»Jung« ist ein Qualitätsmerkmal. Das kann man drehen und wenden, wie man will. »Jung und schön« scheint so zwangsläufig zusammenzugehören wie Tag und Nacht oder Pech und Schwefel. »Alt« gilt als Makel, weil damit Gebrechlichkeit und Desinteresse, Müdigkeit und Langeweile verbunden werden. Aber was hat das Geburtsdatum mit »jung« und »alt« zu tun, wenn man von einer gewissen statistischen Aussagekraft einmal absieht? Ich wage zu behaupten, dass mein achtzigjähriger Mann jünger ist als manch Vierzigjähriger in unserer Umgebung. In einem Cabrio mit voll aufgedrehtem CD-Player an der Küste entlangzufahren, ist kein Privileg der Jungen; ob mit Technomusik, Elton John oder Liebesballaden von Elvis, spielt dabei keine Rolle.
Meine Eltern wurden von meinen Schul- und Studienfreunden nicht nur akzeptiert, sondern beinahe verehrt und geliebt. Für mich war das selbstverständlich – ich liebte sie ja auch. Erst sehr viel später habe ich darüber nachgedacht, warum das so war. Es hing sicher wesentlich damit zusammen, dass sie sich auf uns, auf die Jungen, eingelassen haben, dass sie sich interessierten, uns ernst nahmen, auch Blödsinn mitmachten und nicht als die personifizierte Vernunft herumliefen. Meine Mutter hatte auch jenseits der sechzig kein Problem damit, sich alleine auf der Tanzfläche zu bewegen, wenn ihr die Musik gefiel und sie Lust dazu hatte. Ihre Art zu tanzen war dabei weder peinlich noch unangebracht, sondern einfach nur schön. Mein Vater hat mit uns Kindern auch abends gefrühstückt – morgens natürlich sowieso –, wenn wir unbedingt ausprobieren wollten, ob man auch abends frühstücken kann.
Irgendwann, noch in der Volksschule, sollte ich einen Aufsatz schreiben unter der Überschrift: Warum ist der Beruf meines Vaters wichtig? Meine Mitschülerinnen, deren Väter als Arzt oder Rechtsanwalt praktizierten, eine Bäckerei oder ein

Schuhgeschäft betrieben, eine Straßenbahn oder ein Taxi fuhren, taten sich relativ leicht mit der Beantwortung der Frage. Ich scheiterte schon beim ersten Satz. Wie erklärt man als acht- oder neunjähriges Kind die Wichtigkeit eines Konzertmeisters im Sinfonieorchester? Ich konnte ja schlecht schreiben: »Mein Vater hat einen schönen Beruf. Er macht Musik. Das hört sich gut an, aber besonders wichtig ist es nicht.« Nach einem Gespräch mit meinem Vater war ich dann doch in der Lage, das Aufsatzthema zu bewältigen. Heute würde man sagen: Er hat mir kindgerecht erklärt, wie armselig und kalt die Welt ohne Musik wäre. Wie gut sich mit Tönen und Melodien etwas ausdrücken lässt, für das Sprache keine Worte findet. Wie Musik einen zum Lachen und Weinen bringt, wie sie einen aufputschen und beruhigen kann. Ich habe es dann bestimmt nicht besonders gut erklärt, aber voller Überzeugung meinen Text damit geschlossen, dass Musik für Menschen genauso wichtig ist wie die Luft zum Atmen.

Der erste Schultag im Frühjahr 1956

Musik lässt sich nicht teilen in U wie Unterhaltung und E wie Ernst. Das war eine der nächsten Lektionen, die ich nahezu spielerisch nebenbei lernte, und zwar lange bevor dieses Thema öffentlich diskutiert wurde. Denn mein Vater verkörperte exakt diese Art der Grenzüberschreitung: Neben seiner Tätigkeit im Sinfonieorchester gehörte er zu den ersten Streichern im damals international bekannten Jazzorchester Kurt Edelhagen. Die Aversion und Immunität gegenüber Schubladendenken habe ich wohl in erster Linie ihm zu verdanken. Tief beeindruckt hat mich als Teenager, dass sich ausgerechnet mein Vater – der Künstler, der Konservatoriumsabsolvent, das musikalische Wunderkind, das schon mit zehn Jahren im Kölner »Gürzenich« als Solist auftrat – mit mir zusammen meine erste Langspielplatte von den Beatles anhörte. Das ganze lange Ding auf beiden Seiten. Er ist nicht darüber hergefallen wie all die anderen Eltern meiner Schulfreundinnen, hat nicht die Nase gerümpft und das gesagt, worüber sich die meisten damals neidtriefend ereiferten: »Wie kann man nur mit dem Krach so viel Geld verdienen!« Nein, mein Vater hat sich vielmehr Stück für Stück geduldig und interessiert angehört und fachkundig kommentiert. Dass *Yesterday* ein musikalisches Juwel war, wusste ich vor den diversen späteren Interpreten.
Sehr früh und sehr anschaulich habe ich durch das Verhalten meines Vaters erfahren, was Respekt ist und wie man ihn einfordert. Vermutlich können heutzutage nur noch wenige mit dem Begriff »Hausmusikabend« etwas anfangen. Bei uns fand so etwas statt: Musikbegeisterte Profis und Laien verbrachten den Abend miteinander, es wurde musiziert, gegessen und geredet. Und zwar eins nach dem anderen. Ich werde nie vergessen, wie mein Vater bei einer größeren Gesellschaft im Hause eines exzellent Klavier spielenden Arztes, der ihn bei solchen Anlässen öfter am Flügel begleitete, mit-

ten im Vortrag abbrach, weil einige Gäste meinten, sich ausgerechnet zu dem Zeitpunkt unterhalten zu müssen. Niemand hatte mit dieser Reaktion gerechnet. Es war fast ein Schock. Plötzlich Stille und die Worte meines Vaters: »Ich spiele gerne weiter, wenn Sie mit Ihrer Unterhaltung fertig sind.«

Als Heranwachsender hat man eine besonders feine Beobachtungsgabe. Ich erinnere mich noch genau: Es flogen Blicke hin und her, die zeigten, dass deren Besitzer mit dieser Situation überfordert waren. Beim Gastgeber konnte man die gedankliche Schwerstarbeit an den schnell wechselnden Stirnfalten ablesen. Diejenigen, die für die jähe Unterbrechung verantwortlich waren, fanden vor lauter Peinlichkeit jetzt keine Worte mehr. Einige der Gäste schienen sich zu freuen: Endlich hat mal jemand den Mut, die Quatscherei hat schon lange gestört … Bis schließlich eine Frau, die sich an dem Gespräch beteiligt hatte, die Spannung auflöste: »Sie haben vollkommen recht, Herr Krone. Es war gedankenlos von uns. Es sollte keine Missachtung Ihrer Person oder Ihrer Kunst sein.« Damit war der Bann gebrochen.

Innerhalb weniger Minuten bekam ich an diesem Abend auf dem Silbertablett serviert, worüber lange und kluge Abhandlungen geschrieben werden: Respekt ist eine wichtige Eigenschaft im menschlichen Umgang. Man muss sich nicht alles bieten lassen, man kann sich auch wehren; und das lässt sich auf sehr bestimmte und dennoch höfliche Art machen. Respektlosigkeit dagegen geht nicht zwangsläufig mit böser Absicht oder bewusster Missachtung einher, sondern kann einem auch aus Gedankenlosigkeit unterlaufen. Also ein bisschen mehr nachdenken über das, was man tut, und schließlich den Mut haben, Fehler einzugestehen. Insofern war die Reaktion der Frau einfach stark – heute würde man sagen »cool«.

In den 50er- und 60er-Jahren war die Welt größer als heute. Wenn wir Schüler nach den Ferien zu Aufsätzen genötigt wurden, die Aufschluss über unsere Urlaubsorte gaben, dann verteilten die sich etwa so: Die meisten Familien blieben in Deutschland, vor allem in Bayern und an der Nord- oder Ostsee, einige fuhren nach Österreich und wenige nach Italien an die Adria. Die Ausnahme als Ferienziele bildeten Holland, Belgien, Dänemark, und eine einzige Mitschülerin war mit ihren Eltern an die Costa Brava in Spanien gereist. Das wurde von uns damals ähnlich bestaunt wie heute allenfalls ein Trip an den Amazonas.
Exotisch aussehende Ausländer konnte man, wenn überhaupt, nur im Kino oder im Fernsehen besichtigen. Im Straßenbild stellten sie auch in einer Stadt wie Köln eher die Ausnahme dar. Mein Vater war nun jemand, der ausländische Menschen angesprochen und zu uns nach Hause eingeladen hat. Besonders im Gedächtnis geblieben sind mir eine junge Inderin, die aussah wie aus dem Bilderbuch, ein tiefschwarzer Amerikaner namens Bill und zwei Russen aus der benachbarten Sowjetischen Handelsmission. Von den sicher sehr interessanten, aufschlussreichen Gesprächen habe ich als Kind damals nichts mitbekommen, aber ich konnte diese exotischen Wesen nach Herzenslust untersuchen und ausfragen. Bei der feingliedrigen Inderin faszinierte mich in erster Linie ihre wallende Kleidung, und es blieb mir ein Rätsel, wie die einzelnen Stoffteile zusammenhingen, denn ich konnte weder Knöpfe noch Reißverschlüsse entdecken. Das Spannendste an Bill waren seine Haare. Natürlich durfte ich die dichten krausen Löckchen anfassen, daran ziehen und darin herumwühlen. Und wer weiß, vielleicht trug der frühe Kontakt zu den beiden Russen dazu bei, dass ich nicht auf die plumpe Rhetorik zu Zeiten des Kalten Kriegs hereingefallen bin.

Erst heute kann ich ermessen, wie wertvoll diese Weltoffenheit meines Elternhauses für mich war. Ich lernte, unvoreingenommen auf Menschen zuzugehen, und habe von klein auf erlebt, dass nicht die Herkunft darüber entscheidet, ob jemand sympathisch ist oder nicht. Rückblickend betrachtet kann ich die Erfahrung gar nicht hoch genug werten: ungestraft Sympathie und Antipathie zeigen zu können, ohne mich vorher über Nationalität oder Religionszugehörigkeit informiert haben zu müssen.
Eine weniger angenehme, aber letztlich hilfreiche Erfahrung auf einem ganz anderen Gebiet machte ich als Studentin. In der Zwischenzeit durch den Tod meines Vaters Halbwaise geworden, hatten sich einige Lebensumstände derart verändert, dass ich neben dem Studium arbeiten ging, um etwas Geld zu verdienen. Ich habe meine Kommilitonen damals beneidet, deren Leben allein aus Studium und Freizeit bestand, deren Taschengeld es ermöglichte, Modetrends zu folgen, die ein kleines Auto ihr eigen nannten und in den Semesterferien in der Welt herumgondeln konnten. Auto und Reisen wollte ich auch. Auf der Suche nach guten Jobs, die sich mit dem Studium vereinbaren ließen, landete ich in den unterschiedlichsten Lebenswirklichkeiten: Auf viel befahrenen Straßen zu sitzen und den Verkehr zu zählen, aufgeteilt nach Fahrzeugklassen – eine einsame und ziemlich stinkige Angelegenheit. Als Messehostess beschäftigt zu werden, war dagegen schon lukrativer, aber gar nicht so leicht. Denn das Angebot arbeitswilliger Studentinnen überstieg die Nachfrage regelmäßig um ein Vielfaches. Da halfen meine Russischkenntnisse. Mein Favorit wurde schnell die Landwirtschaftsmesse, nicht etwa weil mich das Thema besonders interessiert hätte, sondern weil diese Ausstellung mit am längsten dauerte und man auf einen Schlag ein hübsches Sümmchen verdiente. Im Gegensatz zum Autozählen

war diese Tätigkeit alles andere als einsam, vergleichbar nur die schlechte Luft in den Messehallen, die mir bis heute ein Gräuel ist. Dann habe ich für einen völlig verquasten Steuerberater, bei dem ich mich damals schon fragte, wie man einem solchen Chaoten seine Finanzen anvertrauen kann, stundenweise die Korrespondenz erledigt und Formulare ausgefüllt. In einer Beschäftigungsflaute blieb mir nichts anderes übrig, als täglich den jungen, unerzogenen Boxerhund eines Edelfriseurs auszuführen. Im Vergleich dazu empfand ich die Arbeit im Ersatzteillager von Ford als angenehm. Und bei Modeschauen konnte ich testen, ob und wie ich unter Stress funktionierte. Nicht als Model, sondern als Anziehhilfe. In dieser Funktion ist man während der Show dafür zuständig, vier bis sechs Mannequins in der richtigen Reihenfolge die Kleider anzureichen und sie mit den passenden Schuhen und Accessoires auszustatten. Nach jedem Lauf wird der in die Ecke gepfefferte Haufen abgelegter Klamotten größer, und die Kunst der Anziehhilfe besteht darin, unter enormem Zeitdruck zwischen den Shows die guten Stücke wieder für den vorgeschriebenen Ablauf auf den Kleiderständern zu platzieren. Auch Nachhilfe habe ich gegeben, in Mathe und Latein. Als Sekretärin und Bürohilfe habe ich in Kleinbetrieben, Versicherungskonzernen und bei Bankenverbänden gearbeitet.

Wenn ich es mir damals hätte wünschen können, dann hätte ich auf all diese Erfahrungen gut und gerne verzichtet und mir lieber zusammen mit denjenigen, die es sich leisten konnten, ein schönes Leben gemacht. Wenn ich es aber heute bewerten soll, dann bin ich für jede einzelne Station dankbar. Nicht nur, weil sich die Qualität selbst verdienten Geldes besser erleben als erklären lässt – diese Erfahrung sollten Jugendliche meines Erachtens so früh wie möglich machen –, sondern vor allem, weil ich ein sehr breites Spektrum von

Arbeitswelten kennenlernte. Apropos, das ist einer der Gründe, warum ich für Politiker, wenn ich zu bestimmen hätte, eine mindestens fünfjährige Berufstätigkeit außerhalb der Politik gesetzlich verankern würde. Berufspolitiker verstehen zu wenig von den Feldern, über die sie letztlich entscheiden. Es gibt noch einen dritten Grund für meine Dankbarkeit: Als junger Mensch, für den im Prinzip alles über dreißig uralt, folglich indiskutabel ist, habe ich im täglichen Arbeitsprozess jung gebliebene Alte kennenlernen dürfen, deren Charme und Ausstrahlung, deren Lebensfreude und Selbstsicherheit dazu führen, dass man ihre Gegenwart genießt und ihr Lebensalter plötzlich nicht mehr als Barriere begreift.

3
Einsichten

Wer sich jenseits der sechzig jung fühlt, ist zufrieden. Ruht in sich. Ist eins mit sich selbst. Hat sich gefunden. Das macht das Jungfühlen im Alter attraktiver als das Jungsein in der Jugend. Es ist eben keine Selbstverständlichkeit, es ist einem vielmehr bewusst und deshalb kann man sich jeden Tag aufs Neue darüber freuen, dass es so ist. Das wiederum gibt Kraft, die diversen Zipperlein zu bewältigen, welche einem hin und wieder das Jungfühlen erschweren. Und das ist im Grunde das eigentliche Problem. Nicht das Alter, sondern die Krankheit. Zu »jung und schön« passt »alt und krank«.

Jeder Tag, der zu Ende ist, kommt nicht wieder. Diese unbestreitbare Tatsache spielt in der Regel in jungen Jahren keine Rolle. Ob einem tatsächlich ein hohes Alter beschieden ist oder nicht, das interessiert in der Jugend nicht wirklich – das Leben liegt vor einem und scheint nahezu endlos. Jenseits der sechzig sieht die Sache anders aus. Nüchtern betrachtet ist mehr als die Hälfte der Lebensjahre vorbei. Das, was noch kommt, ist weniger als das, was war, und nimmt mit jedem Tag weiter ab. Grund für Trübsal oder Verzweiflung? Nein. Es mag brutal und zynisch klingen, wenn ich ausgerechnet an dieser Stelle wieder den Spruch zitiere, der mich in meiner Jugend so wütend machte: »Es ist nichts so schlecht, als dass es nicht für irgendwas gut wäre.« Die persönliche Katastrophe, die ich durch den frühen, plötzlichen Tod meines Vaters erlebt habe, hat mich letztlich stark gemacht. Ich habe lange trainieren können für das, was man bewusstes Leben nennt. »Jetzt erst einmal das und dann noch zwei Jahre dies, und *dann* können wir …« – diese Denkweise habe ich nie akzeptiert. Denn wer weiß, ob ich *dann* noch da bin. Es kann so schnell und unerwartet zu Ende sein, also was soll die ganze Planerei? Abgesehen von dem unendlichen Schmerz, den der Verlust meines Vaters bedeutete, führte der ständig präsente Gedanke an die Sterblichkeit bei mir nicht zu Depression und bodenloser Trauer, sondern zur Fähigkeit, aus den kleinsten Dingen Genuss zu ziehen. Ich kann mich über jeden Fussel freuen: über Vogelgezwitscher, Blumenkelche, Wolkenformen, lärmende Zikaden, thermikfliegende Möwen oder Bussarde. Ich kann mich bewegen, kann denken, kann mich beschäftigen. Langeweile, was ist das? Das Leben ist schön. »Man kann nicht verhindern, dass man alt wird, aber man kann dafür sorgen, dass es bei gutem Wetter geschieht«, habe ich mal irgendwo gelesen und, rückwirkend betrachtet, sogar danach gehandelt. Bei näherem Hinsehen enthält dieses Motto aber auch etwas Ignorantes. Denn »man« kann eben nicht. Nur einige können, und ich gehöre dazu.

Ich bin ein Glückspilz. Mein Elternhaus war ein Zuhause und keine Versorgungsanstalt. Hier lernten wir, einen Blick für den Wert von etwas zu bekommen, ohne sich vom Preis irritieren zu lassen. Wir Kinder waren ein Geschenk für unsere Eltern und kein Anlass für detaillierte Gewinn- und Verlustrechnungen. Natürlich gab es auch Meinungsverschiedenheiten, aber die wurden menschlich und zivilisiert ausgetragen. Nicht autoritär glatt gebügelt oder heuchlerisch übertüncht. Wir waren eben eine Familie, in der es Spaß machte, Mitglied zu sein. Meine Mutter war ein stabiles emanzipiertes Geschöpf, das kein Selbstwertproblem mit der mehrjährigen Rolle als »Nur-Hausfrau« hatte. Schade,

Sie hätte ein Buch darüber schreiben sollen, wie sie das geschafft hat.

Ja, man kann engagiert für Gleichberechtigung eintreten, sie mit allem Nachdruck einfordern, dafür kämpfen, auf die unterschwelligen Gemeinheiten hinweisen und dennoch davon überzeugt sein, dass es wichtig und richtig ist, eine bestimmte Zeit nahezu ausschließlich für die Kinder da zu sein. Das ist ein Privileg, das sich die meisten finanziell ohnehin nicht leisten können, aber freiwillig darauf verzichten? Bin ich jetzt alt oder altmodisch, weil ich von unserer Familie schwärme? Bin ich etwa fortschrittsfeindlich und unmodern, wenn ich nicht verstehe, dass viele junge Mütter ihre gerade geborenen Kinder so schnell wie möglich in der Krippe abgeben wollen, damit ihre Karriere keinen Knick bekommt? Habe ich die Zeichen der Zeit nicht begriffen, wenn die hohe Zahl von Scheidungen meine Besorgnis erregt und ich Patchwork-Familien als Zukunftsmodell nicht wirklich etwas abgewinnen kann? Ich bin doch auch mit zwanzig auf die Straße gegangen, um für Gleichberechtigung und Wahlfreiheit zu demonstrieren. Damals war es ein Fortschritt, seine Rolle als Frau wählen zu können, ohne sich ins gesellschaftliche Abseits zu stellen: Karriere zu machen ohne Kinder und trotzdem nicht als gefühlloses, unweibliches Monster zu gelten. Dann plötzlich hieß es: Wer sich nur um Kinder und Haushalt kümmert und keine Berufstätigkeit vorweisen kann, ist langweilig und einfältig. Denn worüber soll man sich mit »so einer« um Himmels willen unterhalten?

Heutzutage ist Wahlfreiheit längst überholt, »Sowohl-als-auch« ist angesagt. Der dazugehörige politische Kampfbegriff lautet »Vereinbarkeit von Beruf und Familie«. Wenn ich es mir recht überlege, habe auch ich damals davon geträumt, mich nicht entscheiden zu müssen. Denn warum sollen

Frauen nicht das gleiche Recht haben wie Männer? Familienvater und Konzernchef – passt doch wunderbar zusammen. Oder nicht? Hindert uns vielleicht ein Denk- oder ein Ideologiefehler daran, den Weg dorthin konsequent zu gehen? Haben wir vergessen, von den Männern mit Nachdruck zu fordern, sich um die Kinder zu kümmern, wenn wir Frauen beides haben wollen, Beruf und Familie? Ist es von Belang, ob sich nun ein Elternteil oder staatliche bzw. private Stellen um die Kinder kümmern? Ich werde nie vergessen, wie mir ein vierjähriger aufgeweckter Junge sagte: »Morgen habe ich frei, da muss ich nicht in den Kindergarten.« Auf meine Frage: »Wieso, gefällt es dir da denn nicht? Da hast du doch viele Kinder zum Spielen«, meinte der kleine Mann: »Die hab' ich zu Hause auch«, und zählte mir vier Gleichaltrige mit Namen auf, die in seiner unmittelbaren Nachbarschaft wohnen. »Wir könnten bei uns zu Hause im Garten spielen oder in meinem Zimmer – im Kindergarten ist es immer so laut.« Genervte kleine Wesen, die, kaum dass sie laufen können, zu Hause rausgeworfen werden, damit Mama und Papa weiter ihr gewohntes Leben führen können.

Bin ich bösartig oder borniert? Bin ich alt? Habe ich einfach nur gut reden, weil ich selbst keine Kinder habe? Mag sein. Blöd bin ich jedenfalls nicht. Mir ist natürlich auch klar, dass Kindergärten für Kinder mit überforderten Eltern, aus unteren sozialen Schichten oder aus beengten Wohnverhältnissen eine gute Möglichkeit sind, ihre Chancen im Leben zu verbessern. Manche kriegen zu Hause ja nicht einmal das Zähneputzen beigebracht. Gut, wenn sich die Gesellschaft dann kümmert.

Mein Glaube an die Gesellschaft, an die Kraft der Gemeinschaft war früher größer. Der Staat war für mich Inbegriff ausgleichender Gerechtigkeit, Wächter und Beschützer seiner Bürger und eben auch dazu da, auf Kinder aufzupassen, ihnen gute Grundlagen für ihr späteres Leben zu bieten, damit die unterschiedlichen Elternhäuser nicht die alles entscheidende Rolle spielen. Die einen haben Glück und werden zu Hause gefördert, die anderen nicht. Wie ungerecht. Der Staat kann's richten, dachte ich. Der verantwortungsvoll agierende Staat, der immer dann einspringt, wenn seine Mitglieder keine Verantwortung übernehmen können oder wollen. Zwischen praktiziertem Christentum und der Idee des Kommunismus sah ich damals keine dramatischen Unterschiede: Christliche Nächstenliebe als übergeordneter Antrieb für soziales Engagement, damit es allen Menschen gleich gut gehen möge, und der Kommunismus als dafür passende staatliche Struktur. Wunderbar. Das Dumme ist nur, es funktioniert nicht. Als Zwanzigjährige hatte ich ganz bestimmte Vorstellungen von einer besseren Welt. Ich glaube, alle jungen Menschen träumen von einer besseren Welt, weil die Erwachsenen sie so gründlich verhunzen. Wieso nur sind die nicht in der Lage, aus der Vergangenheit zu lernen, Grausamkeiten zu verhindern, eine lebenswerte Welt aufzubauen? Sie hatten doch Zeit genug zu reifen. Sie können doch – im Gegensatz zu den Jungen – entscheiden. Sie haben doch Erfahrung und Weitblick und all die anderen Eigenschaften, durch die sie sich den Jungen überlegen fühlen. Mit zwanzig war ich felsenfest davon überzeugt, dass es das Beste sei, unter Aufbietung aller intellektuellen und emotionalen Kräfte ein Gesellschaftssystem zu entwerfen, welches für eine allseits gerechte, lebenswerte Welt taugt. Das schien mir der erste Schritt zu sein. Dann konnte man darangehen, die Menschen darauf vorzubereiten, sie zu schulen, sie zu formen, damit sie optimal in diese Strukturen passten. Und dann – verdammt noch mal! – musste es doch möglich sein, eine schöne Welt zu schaffen, in der sich alle wohl und gerecht behandelt fühlen. Mit zwanzig lasse ich mir meine

geraden Theorien doch nicht durch krumme Wirklichkeiten kaputt machen! Das kann man doch alles regeln.
Mit sechzig haben die Grenzen des Machbaren längst deutlichere Konturen angenommen. Ich bin demütiger geworden. Nicht alles Wünschenswerte ist machbar. Mit dieser unliebsamen Erkenntnis versuche ich jeden Tag aufs Neue zurechtzukommen. Mit aller Kraft konstruktiv, kreativ, nicht resignierend. Ernüchtert – ja, aber Ernüchterung hat eine andere Qualität als Resignation. Begeisterungsfähigkeit muss schon bleiben. Neugier und Motivation sind unverzichtbar. Eine gewisse Weisheit – die Kombination aus Wissen und Lebenserfahrung – macht gelassen, nicht zu verwechseln mit Desinteresse oder gar Mutlosigkeit. Wer sagt: »Man kann ja doch nichts ändern«, hat all seine Fähigkeiten weggeworfen und den Verlust nicht mal bemerkt. Übrig bleiben traurige, halbwegs funktionierende Kreaturen, mit denen im wahrsten Sinne des Wortes kein Staat zu machen ist. War das früher anders?
Wenn du anfängst, immer häufiger von »früher« zu reden, dann bist du alt. Davon war ich früher überzeugt. Heute sehe ich das nicht mehr ganz so rigoros. Früher – das ist schließlich der größte Teil meines Lebens, der mich geprägt hat. Von früher zu schwärmen ist legitim; von früher zu erzählen sowieso. Nur der Satz »Früher war alles besser« ist verboten, denn das war es sicher nicht. Es war anders. Ich meine mich zu erinnern, dass mehr Menschen Entscheidungen getroffen haben, ohne sie sich von diversen Gremien absegnen zu lassen. War das undemokratisch? Ich meine mich zu erinnern, dass Parteien Programme erstellt und verkündet haben, um dann mit ihnen Wähler zu gewinnen. Nicht umgekehrt. War das etwa nicht zielführend? Ich meine mich zu erinnern, dass sich früher technische Neuerungen nach den Bedürfnissen der Menschen gerichtet haben. Wissen Sie noch? Früher, als

die Geräte und Apparate genau das konnten, was man brauchte, aber nicht mehr als das, was man wollte. War das primitiv? Erst neulich hörte ich wieder am Rande eines Kongresses den Stoßseufzer eines Wissenschaftlers in den sogenannten besten Jahren: »Ich wünsche mir ein Handy, mit dem man einfach nur telefonieren kann.«

Apropos. Ich frage mich manchmal, wie wir – die aktuell arbeitenden Journalisten, die Auslandskorrespondenten – unsere Arbeit machen konnten, ohne ständig mobil erreichbar gewesen zu sein oder andere erreicht haben zu können. Es ist gerade mal zwanzig Jahre her, als die einzig verlässliche Verbindung zwischen dem Moskauer ARD-Studio und dem Rest der Welt ein museumsreifer Fernschreiber war, mit dessen Hilfe man sich schriftlich unterhalten konnte. Unterwegs in den Weiten des Landes gab es so gut wie keine Möglichkeit zu kommunizieren. Erst sehr viel später erleichterte ein tragbares Satellitentelefon die Arbeit; »erleichtern« ist im Grunde der falsche Ausdruck, denn der Transport dieses Ungetüms erforderte Gewichtheberqualitäten. Man musste als Journalist mit einer gewissen Form der Unerreichbarkeit zurechtkommen. Keine schlechte Schulung, denn man war gezwungen, selbst Entscheidungen zu treffen, ohne sie vorher von mehreren Redaktionsebenen in der Heimat absichern zu lassen. Wenn ich jungen Leuten, die den Journalistenberuf anstreben, von diesen Zeiten erzähle, dann stelle ich oft fest, dass sie mich beneiden. Dabei muss ich die Vergangenheit gar nicht nostalgisch überhöhen, es wird auch so deutlich, wie viel freier wir damals arbeiten konnten, gerade wegen fehlender technischer Möglichkeiten. Die Tyrannei der Aktualität hatte uns alleine aus diesen praktischen Gründen nicht so gnadenlos im Griff. Das ist heute anders. Es muss alles immer schneller gehen, was technisch kein Problem ist, inhaltlich hin und wieder aber schon. Denn es dauert nun mal seine Zeit, bis Informationen überprüft sind und ein möglichst vollständiges Bild der Lage geliefert werden kann, das in seinen einzelnen Bestandteilen auch noch die Proportionen wahrt. Der Druck ist heute viel größer als damals, und ich bin jeden Tag dankbar, dass ich mich ihm nicht mehr aussetzen muss. Schon zu Beginn meiner journalistischen Tätigkeit hatte ich vom Begriff »Aktualität« ganz bestimmte Vorstellungen: Aktuell ist nicht das, was heute passiert, sondern das, was heute wichtig ist. Der Spruch stammt leider nicht von mir, und ich weiß auch nicht mehr, woher ich ihn habe. Jedenfalls hat es mich damals schon Kämpfe gekostet, diese Auffassung durchzusetzen. Heute hätte ich wohl keine Chance mehr.

Das wohlwollende Beneiden junger Kollegen bezieht sich auch auf den Abenteuercharakter mancher meiner Geschichten, bei denen ich mich im Nachhinein frage, warum ich bestimmte Risiken eingegangen bin. Ich habe zwar auch damals persönliche Grenzen gezogen – beispielsweise bin ich 1989 nicht ins kämpfende Afghanistan geflogen –, aber diese Grenzen waren verhältnismäßig weit gefasst. Heute wären sie wesentlich enger, und in vergleichbaren Situationen würde ich mich sicherlich anders entscheiden. Denn mit zunehmendem Alter wächst die Angst. Jedenfalls ist das bei mir so. Nicht die Angst vor dem eigenen Tod. Es wäre schon schade irgendwie, wenn ich stürbe, solange ich gesund und munter bin. Aber ich könnte sagen: Schön war's, mein Leben. Ich habe weder das Gefühl, etwas versäumt noch wesentliche Fehler gemacht zu haben. Es war ein schönes, nicht immer leichtes, aber letztlich wunderbares Leben. Vermutlich wäre mein Fazit auch mit dreißig oder vierzig so ausgefallen. Also: Die Angst vor dem eigenen Tod ist es nicht. Oder doch?

Es ängstigt mich, für Menschen, die mich brauchen könnten, nicht mehr da zu sein. Und es ängstigt mich, Menschen zu verlieren, die ich brauche und liebe. Ich will nicht alleine übrig bleiben, womöglich in staatlicher Obhut vor mich hinsiechend. Ich hoffe inständig, dass – sollte es mich eines Tages treffen – unsere Gesellschaft so weit ist, den Willen von Menschen zu respektieren und sie auf eigenen Wunsch in Würde sterben zu lassen. Die Warnungen vor Missbrauch überzeugen mich nicht, da er auch jetzt schon möglich ist. Ich glaube vielmehr, dass der Schutz der Bürger vor Missbrauch nur vorgeschoben wird, um – wie in so vielen anderen Bereichen auch – alles und jedes unter Kontrolle zu halten und zu reglementieren.

4
Der Sinn

Das Leben ist das, was sich abspielt, während wir mit anderen Dingen beschäftigt sind.« Ich kann mich nicht mehr an die Quelle erinnern, auch nicht an den genauen Zeitpunkt, als ich diesen Satz hörte oder las, aber ich habe ihn als erwachsene Frau zur Kenntnis genommen und als Beweismaterial für meine Lebensphilosophie archiviert, jederzeit im Gespräch einsetzbar, wenn die Prioritäten abhandenzukommen drohten.

Was ist wichtig und was nicht? Was macht ein Leben lebenswert? Gibt es dafür eine allgemeingültige Antwort? Der eine ist glücklich, wenn er sich die Lunge aus dem Hals hetzen darf, der andere ist zufrieden, wenn der Meerblick stimmt und das Glas Rotwein bereitsteht. Wie viel wovon braucht es, um glücklich zu sein? Wie findet man das heraus? Und wenn man es herausgefunden hat, wie kommt man dahin? Wie viel des Weges kann man selbst bestimmen? Wie viel davon ist unabänderliches Schicksal, Zufall, Glück oder Pech? Worin besteht überhaupt der Sinn des Lebens? Hat man ihn oder muss man ihn suchen? Wie viele Antworten auf diese Frage sind möglich? Verändern sich die Antworten mit der Anzahl der Lebensjahre? Begleitet einen diese Frage dauerhaft oder gerät sie zwischendurch aus dem Blickfeld, eben weil man mit anderen Dingen beschäftigt ist? Vermutlich trifft Letzteres zu. Sinnfragen treiben Heranwachsende um und haben die Macht, sie aus der Gesellschaft oder gar aus dem Leben herauszukatapultieren, wenn Antworten ausbleiben.

Wenn das Leben eine Reise ist,
wen würden Sie als Begleiter nehmen?
(Klassenarbeit am 15. Dezember 1967)

Diese Frage ist sehr schwierig zu beantworten, da sie praktisch auf den Sinn meines Lebens hinausläuft, und wer kann schon mit einem Wort ausdrücken, was er im Leben für sinnvoll erachtet?

Ich habe mir über dieses Problem viele Gedanken gemacht und habe zunächst den Sinn des Lebens schlechthin geleugnet, bin dann aber zu dem Ergebnis gekommen, dass der Sinn des Lebens nur darin bestehen kann, glücklich zu sein, wobei glücklich sein für mich eine Zufriedenheit auf höchster Ebene bedeutet. Aber was im Leben verwirklicht dieses Glück?

Fähigkeiten und Können sind sicher ein wichtiger Punkt. Es ist ungeheuer befriedigend, seinen Interessen nachgehen zu können, so weit und mit solcher Intensität, dass sich schließlich Können entwickelt, das durch Fähigkeit noch verstärkt wird. Dieses Können anzuwenden bringt so viel Freude und schließlich auch Selbstvertrauen und Selbstbewusstsein mit sich, dass eine gute Grundlage zur Zufriedenheit und zum Glück gegeben ist.

Meiner Meinung nach kann man ein Leben aber nicht nur aus Arbeit aufbauen, selbst wenn der Beruf eine Berufung sein sollte. Es fehlt etwas, das bei aller Freude am eigenen Schaffen einen anderen Bereich der Freude streift, losgelöst von der eigenen Person: Es fehlt die Kunst. Erfüllt zu sein von den Werken der Kunst, sie zu empfinden, ganz mitzuerleben, vermittelt eine Tiefe, die den Menschen erst zum Menschen macht. Kunst ist nicht nur absolut schön, sie ist auch die vollkommenste Ausdrucksmöglichkeit des Menschen, für mich besonders die Musik. Wie viele Dinge lassen sich nicht mit Worten sagen? Fast alles, was Gefühl und Seele betrifft, und wie leicht und doch viel besser drückt es die Musik aus! Musik hat eine ungeheure Macht über mich, sie

Gitarrenunterricht hatte ich nie. Mit einer geliehenen E-Gitarre und Grifftabellen auf musikalischer Entdeckungsreise im Sommer 1967

kann mich traurig, mutlos, ja verzweifelt machen, aber sie kann mich auch aufleben lassen, glücklich machen. Gerade Musik ist für mich das Schöne in der Welt, und dürfte ich nur eine Kunstrichtung mitnehmen, ich wählte Musik.

Ich habe nun Glück durch mich selbst und durch Musik, aber ich habe Angst, mir alleine das Glück auf der langen Reise nicht erhalten zu können. Außerdem glaube ich, dass es sich nicht lohnt, alleine glücklich zu sein. Ich brauche einen Menschen, einen Menschen, der mich braucht; der mein Glück erwidert und so immer wieder erneuert und stärkt, der mir das Gefühl gibt, selbst einen Sinn darzustellen.

Wenn ich mein Leben lang nur für mich lebte, wäre ich frei und unabhängig, hätte alle Vorzüge eines ungebundenen Daseins, aber auf alle diese Dinge verzichte ich, weil ich glaube, dass ich trotz aller Selbstständigkeit, die ich mir einbilde zu haben, nicht imstande bin, meinem Leben aus mir heraus einen Sinn zu geben, nicht durch meine Fähigkeiten und nicht durch die

Kunst. Diese beiden Dinge können zwar zur Zufriedenheit beitragen und, wie gesagt, die Grundlage dazu bilden, aber den endgültigen Höhepunkt des lebenswerten Lebens erreichen sie nicht, denn ich glaube, dass das Glück in seiner höchsten Form für einen Einzelnen nicht existiert.

Worin besteht der Sinn des Lebens? Wer in jungen Jahren Antworten auf diese Frage gefunden hat, befördert sie alsbald in die Ablage, konzentriert sich auf Familie, Beruf, Karriere oder sonst etwas Wichtiges und vergisst mit der Zeit, dass da mal etwas war. Das Leben läuft automatisch, selbstverständlich, gegebenenfalls sachzwanggeregelt. Und dann kommt ein Punkt – beim einen früher, bekannt als Midlife-Crisis, beim anderen erst am späten Lebensabend –, an dem sich die Sinnfrage wieder an die Oberfläche bohrt.
Brauchen starke Frauen Gott? – mit dieser Fragestellung wurde ich vor einigen Jahren konfrontiert. Es ging um ein gleichnamiges Buchprojekt. Die beiden Autorinnen wollten wissen, ob starken, erfolgreichen, selbstbewussten Frauen zu Gott etwas einfällt, und befragten »Karrierefrauen« aus Politik, Sport, Kultur und Medien. Ich habe so geantwortet:

Der Mensch ist nicht die letzte Instanz
(1998)

Schon bei der Frage »Brauchen starke Frauen Gott?« lag mir auf der Zunge: Brauchen starke Menschen Gott? Ob das nun Frauen oder Männer sind, ist gar nicht so erheblich. Was zeichnet starke Menschen aus? Starke Menschen sind in der Lage, für etwas zu kämpfen, sie halten auch etwas aus. Ich glaube, dass starke Menschen eine Orientierung brauchen, dass sie an Dinge glauben, die man als Mensch nicht unbedingt erklären kön-

nen muss. Und ob man das Gott nennt oder ob man das in der Natur sieht, das ist für mich gar nicht so ausschlaggebend. Aber ich denke, Stärke hat etwas damit zu tun, dass man an Dinge glaubt.
Normalerweise bin ich nicht um Worte verlegen, aber wenn ich meine Beziehung zu Gott, meine Art des Glaubens ausdrücken möchte, habe ich Artikulationsschwierigkeiten. Da fehlen mir oft die Begriffe, die ich gerne hätte, um es treffender auszudrücken, aber vielleicht geht das nicht nur mir so.
Ich glaube, dass ich Gottvertrauen habe. Was nicht so weit geht, dass ich bei allem, was in der Welt geschieht, mich hinsetze und sage: Gott wird schon wissen, warum. Aber da ist doch ein Gottvertrauen – ein besseres Wort fällt mir nicht ein –, nicht bedingungslos, aber ich bin schon ganz zufrieden damit.
Wenn man öffentlich über Glauben und Gott spricht, weiß man nicht so richtig, wie das Gegenüber darauf reagiert. Früher hat es mal dazugehört zu sagen: »Jawohl, ich gehe in die Kirche.« Später zog man es vor zu sagen: »Ich gehe doch nicht in die Kirche.« Und heute weiß man nicht mehr so genau, was man sagen soll, sodass man dazu lieber schweigt. (...)
Warum bauen wir in so viele Dinge Bremsen ein, um Missbrauch zu verhindern? Wir denken Missbrauch immer mit. Freiraum oder Freigestaltung gibt es nicht, da könnte ja einer auf die Idee kommen, Missbrauch zu betreiben. Und das Schlimme ist, es passiert ja auch. Dann ist wirklich die Frage, woran liegt denn das? Ich habe keine Antwort, ich weiß es nicht. Wenn man von einem Gottesbegriff oder einer christlichen Moral ausgeht, dann müsste man doch Menschen viel mehr Eigenverantwortung zumuten und nicht immer sagen: O wehe, wehe, wehe, wenn wir das nicht reglementieren oder den Deckel drauf halten, dann macht der wieder ganz was Schlimmes, so wie unter der Bettdecke. Ob das vielleicht auch irgendwie eine Verdrehung dessen ist, was mal Christentum sein soll-

te? Was im Grunde gelernt werden muss, ist Eigenverantwortlichkeit. Das ist in hohem Maße christlich.
Apropos christlich – vorm Sterben habe ich keine besondere Angst, ich habe nur Angst davor, dass es wehtut. Es sollte möglichst schnell gehen. Ich glaube nicht, dass Sterbehilfe unchristlich ist. Ganz im Gegenteil. Ich glaube, dass es viel christlicher ist, jemand vom Leiden zu erlösen, statt alles, was überhaupt nur denkbar ist, einzusetzen, um irgendein Sterben zu verlängern. Das ist doch kein Leben im Grunde.
Als Kind habe ich natürlich gedacht, wir kommen alle in den Himmel, mit Flügelchen auf den Wolken und allem Drum und Dran. Dann kam die Phase, in der ich gedacht habe, das ist alles wunderbar, aber das gibt es nicht. Der Tod ist das Ende, und zwar total. Seele? – vergiss es. Du kommst in die Kiste, dann krabbeln irgendwann die Würmer durch, und das war es dann. Ich beschäftige mich heute relativ wenig damit, ich weiß einfach nicht, worauf es hinauslaufen soll. Ich würde mir wünschen, dass man diejenigen, die sich im Laufe der Zeit verabschiedet haben, noch einmal in Frieden wiedersieht, egal, in welcher äußeren Form. Aber ich tue mich mit dem Gedanken der Wiederauferstehung doch sehr schwer.
Ich würde nicht sagen, ewiges Leben und Wiedergeburt gibt es nicht, weil ich nicht weiß, ob es das gibt. Ich habe mir noch nicht überlegt, ob ich schon irgendwo mal war oder ob ich noch einmal wiederkomme. Und das mit dem ewigen Leben – wahrscheinlich bin ich zu sehr Verstandesmensch, dass ich denke, die vielen Menschen, die schon alle gestorben sind, wo sollen die bloß alle hin? Es überfordert mich einfach. Das ist eine schöne Wunschvorstellung, und dadurch, dass ich nicht weiß, ob es das ewige Leben gibt, habe ich so etwas wie Hoffnung.
Das, was ich Gottvertrauen nenne, habe ich während meiner Zeit in der Sowjetunion in viel größerem Maße kennengelernt als hier. Ich habe dort ganz massiv mitbekommen, dass Menschen,

denen es finanziell und materiell schlecht geht, das Letzte, was sie haben, nehmen, um ihre Kirche damit zu schmücken. Nach dem Motto: Wenn wir schon selber so armselig hausen, soll wenigstens Gott ein schönes Haus haben. Ich war mal in Sibirien unterwegs, bei den Bergarbeitern dort. Denen ging es furchtbar schlecht, davon können sich die Leute hier keine Vorstellung machen. Da hat mich eines Tages ein Bergarbeiter gefragt, mit dem ich immer wieder zu tun hatte, ob ich Patin von seinem Kind werden wolle. Das war eine große Ehre, weil Pate zu sein bedeutet für Russen noch viel mehr als hier bei uns. Und das habe ich dann auch gemacht. Der russisch-orthodoxe Pope kannte mich nicht. Er fragte, welcher Glaubensrichtung ich denn angehöre. Römisch-katholisch, habe ich gesagt. Damals war ich auch noch in der Kirche. Ob ich denn irgendwas hätte, was das beweist. Nein, nichts, habe ich erwidert. Ob ich nicht irgendein Kreuz hätte? Auch nicht. Das tat mir so leid, weil ich gedacht habe: Du lieber Gott, das wird jetzt nichts. Und dann sagt er: »Gut, es ist ja doch derselbe Gott.« Das müssen Sie mal in Deutschland versuchen. Ich glaube nicht, dass das funktioniert.
Ich könnte mir vorstellen, dass es in unserem Land bei vielen einfach »angesagt« ist, mehr über den Verstand abzuwickeln. Man vergibt sich etwas, wenn man glaubt. Die Amerikaner gehen irgendwie lockerer damit um. Wenn bei uns jemand Gott einbezieht, dann kann er dies nur innerhalb von Kirchenmauern. Oder es handelt sich um eine wirklich sehr klerikale Angelegenheit. Aber sonst ist Gott nicht dabei. Nicht im normalen, alltäglichen Leben.
Wenn Sie mich nach den Werten fragen, die in der Bundesrepublik in Zukunft stärker gelebt werden sollten, würde ich mir Aufrichtigkeit wünschen. Mut zur Aufrichtigkeit. Offensichtlich braucht man Mut, um aufrichtig zu sein. Eigentlich ist das aberwitzig, aber so sieht es tatsächlich aus. Ich habe immer Hemmungen, das Wort Zivilcourage zu benutzen, weil Hinz und Kunz

das Wort in den Mund nimmt, ohne zu wissen, was es eigentlich besagt. Aber im Endeffekt läuft alles darauf hinaus. Denn Zivilcourage bedeutet, dass man sich die Mühe macht, überhaupt von irgendwas überzeugt sein zu können, d. h. man macht sich kundig, das ist schon mal gut. Zivilcourage heißt weiter, dass man eine gewisse Gradlinigkeit hat und den Mut, zu den Überzeugungen, zu denen man aus welchen Gründen auch immer gekommen ist, zu stehen und dafür auch zu kämpfen, dafür zu arbeiten. Das kreist alles um eine ganz bestimmte Art von menschlichem Verhalten und hat auch etwas mit Verantwortungsbewusstsein, mit Eigeninitiative oder Eigen- bzw. Selbstbestimmung zu tun. Dieses Paket würde ich mir für die Gesellschaft der Deutschen wünschen, denn ich glaube, dass da ziemlich viel im Argen liegt. Irgendwie trauen sich die Leute nicht, couragiert für ihre Überzeugungen einzustehen. Sie sind so feige, doch gleichzeitig werfen sie anderen Leuten – in anderen Systemen, wo man wirklich in den Knast wandert, wenn man sich was getraut hat – fehlende Zivilcourage vor, da lache ich mich doch tot.
Früher bin ich davon ausgegangen, Menschen sind im Grunde gut, nur die Umstände machen sie böse. Heute bin ich nicht mehr so sicher und habe größte Probleme, an die Konstruktion Mensch als gelungene zu glauben. Weil Menschen nicht aufhören, sich gegenseitig zu quälen, und weil sie nicht in der Lage sind, ihre Egoismen zu überwinden. Ich glaube, dass der Mensch nicht die letzte Instanz und nicht der Maßstab aller Dinge ist.

Das Korsett einer Kirche als Institution ist mir zu eng, aber die Existenz einer überirdischen Macht bezweifle ich nicht. Ich habe keine Vorstellung davon, wie diese Macht aussehen könnte, aber das ist mir nicht so wichtig. Ich nenne sie Gott, um mit ihr in Dialog treten zu können. Eine sehr spezielle Form von Dialog: Der eine redet, der andere hört zu. Immerhin.

5
Kindheit

Endlich ist sie da, die Sonne. Ich liege auf der Wiese des Hotels unter einem Baum, schließe halb die Augen und atme tief durch. Die Luft riecht gut, trotz der Nähe zur Hauptstraße. Ein Bächlein rauscht und ich habe Zeit, keine Termine. Ein wunderbares Gefühl der Entspannung. Viele Jahre sind vergangen, seit ich meine Heimat zuletzt besucht habe. Merkwürdig, wie auf einmal verschüttete Erinnerungen auftauchen.

Das Erste und Wichtigste hier ist der Osser, dieser majestätische Berg des Bayerischen Waldes, mit dem mich schon als Kind ein freundschaftliches Verhältnis verband. Wenn wir meinen Geburtsort Lam, wo unsere Familie den Sommer zu verbringen pflegte, am Ende des Urlaubs verließen, habe ich mich meist unter Tränen von meinen Großeltern verabschiedet und bei der Abfahrt den Kopf verrenkt, um bis zuletzt *meinen* Osser zu sehen. Ich wollte mir seine Silhouette haargenau einprägen, das Bild musste schließlich ein Jahr halten, und das ist eine lange Zeit für ein Kind. Der Osser war längst nicht mehr zu sehen, als mir immer noch Tränen übers Gesicht rannen, die meine Eltern für Abschiedstränen von Oma und Opa hielten. Wer weint schon, weil er sich von einem Berg trennt.

Dann: mein Geburtshaus. Zugepflastert mit Erinnerungsfetzen. Es ist schön und traurig zugleich, wieder davor zu stehen. Das Haus ist viel kleiner, als ich dachte. Ebenso die Fenster und die Fensterläden, die mit in einer Schiene geführten klappbaren Eisenfigürchen festgestellt werden können. Das Figürchen erst anheben, dann runterklappen und der Laden

Der 1293 Meter hohe Osser in meinem niederbayerischen Geburtsort Lam – für mich nach wie vor der schönste Berg

geht auf. Dahinter saßen immer eine Menge Weberknechte, diese Spinnenwesen, die mein Bruder mit Vorliebe an den langen Beinen packte, um mir damit hinterherzulaufen. Er wusste, dass ich dieses Getier nicht mochte, aber Brüder machen das mit ihren Schwestern nun mal so.

Der Hauseingang. Früher führten zwei oder drei Stufen in einen länglichen offenen Vorraum hinauf: Rechts befand sich eine fensterbretthohe Mauer mit Blumenkästen, in denen Geranien oder Fuchsien wucherten. Über sie hinweg eröffnete sich ein freier Blick zum Osser und zum Arber, dem anderen Berg, dem ich übel nahm, dass er ein paar Meter höher war als mein Osser. Aber 1456 Meter zu 1293 Meter – was ist das schon, letztlich? Links eine rot lackierte Holzbank unterm Küchenfenster, das im Sommer immer offen stand. Auf dieser Bank zu sitzen und das wunderbare Panorama zu genießen, das geht auch als ganz kleines Kind, das noch nicht weiß, was Panorama heißt.

Am Ende des Vorraums dann die Haustür – genau wie das Fenster meist geöffnet, nur nachts geschlossen, aber nicht verschlossen. Heute befindet sich die zugesperrte Haustür direkt vorne an den Stufen und der freie Ausblick ist verglast. Ich weiß nicht, warum, aber der Eingangsbereich wirkt viel verschlossener als nur verglast. Man fühlt sich ausgesperrt oder eingesperrt, je nachdem.

Die Bodenplatten längs des Hauses sind ausgetauscht. Statt der zwei Reihen Betonquadrate, eingefasst mit einer robusten Reihe Kopfsteinpflaster – bestens geeignet für »Hüppekästchen« – säumt jetzt ein einheitlicher Streifen gut sortierter Mini-Pflastersteine die Hauswand. Nichts zum Spielen. Wie gerne habe ich damals diese Betonsteine mithilfe eines großen Scheuertuchs und eines für mich viel zu langen Schrubbers geputzt, den ich samt Tuch immer wieder in einen überdimensionalen Blecheimer tunkte. Ich weiß noch ganz genau, wie der aussah und wie es sich anhörte, wenn der quietschende Henkel auf den Blechrand schlug. Der Eimer war oben deutlich größer im Umfang als unten, und zwei umlaufende Rillen zierten ihn knapp unterhalb des Randes.

Der grüne Schuppen im Garten ist verschwunden. Dort konnte man so wunderbar spielen. Heute verstehe ich die dauernde Sorge der Eltern und Großeltern, wir könnten die steile Treppe hinunterstürzen, die fatalerweise nicht mal in den Eingang des Schuppens mündete, sondern geradewegs an ihm vorbei in die Tiefe des Terrassengartens führte. Sie war so angelegt, dass man sich immer wieder aufs Neue entschließen musste, von welcher Stufe aus man den Absprung in die Schuppenöffnung wagen sollte, denn keine der unterschiedlich breiten und vor allem unterschiedlich hohen Stufen lag auf gleicher Ebene mit der Türschwelle.

Ich kann mich nicht erinnern, dass mir Putzen später noch so viel Freude gemacht hat wie damals vor dem Haus meiner Großeltern in Lam.

Den Boden des Schuppens bildeten zwei Reihen der gleichen Betonplatten wie vor dem Haus. An den Wänden ringsum hingen Werkzeuge, darunter auch eine große schwere Säge und eine große schwere Axt. Vielleicht waren sie in Wirklichkeit auch kleiner, als ich es damals empfunden hatte – so wie das Haus und die Fensterläden. Mit Gewissheit sagen kann ich es nicht. Auf der linken Seite innen im Schuppen zog sich eine Hobelbank entlang, auf der man herrlich Sandkuchen backen konnte, üppig verziert mit abgerissenen Blüten aus Omas liebevoll gepflegtem Steingarten, vor dem Touristen stets bewundernd stehen blieben. Manche fotografierten ihn sogar. Am Ende des Schuppens in mehreren Reihen hintereinander und in jeder Ecke, die Platz bot, stapelten sich dicht gedrängt Holzscheite für den großen Küchenherd mit den ineinandergeschachtelten Eisenringen. Mein Großvater, der aus dem Ersten

Weltkrieg ein zerschossenes kürzeres Bein mitgebracht hatte, das ihn zum Tragen unförmiger orthopädischer Schuhe zwang, hatte einen ganz eigenartigen Schwung, wenn er die wenigen Stufen zwischen Gartentörchen und Schuppeneingang regelrecht hinunterhüpfte. Mit der linken Hand griff er dabei nach der Holzlatte links an der Schuppentür – die Schuppenwände bestanden im Wesentlichen aus Längslatten mit unterschiedlich breiten Luftritzen dazwischen – und drehte sich dann mit Schwung in den Schuppen. Ein ganz eigentümlicher Rhythmus war das, er hatte etwas Synkopisches. Ich habe diesen Rhythmus und das Quietschen seiner maßgefertigten, knöchelhohen Schnürschuhe noch im Ohr, als hätte ich es gerade erst gehört. Quietsch, quietsch – quiiiietsch.

Damals war der Garten mit einem klassischen Jägerzaun eingefasst, heute umgibt ihn eine moderne Querbretter-Variante. Aus dem arbeitsintensiven, wunderschönen Bilderbuchsteingarten ist eine pflegeleichte Anlage geworden, vor der niemand mehr bewundernd stehen bleibt. Unterhalb der Bruchsteinmauer, die den Steingarten sichert, wächst heute dort, wo früher der Rittersporn höher stand als ich groß war, irgendetwas Gebändigtes. An der Hauswand, ganz unten am Ende der Treppe, wo ein paar Quadratmeterchen Wiese den Garten begrenzten – Wiese, nicht Rasen –, kletterten dunkelrote Rosen empor und zur Straßenseite gediehen auf einem schmalen Streifen in gut zwei Metern Höhe Johannisbeeren, die ich nicht ernten durfte. Man musste schon einen gewaltigen Satz machen, um von der Treppe dorthin zu gelangen, und wer abrutschte, schrammte an einer Bruchsteinwand entlang, um dann auf glitzernden spitzen Natursteinen zu landen, die den Abschluss der Wiese bildeten. Im Grunde stellte der Garten eine einzige Gefahrenquelle dar.

Genau gegenüber, auf der anderen Straßenseite, der Schulhof. Die alten Kastanien stehen noch. Jedenfalls einige. Ich

glaube, damals waren es mehr. Die Abfallgrube an der hinteren Schulhausecke, in die auch unsere Küchenabfälle wanderten, hat ihre Funktion verloren und ist abgedeckt.
Die Höhenunterschiede innerhalb des Ortes sind ganz enorm. Unser Haus und die Schule stehen an der höchsten Stelle. Richtung Marktplatz geht es noch relativ eben geradeaus; in die entgegengesetzte Richtung fällt das Gelände steil ab. Keine Chance beim Ballspielen. Einmal den Ball verpasst, und man musste fast bis zum Bahnhof rennen. Dabei konnte man nicht einmal sicher sein, das Spielzeug wiederzufinden, weil der Ball schneller war als man selbst und auf seinem Weg talwärts unzählige Möglichkeiten hatte, in bewachsenen Böschungen zu verschwinden. Beim Schulhof hatte sich die Gemeinde große Mühe gegeben, eine halbwegs ebene Fläche zu schaffen. Oben am Schulhaus lag der Hof auf gleichem Niveau mit der Straße, am äußersten Ende konnte ein auf der Straße stehender großer Mann den Boden des Schulhofs nicht mal mit ausgestreckten Armen erreichen, selbst wenn er auf Zehenspitzen stand.
Wie in unserem Garten, nur höher und grober, stützen auch hier Bruchsteinmauern das Gelände. Darin hatte man Eisenstangen einbetoniert, jeweils eine senkrechte dicke und dazwischen immer zwei dünnere übereinander, genau in dem Abstand, den eine gute Turnstange auszeichnet: Über die untere konnte man die Beine hängen, sich oben mit den Händen festhalten und dann schaukeln. Schön war das. Aber meine Oma war dagegen, mein Opa auch. Nicht weil ich hätte tief fallen können, schließlich hing ich ja mit dem Rücken zum Schulhof und nicht zur Straße, sondern weil vorbeigehende Leute meine Unterhose sehen konnten. Die Begründung verstand ich damals nicht, aber da ich meine Großeltern liebte und ich nichts tun wollte, was sie verärgerte, kam ich auf eine grandiose Idee, wie ich fand. Mithilfe eines

Spazierstocks meines Großvaters und eines Küchenhandtuchs meiner Großmutter ersann ich eine Vorhangkonstruktion, die leider nur in der Theorie funktionierte, in der Praxis aber wegen der von mir unterschätzten Schwerkraft komplett versagte. Eine Jeans, eine lange Hose jedenfalls, hätte eine Lösung sein können, aber so etwas besaß ich nicht. »A lange Hos'n fir a Dearndl – gei, scham di!«, eine lange Hose für ein Mädchen, das war etwas zum Schämen und kam nicht infrage. Also blieb mir nichts anderes übrig, als mit der Turnerei aufzuhören, sobald ein Passant in Sicht war. Ab dem zweiten Schuljahr bekam mein Geburtsort, den ich Anfang der 50er-Jahre als Kleinkind mit meinen Eltern Richtung Köln verlassen und seitdem immer nur wochenweise besucht hatte, eine ganz besondere Bedeutung für mich. Das Klima der Kölner Bucht machte mir gesundheitlich so stark zu schaffen, dass der behandelnde Kinderarzt meinen Eltern nachdrücklich riet, mich zur Luftveränderung mehrere Monate an die See zu schicken. Die Vorstellung, von meinen Eltern getrennt zu sein, versetzte mich in Panik, und ich sträubte mich so gut ich konnte gegen diesen Vorschlag. Ich weiß nicht mehr, wer letztlich den rettenden Einfall hatte, den Bayerischen Wald als Alternative anzusprechen, jedenfalls tauge der zur Luftveränderung genauso gut wie die See, so der Arzt. Fortan pendelte ich drei Jahre lang zwischen meinen Großeltern im niederbayerischen Lam und meinen Eltern in Köln; bis ich nach dem vierten Schuljahr ins Gymnasium wechselte. Unabhängig von den vielen kleinen und großen Problemen, die in ihrer Gesamtheit zunächst keiner der Beteiligten überblickte, erwies sich die föderale Struktur unseres Landes als sehr spezielle Herausforderung für mich und meine Pendelei. Zu damaliger Zeit gab es keinen bundeseinheitlichen Schuljahresbeginn. In Nordrhein Westfalen startete das neue Schuljahr nach Ostern, in Bayern nach den Sommerferien. In der Praxis bedeutete das für mich, dass ich in die eine Richtung jedes Mal ein halbes Schuljahr überspringen musste und in die andere Richtung – rein formal – dem Lehrplan ein halbes Jahr voraus war. Da es sich um höchst unterschiedliche Lehrpläne handelte – in Bayern war die deutsche Schrift ein eigenständiges Unterrichtsfach, in Köln wurde sie überhaupt nicht gelehrt –, kam weder beim Wechsel in die eine noch in die andere Richtung Langeweile auf. Vielleicht war das ein gutes frühes Training, um später mit chaotischen Verhältnissen besser umgehen zu können.

Obwohl sich rein rechnerisch die meiste Zeit meiner Kindheit in Köln und nicht im Bayerischen Wald abgespielt hat, habe ich damals immer großen Wert darauf gelegt, dass ich in Bayern zu Hause war. Das war mir wichtig, ohne es erklären zu können. Köln bekam erst ganz allmählich eine Chance, mir nah zu werden; so nah, dass sich mein Heimweh heute auf Köln bezieht, ohne meine Liebe zum Bayerischen Wald zu beschädigen. Ehrlich gesagt, bin ich dem Schicksal dankbar, dass es mich viel von der Welt hat sehen lassen und mein Geburtsort nicht mein Lebensmittelpunkt geblieben ist, aber es ist und bleibt der Fleck auf Erden, dem ich mich bis an mein Lebensende verbunden fühle. Einen schöneren Berg als den Osser habe ich nirgendwo gefunden.

Die Geschichte mit dem Blinddarm

Dreieinhalb Jahre war ich alt, als sich das Folgende ereignete. Im Grunde erstaunt es mich selbst immer wieder, dass man sich überhaupt so weit zurückerinnern kann, aber ich weiß noch sehr gut, wie ich mich fühlte, damals im Sommer 1953. Unsere Familie machte wie jedes Jahr Urlaub in Lam. Ich hatte fürchterliche Bauchschmerzen, lag auf der Couch in der Küche bei meinen Großeltern. Es war ein schöner Sommertag gewesen, und ich hatte viel Eis gegessen. Alle vermuteten, dass dies die Ursache für meine Bauchkrämpfe sei. Als sich mein Zustand aber so gar nicht bessern wollte, sondern im Gegenteil weiter verschlimmerte, wurde der Landarzt geholt. Er war ein gemütlicher alter Herr, den ich sehr mochte und über den ich erst viel später erfuhr, dass er dem Alkohol zuweilen kräftig zugesprochen haben soll. Mir war das nie aufgefallen, aber bei meinen Eltern und Großeltern weckte es natürlich schlimmste Befürchtungen. Bei seiner Hausvisite wurden plötzlich alle sehr aufgeregt, ein Auto musste her, denn ich sollte noch am selben Abend ins Krankenhaus der Kreisstadt gebracht werden, nach Kötzting, etwa 30 Kilometer entfernt. Verdacht auf Blinddarmentzündung.

Es war etwa zehn Uhr abends, als wir dort ankamen. Die Ärzte entschlossen sich, sofort zu operieren. Alle redeten auf mich ein, es war unangenehm hell überall, plötzlich konnte ich meine Mutter nicht mehr entdecken, und Menschen in weißen Kitteln gaben sich redlich Mühe, mich so behutsam wie möglich auf einer Art Bett festzuschnallen. Ich wehrte mich nach Leibeskräften und schrie – sicher ein Albtraum für meine Eltern. Über meinem Kopf hing ein weißes rundes Ding, das sich auf mich herabsenkte. Es roch unangenehm und diente zur Narkose.

Als ich wieder zu mir kam, lag ich in einem viel zu großen Bett, gleich links neben der Tür in einem Krankenzimmer, in dem insgesamt sechs Betten standen. Alle belegt. Wenn ich mich recht erinnere, war ich wieder festgebunden, denn ich durfte mich ja wegen der Operationsnarbe nicht bewegen, und das war einem dreieinhalbjährigen Kind nicht so ohne Weiteres zu vermitteln. Ich hatte Hunger und vor allem Durst,

aber Trinken war verboten. Die Frauen, die mit mir das Zimmer teilten, unterhielten sich nahezu pausenlos. Eine von ihnen erzählte, dass neulich eine Patientin vor lauter Durst das Wasser aus einer Blumenvase getrunken habe. Die Idee gefiel mir, aber abgesehen davon, dass ich an keine der im Zimmer stehenden Vasen herankam, ekelte es mich auch ein bisschen vor der vermutlich übel riechenden Brühe.
Krankenschwestern, Ärzte und Mitpatientinnen kümmerten sich liebevoll um mich. Trotzdem hatte ich natürlich bald Sehnsucht nach meinen Eltern. Ich konnte nicht verstehen, dass sie nicht kamen, um nach mir zu sehen und mich abzuholen. »Das geht nicht, später«, hieß es immer nur. Seltsamerweise habe ich dadurch das Vertrauen zu meinen Eltern nicht verloren. Ich war nur sauer und wollte ein ernstes Wort mit ihnen reden, wenn sie denn endlich kämen.
Von Tag zu Tag wurde mir langweiliger, sodass ich eines Morgens beschloss abzuhauen. Mein Bauch tat zwar noch sehr weh, wenn ich mich bewegte, aber ich krabbelte bis zum Ende des Bettes, von da war es nicht weit zur Tür, und irgendwie würde ich den Weg nach Hause schon schaffen. Doch eine der Frauen bemerkte meine Aktivitäten und rief die Schwester, und nichts war's mit meiner Flucht.
Ich war fest davon überzeugt, dass es am nächsten Tag klappen würde, und erzählte meinen Zimmergenossinnen, wie ich es diesmal anstellen wollte. In meiner Fantasie malte ich mir ganz genau aus, wie ich vor dem Krankenhaus einen Lkw-Fahrer anhalten und bitten würde, mich zum Haus meiner Großeltern zu bringen. Das dürfte kein allzu großes Problem sein, dachte ich. Der Fahrer würde mir sicher auch etwas zu essen geben und mich aus seiner Thermosflasche trinken lassen. Und dann sollten sie zu Hause mal erklären, warum sie sich nicht haben blicken lassen.

Dass ich auf einer Nonnenschule war, glaubt mir immer niemand. Doch ich besuchte in der Tat ab 1960 ein von Ordensschwestern geleitetes neusprachliches Gymnasium in Köln, das ich 1968 mit dem Abitur in der Tasche verließ. Die Ausbildung war streng und solide. Der Lehrkörper bestand aus Ordens- und anderen Frauen und lange Zeit nur einem einzigen Mann, einem sympathischen alten Herren, der unbemerkt die Pensionsgrenze überschritten haben musste und in einem Millowitsch-tauglichen Kölsch mit ausgeprägtem Sinn für Komik die Fächer Physik und Chemie unterrichtete. Wir Schülerinnen hatten keinen Zweifel daran, dass die Schulleitung lange Zeit mit Absicht keinen jungen Lehrer einstellte. Vermutlich lagen wir richtig. Kein Wunder also, dass wir uns an den ersten männlichen Referendaren in unserem Gymnasium so richtig austobten: Die armen Kerle wurden hemmungslos taxiert und gnadenlos veralbert. Bis heute bleibt die Frage unbeantwortet, wer verklemmter war, wir oder die.

Auch wenn wir keine Schuluniform hatten, so herrschte doch eine strenge Kleiderordnung. Es war verboten, lange Hosen anzuziehen, geschweige denn kurze. Als sich einige Eltern mit Blick auf einen besonders harten Winter darüber beschwerten, dass ihre Töchter bei Schnee und Eis mit Röcken und Strümpfen bekleidet statt mit wärmenden Hosen den für viele langen Schulweg auf sich nehmen sollten, reagierte die in mehrfacher Hinsicht imposante Direktorin und Ordensfrau entwaffnend: »Wenn Sie denn meinen, dass das nötig ist, dann ziehen Sie Ihren Kindern eben einen Rock über die Hose.« Es ist müßig zu erklären, dass sich natürlich niemand derart verunstaltet auf die Straße wagte.

Richtig problematisch wurde es aber, als Modemacher den Minirock propagierten. Unsere Direktorin scheute sich nicht, höchstpersönlich am Schuleingang die Rocklänge zu inspizieren und notfalls besonders schamlose Geschöpfe wieder nach Hause zu schicken. Abgesehen davon, dass Miniröcke für dieses Alter in der Regel sehr kleidsam sind und wir damals ungern darauf verzichten wollten, bestand die grundlegende Schwierigkeit schlicht darin, dass es für Teenager in den Läden nichts anderes zu kaufen gab. So waren wir gezwungen, das Problem auf unsere Weise zu lösen: den Knopf am Rockbund öffnen, den Rock so weit wie möglich auf die Hüften schieben, Bluse drüber, fertig. So konnte man locker fünfzehn Zentimeter zusätzlicher Rocklänge vorgaukeln. Pfennigabsätze waren verboten, angeblich wegen des Parketts, das Schaden nahm. Tops mit Spaghettiträgern waren ebenso tabu – was da hätte Schaden nehmen sollen, habe ich vergessen. Ja, und lange Haare wurden am liebsten in Zopfform geduldet, zumindest mussten sie irgendwie zusammengebunden sein. Denn, so wusste unsere Direktorin, mit Pony sind lange, offene Haare »ungeistig« und ohne Pony »kitschig« – so etwas merkt man sich als Fünfzehnjährige. Hätte ich damals schon meine heutige Frisur gehabt, wären mir sicher viele Diskussionen erspart geblieben.

Das Schärfste jedoch war unser Turndress. Weiße Polohemden, drei Nummern zu groß – eine Strafe für uns, da figurbetont und tailliert angesagt war –, und das Schlimmste: schwarze Pluderhosen mit Gummizug am Bein. Wenn sich die Sportstunde unter Ausschluss der Öffentlichkeit in der Turnhalle abspielte, feixten wir in unserer unförmigen Kluft um die Wette, aber sobald unsere Leichtathletikübungen in den angrenzenden Stadtwald verlegt wurden, wären wir am liebsten vor Scham in den Boden versunken. Zu allem Übel wurde jeder unserer Freiluftauftritte amüsiert registriert – von den neugierigen Schülern des benachbarten Jungengymnasiums.

6
Schuld

Es war noch in der Volksschule, irgendwann zwischen 1956 und 1960, als ich völlig aufgelöst nach Hause kam. Unsere Lehrerin, der ich großes Vertrauen entgegenbrachte und die ich sehr mochte, hatte uns von den Schrecken des Dritten Reiches erzählt, dabei ausführlich grausamste medizinische Menschenversuche beschrieben und die Stunde mit folgenden Worten beendet: »Ihr seht, das deutsche Volk hat so große Schuld auf sich geladen, dass alle Deutschen, auch wenn sie selbst keine Verbrechen begangen haben, mitschuldig sind. Ihr auch. Das dürft ihr nie in eurem Leben vergessen.«
Da saß ich also verstört zu Hause am Mittagstisch, noch geschockt von den unvorstellbaren Details, wütend darüber, dass die anderen Staaten nicht genug dagegen unternommen hatten, und abgrundtief traurig, weil ich offenbar auch irgendwie Schuld trug, ohne genau zu wissen, wie und warum. Meine Eltern hörten sich meine Sorgen in Ruhe an, und mein Vater begann, mir behutsam etwas zu erklären, von dem ich erst später begriff, wie sehr mich das menschliche Verhaltensmuster prägte, das hinter dieser Erklärung stand. Am Schluss hatte ich verstanden: Die Gräueltaten des Dritten Reiches durfte ich zwar nie vergessen, und ich war aufgefordert, alles zu tun, aufmerksam und politisch interessiert durchs Leben zu gehen, um das Entstehen verbrecherischer Systeme zeitig zu bemerken. Aber ich hatte keinen Grund, mit gebeugtem Rücken und gesenktem Kopf durch die Welt zu laufen und mich stets dafür zu schämen, eine Deutsche zu sein.

Heute bin ich fest davon überzeugt, dass dieses Gespräch ausschlaggebend war für die Art und Weise, wie ich mit den Dingen des Lebens fortan umging: so differenziert wie möglich und im vollen Bewusstsein, es hin und wieder mit vermeintlichen oder auch unauflösbaren Widersprüchen zu tun zu haben. Auf der Basis dieser Geisteshaltung werden nahezu alle Entweder-oder-Positionen ganz schnell fragwürdig. So war ich davor gefeit, auf die platten Ideologien des Kalten Krieges hereinzufallen, die sowohl den Schulunterricht als auch die Berichterstattung der 60er-Jahre beherrschten. Stattdessen fing ich früh an, skeptische Fragen zu stellen, stabilisiert durch ein im besten Sinne des Wortes liberales und tolerantes Elternhaus. Konnte es wirklich sein, dass eine Seite der Welt nur gut und die andere nur schlecht war? Was wurde uns Heranwachsenden, neugierig auf Zusammenhänge und Hintergründe, damals eigentlich alles an primitiver Schwarz-Weiß-Malerei zugemutet!

Vergessen – eine Gnade, eine Gefahr, eine Pflicht. Was bedeutet die Gabe des Vergessen-Könnens für den Einzelnen, und wie wirkt sie sich im Zusammenleben der Menschen aus?
(Abiturarbeit am 25. März 1968)

Vergessen – eine Gabe, die vielfältige Möglichkeiten in sich birgt, positive und negative Auswirkungen nach sich zieht und insofern von großer Bedeutung ist für das Leben des Einzelnen wie auch für das der Gemeinschaft. Vergessen können – wie glücklich kann mich das machen, welch aufbauende Kraft geht davon aus, wenn ich plötzlich vergessen habe, was geschehen ist – an Hässlichem, Traurigem, an Schmerz und Tod. Vergessen bedeutet dann, fertig geworden zu sein mit der Fülle der bedrückenden

Ereignisse, welche die Gedanken und Gefühle verdunkeln bis zur Resignation und Verzweiflung. Vergessen ist dann die Erlösung, die Möglichkeit zu einem neuen Anfang, der das Leben wieder zum Leben macht, das Leben des Einzelnen und das der anderen. Es ist förderlicher für die Atmosphäre des Zusammenlebens, einen Menschen um sich zu haben, der nicht belastet ist mit unschönen Dingen, der vergessen hat und sich nicht gegen eine helle, frohe Atmosphäre sperrt, eben weil er nicht vergessen kann. Der Mensch, von dem hier die Rede war, soll, um des Lebens willen, etwas vergessen können, das nur seine Person betrifft. – Was ist nun mit demjenigen, der vergisst, was über ihn selbst hinausgeht, was einen anderen mit betrifft? Für sich selbst ist es sicher der einfachste und bequemste Weg, alles Vergangene zu vergessen, das Vergangene, das bindet, vielleicht sogar verpflichtet; man hat vergessen und ist ein neuer Mensch, frei von allen Geschehnissen, die man für sich selbst durch Vergessen ungeschehen machen kann. Aber was ist mit den anderen?
Der Mensch, der hemmungslos vergisst, was ihm unbequem geworden ist, ist für ein Zusammenleben ausgesprochen ungeeignet. Er untergräbt und zerstört durch sein Tun jegliches Vertrauen, eine unbedingt notwendige Voraussetzung für Zusammenleben auf jeder Ebene.
Vergessen ist also durchaus nicht immer positiv zu bewerten. Die Auswirkungen in negativer Richtung sind meiner Meinung nach ungleich stärker. Dennoch ist Vergessen in gewisser Weise eine Pflicht, die jeder, der an einem einigermaßen harmonischen Zusammenleben interessiert ist, erfüllen muss. Zusammenleben basiert auf Geben und Nehmen und nicht zuletzt auf Verzicht. Da Verzicht aber durchaus keine angeborene menschliche Eigenschaft ist, es sich aber um Zusammenleben von Menschen handelt, ergibt es sich von selbst, dass es zu kleineren Fehlern oder auch zu größeren Verfehlungen kommt, wenn die Spielregeln nicht eingehalten werden. Meiner Meinung nach muss nun eine

Eigenschaft zur Geltung kommen, die das Zusammenleben der Menschen auch mitgestalten sollte: die Nachsicht, das Verzeihen. Denn was ist Verzeihen anderes, als in Menschlichkeit vergessen können? Kann man menschlich gegenüber allzu Menschlichem sein, so kann man vergessen. Man gibt dem anderen damit die Möglichkeit zu einem neuen Anfang.
Ich bin mir völlig im Klaren darüber, dass ich längst nicht alle Seiten des Vergessens beleuchtet habe. Vergessen ist eine menschliche Eigenschaft mit doppeltem Vorzeichen. Die Wirkung des Vergessens ist ungeheuerlich und vom Einzelnen, der vergisst, im Moment des Vergessens kaum abzusehen. Vergessen bedeutet Start zu Neuem und letzter Stoß zur endgültigen Zerstörung. Vergessen ist Gnade für den vom Schmerz Gequälten, Gefahr durch den Verantwortungslosen, aber dennoch Pflicht eines jeden, der versucht, die Menschen zu verstehen.

Das sehe ich heute, gut vierzig Jahre später, ganz genauso:
Ja, etwas Schreckliches, Schmerzhaftes vergessen zu können, bedeutet Erlösung; für denjenigen, der gelitten hat, und auch für seine unmittelbare Umgebung, die aufhören kann, jedes Wort und jede Reaktion auf die Goldwaage legen zu müssen, aus Angst, neue Verletzungen beizubringen. Denn gut gemeinte Rücksichtnahme erzeugt oftmals eine nur noch schwer erträgliche, verkrampfte Situation für alle Beteiligten. Und umgekehrt ist es für eine Gemeinschaft nur begrenzt zu ertragen, wenn sich ständig einer gegen eine helle, frohe Atmosphäre sperrt, weil er nicht vergessen kann.
Ja, der Mensch, der hemmungslos vergisst, was ihm unbequem geworden ist, eignet sich nicht für ein Zusammenleben mit anderen. Wie sollen diejenigen, die ihre leidvollen Erinnerungen mit sich herumschleppen, zu denjenigen Vertrauen aufbauen, die Erfahrungen und Gefühle anderer ignorieren, bloß weil sie selbst die Ereignisse vergessen konnten?

Ja, Vergessen in gewisser Weise ist eine Pflicht, die jeder erfüllen muss, der an Menschen und menschlichem Zusammenleben ernsthaft interessiert ist. Vergessen ist eine Tat mit doppeltem Vorzeichen. Beschämend großherzig und gefährlich kaltschnäuzig.
Nicht-vergessen-Können ist neben den wirtschaftlichen Interessen das Hauptmotiv für Krieg und Zerstörung. Wie soll die tschetschenische Frau vergessen, dass der russische Angriff ihre Familie ausgelöscht hat? Wie soll das russische Ehepaar seine Vertreibung von Haus und Hof vergessen, die ihnen Tschetschenen vor Kriegsbeginn angetan haben? Wie soll die palästinensische Frau vergessen, dass israelische Soldaten ihr Kind erschossen haben? Wie soll die israelische Frau vergessen, dass palästinensischer Terror ihr den Mann genommen hat? Auge um Auge? Zahn um Zahn? Ist das unsere Bestimmung?
Ein gefährliches Thema gerade für Deutsche? Oder nicht vielmehr ein notwendiges, ja lebensnotwendiges Thema besonders für Deutsche? Wir schleppen die unleugbare Schuld der Menschenvernichtung im Zweiten Weltkrieg mit uns herum. In Europa und über die Grenzen Europas hinaus ist Deutschland verantwortlich für das Leid, die Verletzung und den Tod von Millionen Menschen. In Weißrussland, in Russland und in der Ukraine findet sich kaum eine Familie, die nicht mindestens ein Opfer zu beklagen hat. Von der systematischen Judenvernichtung gar nicht zu reden. Wie könnte man so etwas vergessen?
Dieses Bewusstsein machte mir Angst, als ich 1987 für die ARD als Korrespondentin nach Moskau gegangen bin. Das war das Einzige, was mir Angst machte. Ich versuchte mich innerlich darauf vorzubereiten, beschimpft zu werden oder Schlimmeres erfahren zu müssen. Aber in keiner einzigen Situation ist mir als Deutsche Wut oder Hass begegnet. Ganz gleich, in welcher Ecke dieses riesigen Landes ich unterwegs war, ganz

gleich, mit welcher Generation dieses großen Volkes ich in Berührung kam – die Menschen hatten nichts vergessen. Im Gegenteil, die leidvolle Vergangenheit war auf Schritt und Tritt präsent, allerdings auf eine seltsam nüchterne Art, ohne jede Larmoyanz, aber die Leute hatten »vergessen«, sie mir, der Deutschen, vorzuwerfen. Damals habe ich gelernt, was Großherzigkeit bedeutet, was Verzeihen insbesondere für denjenigen heißt, der in den Genuss dieses Verhaltens kommt. Wer beschimpft wird, verschließt sich und beginnt umso heftiger zu leugnen, je mehr er sich ertappt fühlt und je mehr er die Gründe für die Beschimpfung letztlich nachvollziehen kann. Wem großherzig verziehen wird, der ist irritiert und beginnt zwangsläufig, sich mit der Problematik von Schuld auseinanderzusetzen. Niemand kann irgendetwas ungeschehen machen. Jeder kann nur versuchen, aus der Geschichte zu lernen. Einige tragen mehr Verantwortung als andere für das, was sich während des Krieges ereignet hat. Aber ohne den Willen zu einem Neuanfang auch seitens derjenigen, die gelitten haben, hat so etwas wie Frieden auf dieser Welt keine Chance.

Im Grunde ist alles so einfach und klar. Wenn ein Kind Fehler begangen hat und von seinen Eltern dafür gemaßregelt wird, dann wird es sein Vergehen früher oder später einsehen und die erzieherische Konsequenz akzeptieren, soweit sie gerechtfertigt ist. Nach dem Vorfall müssen aber die Eltern dem Kind die Chance zu einem Neuanfang geben. Wenn sie ihm sein Fehlverhalten immer und immer wieder vorwerfen, dann wird es eines Tages den Schluss daraus ziehen, dass es ohnehin egal ist, wie es sich verhält, weil es so oder so beschimpft wird und sich von seinem früheren Fehler nicht befreien kann. Es wird aufsässig und trotzig werden. Wen das Bild von Eltern und Kind stört, der stelle sich eine partnerschaftliche Beziehung vor. Hat ein Partner den anderen enttäuscht und verletzt, gelten im Grunde auch hier die gleichen

Regeln: Wenn der Fehltritt nicht irgendwann von beiden Seiten »vergessen« wird, hat die Beziehung keine Zukunft mehr. Oder noch ein anderes Beispiel: Ein Vorbestrafter, der seine Strafe verbüßt hat und entschlossen ist, sich fortan an die gesellschaftlichen Regeln zu halten, wird sich schnell umentscheiden, wenn er keine Möglichkeit sieht, den Makel, straffällig geworden zu sein, loszuwerden.
Und wie steht es heute mit dem Thema DDR-Vergangenheit? Welche Rolle spielt Vergessen beim Zusammenwachsen der beiden Teile Deutschlands? Gibt es wirklich nur die Alternative, entweder alles unter den Teppich zu kehren oder nach Aktenlage auszusortieren und zu ahnden? Haben Westdeutsche überhaupt das Recht, sich einzumischen, zu urteilen, gar zu verurteilen? Ist das nicht Sache der Bürger der DDR, die für sich entscheiden müssen, was sie zu vergessen bereit sind und was nicht? Fühlen sich manche Westdeutsche deshalb berufen, gegen das Vergessen zu wettern, weil sie insgeheim das Gefühl plagt, in einer vergleichbaren Situation etwas versäumt zu haben? Oder noch schlimmer: Dient die öffentliche Aufarbeitung der Vergangenheit etwa als Vorwand für eigene Karriereüberlegungen und Machtkalkül?
Also – ist Vergessen nun gerecht oder ungerecht? Vermutlich gibt es darauf keine eindeutige, letztgültige Antwort. Was ich aber mit Gewissheit sagen kann, ist, dass es unserer Gesellschaft helfen würde, darüber laut nachdenken zu dürfen, ohne gleich in eine Ecke gestellt zu werden – eine, wie ich meine, Lieblingsbeschäftigung der Deutschen: Etikett drauf und ab in die Schublade.
Ich bin sicher, es würde helfen, intensiver und öfter denjenigen Menschen zuzuhören, die der Versöhnung das Wort reden und Vergessen im Sinne von Verzeihen als Gnade empfinden.

7
Die 68er

Die holzschnittartige Erklärung der Welt – im Westen die Guten, im Osten die Bösen – spielte sicherlich eine Rolle, als Ende der 60er-Jahre die politische Idee, die osteuropäischen Systemen zugrunde lag, Hochkonjunktur bekam. Ich kann mich noch gut erinnern, wie das damals in meiner Altersgruppe war. Wir hatten ein feines Gespür für Lüge und Heuchelei, eine ausgeprägte Sehnsucht nach Gerechtigkeit und den starken Wunsch nach Freiheit. Wir wollten uns nicht gängeln lassen von Erwachsenen, die uns über den Rest der Welt einen Haufen Mist erzählten, die von Moral und Anstand schwafelten, auch wenn sie es persönlich damit nicht so genau nahmen, und die von uns erwarteten, dass wir sie als Vorbilder akzeptierten. Protest war angesagt. Aus Prinzip und Überzeugung. Deutschland war so gnadenlos langweilig und bieder, piefig und miefig – mit einem Wort: kleinbürgerlich.

Die Welt stand uns offen. Wir eroberten die Universitäten, voller Gier nach Wissen, ohne Angst vor Arbeitslosigkeit und mit dem wundervollen Gefühl: Ganz gleich, was ich studiere – Hauptsache Akademiker –, irgendetwas Interessantes und Gutbezahltes wird sich dann schon finden. Weil ich wissen wollte, wie es hinter dem Eisernen Vorhang wirklich aussah, entschied ich mich für Slawistik, Osteuropäische Geschichte und Politische Wissenschaften. Die beiden ersten Fächer waren zwar nicht gerade der Mittelpunkt des Interesses der 68er-Bewegung, blieben aber auch nicht davon verschont. Als eines Tages drei Studenten aus einem Seminar geworfen wurden mit der offiziellen Begründung, sie hätten dreimal unentschuldigt gefehlt, war es um die Ruhe und Beschaulichkeit der Exotenfächer geschehen. Jeder wusste, dass diese drei dem zuständigen Assistenten unbequem und den beiden Professoren ohnehin ein Dorn im Auge waren. Aber da sich bislang kein Student dieser Fächer in irgendeiner Form aufgelehnt hatte, meinten jene Dozenten, sich das problemlos leisten zu können. Doch da hatten sie sich getäuscht. Mittlerweile existierten sogenannte Fachschaften, in denen sich Studenten der verschiedenen Fächer selbst organisierten. In jedem Fach gab es einen Fachschaftsrat, der aus drei bis fünf Mitgliedern bestand, welche als Mittler zwischen Studenten und Professoren agierten und sich um alles Mögliche kümmerten – die Palette reichte von Änderungsvorschlägen für Prüfungsordnungen über Reformideen für Lehrveranstaltungen bis hin zur Organisation von Seminarfesten. Weiß der Teufel, wie es kam, jedenfalls war ich plötzlich Vorsitzende des Fachschaftsrates und hatte mich des Rausschmisses meiner Kommilitonen anzunehmen. Mir erschien der Vorgang ungerecht, weshalb ich mich mit Freuden für die drei einsetzte. Ich hielt es für das Beste, die Angelegenheit gleich an die große Glocke zu hängen. Wir entwarfen Flugblätter, die rücksichtslos die Strukturen des betreffenden Instituts anprangerten, ohne die ein solcher Rauswurf gar nicht möglich gewesen wäre, und verteilten sie überall auf dem Universitätsgelände. Unsere Professoren fielen von einer Ohnmacht in die andere. Damit hatten sie nicht gerechnet. Plötzlich wollten sie die drei sofort und vor allem stillschweigend wieder aufnehmen. Es habe sich um ein bedauerliches Missverständnis gehandelt. Doch die Sache zog bereits Kreise und eskalierte. Studenten anderer Fächer, die schon ein gewisses Training beim Demonstrieren aufweisen konnten, veranstalteten ein Go-in in unseren Seminarräumen, das in eine Institutsbesetzung mündete. Nun war ich als Vermittlerin gefragt. Ich rannte zwischen Studenten und Professoren hin und her, um den sich im Obergeschoss verschanzenden, konfusen Hochschullehrern die Forderungen der im Untergeschoss brodelnden Massen zu überbringen. Ohne mir dessen bewusst zu sein, hatte ich mich durch diesen Job ganz schön in die Nesseln gesetzt. Denn was ich als Vermittlung verstand, nannten andere Rädelsführerschaft, und nur einem dummen Zufall war es zu verdanken, dass mir eine Klage wegen Hausfriedensbruch erspart geblieben ist. Von diesem Moment an gehörte ich offiziell zum linken Establishment und nahm meine Rolle als politisch engagierter Staatsbürger sehr ernst.

1968 – Zeit wilder Ideen und großer Ideale

Heute verstehe ich meine Mutter, die über manche Dinge den Kopf schüttelte. Wir, die zukünftige Elite Deutschlands, trafen uns nämlich nicht nur einfach auf Feten, um zu feiern, nein, bei uns drehte sich alles um den intellektuellen Austausch. So erfanden wir »Kopaf«, was für »Kommunikative Praxis am Freitag« stand. Es war nichts anderes als eine ganz normale Party, auf der gegessen, getrunken, getanzt und gequatscht wurde, auch über Politisches, aber nicht nur. Mal lustig und entspannt, mal nervig und verkrampft – wie Feten halt so sind. Meine gesellschaftskritische Einstellung wuchs in dieser Zeit und irgendwann war der Punkt erreicht, an dem ich einen Aufnahmeantrag in den SDS, den Sozialistischen Deutschen Studentenbund, stellte. Von nun an wollte ich organisiert gesellschaftspolitisch arbeiten, und da man das alleine nicht wirklich effektiv kann, dachte ich, der SDS sei eine gute Lösung. Die Bewerbungsprozedur hatte etwas Gespenstisches: Die Herren SDSler saßen in Hufeisenform in einem Raum, vor ihnen standen die Bewerber, die auf Zuruf einzeln vortreten und sich in die Mangel nehmen lassen mussten. Als Erstes wurden alle danach gefragt, was sie denn bisher überhaupt politisch geleistet hätten? Die Art und Weise dieser Befragung machte im Handumdrehen aus dem Antrag- einen Bittsteller, dessen Chancen sich erhöhten, wenn er nur kratzfüßig genug von der Größe der erlauchten Organisation faselte, in die er das Glück hatte, eventuell aufgenommen zu werden. Die Inquisition der weiblichen Anwärter gestaltete sich besonders peinlich, was eine Gesinnungsgenossin zu der Bemerkung veranlasste: Wollt ihr erst alle mit mir schlafen, bevor ihr euch entscheidet? Das Verfahren befremdete mich zwar außerordentlich, doch ich hielt meinen Antrag aus Überzeugung aufrecht und wurde schließlich mit zwei Enthaltungen als Kandidat aufgenommen. Jetzt ging es erst richtig los. Die Neulinge hatten sich einer Schulung zu unterziehen, in der sie die theoretischen Grundbegriffe des Marxismus anhand der Schriften von Marx, Engels und Lenin beigebracht bekommen sollten. Also begab ich mich einmal die Woche zur Schulung, wo es autoritärer zuging als in manchen unserer Universitätsseminare. Der psychische Druck, der auf allen Mitgliedern des Studentenbundes lastete, war deutlich zu spüren; die Angst, sich vor den SDS-Oberbonzen zu blamieren, prägte das Klima. Mir stank das alles ziemlich, aber ich hielt durch, weil ich für mein gesellschaftspolitisches Engagement die Gemeinschaft brauchte. Ich belegte noch einen Spezialkurs über *Das Kapital* von Marx und leitete schließlich selbst einen zum Thema »Sexualität und Herrschaft«. Im Gegensatz zu den wissenschaftlich anspruchsvollen Politökonomie-Schulungen und den verquasten Theorie-Abenden, an denen immer nur dieselben Referenten sprachen, deren verschlungene Gedankengänge kaum ein Zuhörer begriff, konnten sich bei mir wenigstens alle am Diskurs beteiligen und taten das auch sehr engagiert. Natürlich besuchte ich als Kandidat des SDS auch die regelmäßigen Mitgliederversammlungen, die mit einem Ernst und einer Geheimniskrämerei abgehalten wurden, die auf mich nur noch lächerlich wirkten. Bei bestimmten Themen mussten die neu aufgenommenen Kandidaten vor die Tür, denn die Beschlüsse waren nicht für jedermanns Ohren bestimmt, und von einem Kandidaten konnte man auch nicht erwarten, dass er im Sinne der großen Sache den Mund hielt. Nach zwei oder drei Mitgliederversammlungen, die sich jeweils über ein ganzes Wochenende erstreckten und bei denen nicht das Geringste herauskam, hatte ich endgültig die Schnauze voll. Dieses erhabene Getue von einigen Obergenossen, diese Überheblichkeit Menschen gegenüber, die voll guten Willens und mit der besten Absicht in diesem Verein mitarbeiten wollten, und nicht zuletzt auch diese chauvinistische Verhaltensweise Frauen gegenüber – das alles hing mir zum Hals raus. Ich trat wieder aus.

Es war trotz allem kein leichter Schritt, denn nun war ich mit dem Makel behaftet, »es« nicht geschafft zu haben. Diese Phase hätte ich nie und nimmer so gut überstanden, wenn mir mein Vater nicht von klein auf den grundlegenden Mechanismus beigebracht hätte: Wichtig ist nur der klare Blick auf die Dinge, ungetrübt von rechten oder linken oder irgendwie farbigen Optiken.

Das gesellschaftspolitische Ziel des SDS mochte gut gemeint sein, die Mittel, die er anwandte, waren autoritär und unmenschlich, die Umgangsformen absurd. So wurde ein Kandidat von einem SDS-Funktionär wegen einer privaten Reise nach Paris im Plenum kritisiert und gebrandmarkt, weil sie angeblich Ausdruck seines kleinbürgerlichen Bewusstseins wäre. Was soll man dazu sagen? Dem Himmel und meinen Eltern sei Dank, dass ich es geschafft habe, mich von keiner Seite vereinnahmen zu lassen.

Demonstrierende Studenten werden allgemein als Ärgernis empfunden. Warum demonstrieren sie, und warum stört es die Öffentlichkeit?

(Klassenarbeit, Anfang 1967)

Seit der innenpolitischen Krise kommt es immer wieder zu Studentendemonstrationen jeder Art, die mehr oder weniger die gesamte Öffentlichkeit negativ berühren. Bevor man aber dieser Erscheinung in irgendeiner Weise gegenübertritt, sollte man sie bis zu ihren Ursachen zurückverfolgen, um zu einer gerechtfertigten Haltung zu kommen.

Zunächst einmal leben wir in einer Demokratie, in der es selbstverständlich sein sollte, seine Meinung frei äußern und seine Lebensvorstellungen realisieren zu können, sofern sie nicht das Allgemeinwohl gefährden. Damit wären diszipliniert durchgeführte Demonstrationen legalisiert, die Grundvoraussetzung für einen guten Staatsbürger also geschaffen.

Durch die Anstrengungen des Staates, den Bildungsnotstand zu beseitigen, sein Volk aufzuklären, wurden und werden schulische Einrichtungen jeder Art geschaffen, unterhalten und erweitert, das gesamte Volk auf eine Bildungsstufe zu bringen, um wenigstens das Interesse am öffentlichen Leben auf wirtschaftlicher, kultureller und politischer Ebene zu wecken. Interesse nämlich zieht intensive Beschäftigung mit dem jeweiligen Gebiet nach sich, daraus folgt theoretisches Wissen und praktische Erfahrung, die es möglich machen, die Dinge kritisch zu betrachten und aktiv zu werden.

Ein Volk oder wie in diesem Falle eine Gruppe des Volkes, die Studenten nämlich, die auf diesen Stand gebracht ist, bedarf nur eines Ereignisses, das die Gemüter erregt, der Vernunft entgegengesetzt scheint oder sogar wirklich ist, um sich berechtigt zu engagieren. Die Liste der möglichen Geschehnisse reicht von Preiserhöhungen über unliebsame Änderungen in der Universitätsverwaltung bis zu politischen Problemen, rund Geschehnisse, die Unzufriedenheit hervorrufen und den Beinamen »Missstand« verdienen.

Kommt es unter diesen Umständen nun zu Demonstrationen, muss man die Masse der Demonstranten in drei größere Gruppen unterteilen: die erste, die aus Interesse am Staat protestiert, den Dingen also kritisch gegenübersteht, mit der guten Absicht, sie nicht nur zu ändern, sondern es besser zu machen. Bei der zweiten Gruppe, den radikal Eingestellten, wird dieses »Bessermachen-Wollen« leider sehr oft durch ihren Fanatismus bedeutend geschwächt, und ihre Haltung ist eher destruktiv als kritisch zu nennen. Die dritte Gruppe trägt hauptsächlich dazu bei, dass die Demonstrationen in der Öffentlichkeit auf Widerstand stoßen. Diese dritte Gruppe beteiligt sich aus »Prinzip der Opposi-

tion«, ihr geht es um das Mittel, den Akt des Demonstrierens also, nicht um den Zweck, das Ziel der Demonstration. Sie ist auch größtenteils für das Einschreiten der Polizei verantwortlich. Es kommt zu unnötigen Zusammenstößen, Zwischenfällen, die Menschenleben kosten, und nicht zuletzt auch zu weiteren Gegnern der Demonstration als solcher, denn die Studenten werden als »Radaubrüder« bezeichnet, nicht die Polizei!
Alle diejenigen, die die Studenten ihrer Demonstration wegen verurteilen, sollten sich Folgendes überlegen: Ist in einer Demokratie nicht die freie Meinungsäußerung sehr sinnvoll? Kann sie nicht durchaus positive Entwicklungen zur Folge haben? Oder anders gefragt: Ist die Behinderung dieser Freiheit nicht eine entscheidende Gefahr für die gesamte Freiheit?

Freiheit ist ein hohes Gut – welch eine Binse! Freiheit will pfleglich behandelt werden, verletzlich und flüchtig, wie sie ist. Wer Freiheit missbraucht, riskiert, sie zu verlieren. Freiheit bedeutet nicht, dass sich jedes Individuum grenzen- und rücksichtslos ausleben kann, Freiheit funktioniert nur auf der Basis von Regeln. Diejenigen, die Freiheit nutzen, müssen diese Regeln anerkennen, und diejenigen, die Freiheit schützen, ebenso. Die Qualität und Alltagstauglichkeit der Regeln sind die entscheidende Voraussetzung dafür, dass ein Zusammenleben in Freiheit funktioniert. Alles Selbstverständlichkeiten? Nein. Ich fürchte, nein.
Als es zu sowjetischen Zeiten Ende der 80er-, Anfang der 90er-Jahre in Moskau zu Massendemonstrationen kam, welche durch die Perestroikapolitik von Michail Gorbatschow ermöglicht wurden, rechneten westliche Beobachter immer wieder mit Randale und Blutvergießen. Ein besonders dramatischer Tag war der 28. März 1991, als eine Großdemonstration erst verboten und dann doch erlaubt wurde. Wenn die Demonstranten eine Bannmeile um den Kreml res-

pektieren, werde man sie nicht behelligen, hieß es von offizieller Seite. Westliche Beobachter schüttelten nur den Kopf. Wie um alles in der Welt soll das funktionieren? In diesen aufgewühlten und aufwühlenden Zeiten? Wie will man Tausende von wütenden und frustrierten Demonstranten, die sich nun endlich Gehör verschaffen können, auf ihrem Marsch zum Kreml stoppen? Doch zur Verblüffung aller hielten sich diese an das Gebot. Mit einer unvorstellbaren Disziplin achtete man die Bannmeile. Demonstranten und Sicherheitskräfte diskutierten zwar erregt, aber zu gewalttätigen Zwischenfällen kam es nirgends. Das Recht zu demonstrieren war den Menschen hier zu wichtig, als dass sie dieses durch Unbeherrschtheiten aufs Spiel gesetzt hätten. Es war gar nicht nötig, sie mit Mitteln der Staatsgewalt einzuschüchtern oder Barrieren zu errichten und sie gewaltsam abzuhalten. Die Demonstranten marschierten bis zu der um den Kreml gezogenen Linie und keinen Schritt weiter. Ein sehr eindrucksvolles Erlebnis für mich, das bis zum heutigen Tag mit großem Respekt vor dieser Leistung verbunden ist.
Wenn es aber bei Demonstrationen – ganz gleich, wo auf der Welt – zu Ausschreitungen und Gewalt kommt, was ist dann schief gelaufen? Wer hat zuerst das Vertrauen missbraucht? Wer hat zuerst die Regeln gebrochen? Wer hat Schuld daran, wenn alles aus dem Ruder läuft? Wer ist im Recht? Gehen alle Seiten sorgsam genug mit den verabredeten Regeln um?

Protokoll einer Tat

»Ich helfe Ihnen – Sie sind ein nettes Mädchen.« Was ist das jetzt? Rettung? Verderben? Erlösung? Fluch? Richtig? Falsch? Legal? Legal ist es jedenfalls nicht, so viel steht fest. Aber unumgänglich. Oder? Unausweichlich. Oder doch nicht?

Eine Sünde. Wer sagt das? Sieht so Verzweiflung aus? Egoismus oder Notstand? – Sie ist nicht in der Lage, einen klaren Gedanken zu fassen, jetzt, in diesem Augenblick, wo doch endlich alles klar zu sein scheint, endlich, nach dieser entwürdigenden, quälend langen Odyssee. Die Entscheidung ist gefallen. Ein Zurück kommt nicht infrage.

Es ist die Zeit des Aufbegehrens gegen bürgerlichen Mief, gegen Zwänge und Regeln. Das Leben vor sich, die Sinnfrage beantwortet, letzte Spuren des wohligen pubertären Nihilismus beseitigt, dieser köstlichen Leidensphase, die so wunderbar befreit, in der Worte von Camus und Sartre die schmerzende Seele sanft balsamieren. Den Blick nach vorne gerichtet, voller Tatendrang. Anarchisches Lebensgefühl in den Adern, unzählige Pläne im Kopf. Eines Tages bleibt die Monatsregel aus. Kein Schock für sie. Das kann nicht sein. Nur die Ruhe, denkt sie, nur nichts überstürzen. Der Schwangerschaftstest aus der Apotheke bringt keine Klarheit. Also ein Termin beim Frauenarzt. Verwirrende Ergebnisse auch hier. Es kann doch nicht so schwer sein, festzustellen, ob man schwanger ist. Noch ein Apothekentest ohne signifikantes Resultat. Eine weitere Untersuchung beim Arzt und noch eine, und danach könnte man mit 90-prozentiger Sicherheit sagen, dass …

Sie denkt die Konsequenzen durch. Sie hat nichts gegen Kinder, ganz im Gegenteil. Weinende kleine Wesen trösten und beruhigen, das kann sie. Geschichten erzählen, Fragen beantworten, Spiele erfinden. Aber jetzt ein eigenes Kind? Wie soll das gehen? Was das Geld betrifft, kommt sie mit Ach und Krach allein über die Runden. Auf den Erzeuger ist kein Verlass, finanziell nicht und sonst auch nicht. Und was soll aus ihren Träumen werden? Lernen, so viel wie möglich über die Welt erfahren, reisen, sich engagieren. Sie schreibt in ihr Tagebuch: »Es ist zwar eine interessante, an Wichtigkeit nicht zu unterschätzende Aufgabe, den Prozentsatz an ›Verkorkstheit‹ durch Erziehung möglichst klein zu halten, aber im Grunde habe ich vor, die Schwerpunkte meines Engagements etwas anders zu verteilen. Ich werde diese Schwangerschaft auf jeden Fall unterbrechen. Ich weiß, dass ein solcher Eingriff gesetzlich verboten ist. Aber das ist mir egal. Das stellt überhaupt kein Hindernis für mich dar. Was mir nicht so egal ist, das sind die gesundheitlichen Risiken, die einem überall aufgeschwatzt werden.« Kein Gedanke an Moral oder Tötung ungeborenen Lebens.

Es ist Ende November, als sie ihm sagt, dass sie ihre Tage immer noch nicht bekommen hat. Er hört nicht einmal richtig zu. Kein Kommentar. Das Studentenleben ist viel zu aufregend, um sich von so etwas beeindrucken zu lassen. Das wird schon. Kein Rat von seiner Seite. Oder doch: Ein heißes Bad soll Wunder wirken.

Ihr ist speiübel, sie fühlt sich schlecht und vertraut sich ihrem Hausarzt an, nachdem die Termine beim Gynäkologen kein eindeutiges Ergebnis gebracht haben. Es gibt zwei Möglichkeiten, sagt der, entweder Sie kriegen ein Kind oder Sie haben's am Magen. Sie bekommt Tabletten. Wenn das Zeug wirkt, ist es der Magen, wenn nicht ... Es wirkt nicht.

Als es keinen Sinn mehr hat, die Augen zu verschließen, beschafft ihr Freund eine »todsichere« Adresse. Dr. X in der Y-Straße. Sie ruft an, um einen Termin zu vereinbaren. Eine kratzbürstige Sprechstundenhilfe keift in den Hörer, dass der Herr Doktor krank sei. Außerdem nähmen sie keine neuen Patienten mehr an. Guten Tag.

Abgrund. Was jetzt? Die Sprechstundenhilfe ihres Frauenarztes fällt ihr ein. Das ist doch eine sympathische Frau. Die will sie fragen – offen und unverblümt. Sie fährt in die Praxis, um mit ihr persönlich zu sprechen. Sie will ihr Gesicht sehen, ihre Reaktion spüren, wenn sie ihr die ungehörige Frage stellt. Freundlich und mit Anteilnahme klärt die reife Frau das Mädchen über die gesundheitlichen Risiken eines

Schwangerschaftsabbruchs auf. Medizinisch gesehen müsse sie unbedingt abraten. Einen Arzt, der so etwas macht, kenne sie auch nicht. »Am besten, Sie reden ganz offen mit dem Chef«, sagt sie zum Schluss, »der kommt allerdings erst in zehn Tagen aus dem Urlaub.«

Mit Fragen rund um einen Schwangerschaftsabbruch geht man nicht hausieren. Aber eine weitere Woche untätig warten? Lieber keine Zeit verlieren. Warum also nicht die Urlaubsvertretung aufsuchen? Ein Termin ist schnell gemacht. Dr. S. findet sich zu einem Gespräch bereit, ohne vorher eine Routineuntersuchung abzuhalten. Sie erläutert ihre wirtschaftliche Situation und wartet begierig auf seine Antwort. Und die lautet: »Sie sollten wenigstens wegen des Namens heiraten, dann kann er ja seiner Wege gehen.« Höflich und glatt geleitet er sie zur Tür. Wie sie nach Hause gekommen ist, weiß sie später nicht mehr.

Sie beginnt so intensiv wie möglich und so vorsichtig wie nötig, Adressen von Ärzten zu sammeln, die in solchen Situationen »helfen«. Der erste auf der Liste, mehrfach genannt, ist leider verstorben. Eine Adresse in einer anderen Stadt, nicht allzu weit entfernt, klingt vielversprechend. Doch während der organisatorischen Vorbereitungen fliegt die Praxis auf. Dr. M.-M. ist der nächste Kandidat. Einer gründlichen Untersuchung folgt das Gespräch. Betont bedeutungsvoll teilt ihr der Mediziner mit, er gehe davon aus, dass sie nicht schwanger sei, und deshalb wolle er ihr jetzt etwas verschreiben, das innerhalb von zehn Tagen zu Blutungen führen könne. Sie will mehr über dieses Medikament wissen. Keine Antwort. Und was ist, wenn es nicht wirkt? »Dann kommt das junge hübsche Mädchen einfach wieder«, lächelt Dr. M.-M. geheimnisvoll und anbiedernd zugleich.

All ihre Hoffnungen ruhen nun auf diesem Medikament, das sie vier Tage lang nachts alle zwei und tags alle drei Stunden

einnehmen soll. Zusätzlich wird ihr ein Mittel gegen Übelkeit verschrieben. Sie fragt nicht weiter. Die Reaktion der Apothekerin – ein vorwurfsvoller und zugleich besorgter Blick – ermuntert sie, an den Erfolg dieser Gewaltkur zu glauben. Sie stellt sich brav den Wecker, um keinen Fehler zu machen. Ohne die zehn Tage abzuwarten und ohne genau zu wissen, warum, sucht sie noch einmal Dr. M.-M. auf. Sie quält die konkrete Frage heraus. Und er antwortet kühl, fast steril: »Bei einer intakten Schwangerschaft kann ich nichts tun, und wirtschaftliche Gründe sind für mich keine, ich helfe nur, wenn irgendetwas in Ihrem Bauch nicht stimmt.« Sie verlässt die Praxis und betet sich jedes Wort einzeln vor. Intakt. Was heißt intakt? Er hilft nur, wenn etwas im Bauch nicht stimmt. Was soll das heißen? Hat er das so formuliert, damit ich auf Ideen komme, die es ihm ermöglichen, mir zu helfen? Was kann das sein? Was könnte eine Schwangerschaft gefährden? Ihr kommt eine Idee und sie geht erneut zu Dr. M.-M. »Ich habe Grund zu der Annahme, mich mit einer Geschlechtskrankheit angesteckt zu haben«, sagt sie und schämt sich. Doch die erhoffte Hilfe bleibt aus. Die einzige Folge dieses falschen Geständnisses sind drei Injektionen, ein süffisanter Blick und die Bemerkung, warum sie sich als nettes Mädchen denn in solche Schwulitäten bringe. Ihre Selbstbeherrschung ist in Gefahr. Stolz bäumt sich auf und lässt sie protestieren: »Ich war ja treu, mein Freund ist fremdgegangen.« Dr. M.-M. quittiert mit: »Hoffentlich hat es ihm Spaß gemacht.«
Ihr kommt eine Bekannte in den Sinn, die in einer Apotheke arbeitet und die sie für verschwiegen hält. Vielleicht hat die eine Idee? Soweit sie die Namen der Präparate kennt, zählt sie ihr alle Medikamente auf, die sie bisher genommen hat. Die Bekannte meint, es sei gut möglich, dass das Ganze wirkt. Sie solle aber auf keinen Fall jetzt noch etwas nehmen. Inzwischen ist ihr Frauenarzt aus dem Urlaub zurück. Sie spricht

offen mit ihm. Er nimmt sich Zeit für das Gespräch, zeigt ihr einen drei Monate alten Embryo im Glas und verweist auf den Eid des Hippokrates. Er malt die Gesellschaft in rosigen Farben und sagt, dass uneheliche Kinder heutzutage doch nicht mehr diskriminiert würden. Das gehöre der Vergangenheit an. Und wenn man wirklich wolle, könne man auch ein Kind alleine großziehen. Ganz zum Schluss wirft er eher beiläufig ein, dass anderenfalls nur noch England bliebe. Aber da seien in letzter Zeit vermehrt Schwierigkeiten aufgetreten. Außerdem könne ein solcher Eingriff eine Frau unfruchtbar machen. Ein letztes Risiko, sein Leben dabei zu lassen, bestehe selbstverständlich immer. Und von den jahrelangen Leiden, die dieser Eingriff mit sich bringen könne, wolle er gar nicht reden. Ihre Entschlossenheit hat einen Knacks. Ihr Gedankengebäude gerät ins Wanken. Die Statik stimmt nicht. Der Embryo war nicht vorgesehen. Wie jetzt weiter? Ein guter Freund, er ist homosexueller Single, fängt sie auf. Bestätigt ihren Entschluss, nimmt ihr die Zweifel.

Sie stellt die übrig gebliebenen Adressen der Ärzte zusammen und beginnt, eine nach der anderen abzuklappern. Die Zeit der diplomatisch verpackten Vorreden ist vorbei. Herrn Dr. G. erklärt sie, kaum dass sie ihm gegenübersitzt, dass sie ein Kind erwarte, es aber aus verschiedenen Gründen, die sie ihm auf Wunsch gerne erläutern wolle, nicht zur Welt bringen könne. Dr. G. schaut sie freundlich und mitfühlend an, erzählt ihr von seiner Frau und den Kindern, von der Länge seiner Studienjahre und der Assistenzzeit und schließt mit der Bemerkung, dass er ein Mitglied dieser Gesellschaft sei, die nun einmal Regeln habe, welche dem Wunsch nach Abtreibung eindeutig widersprächen. Bei der Verabschiedung hält er ihre Hand fest, schaut ihr ins Gesicht und verspricht ihr fast feierlich, Tag und Nacht für sie da zu sein, sollte sie sich doch noch entschließen, ihr Kind zu bekommen. Es fehlt nicht viel, aber Dr. G. schafft es auch nicht, ihren Schutzwall zu durchbrechen. Sein Angebot prallt daran ab. Es erreicht sie nicht. Sie funktioniert in der eingeschlagenen Richtung, in der sie schon zu weit gegangen ist, um zurückkehren zu können. Und zum Schluss fragt sie ihn sogar, ob ihm nichts einfiele, was eine Schwangerschaft gefährden oder einen Abbruch einleiten könne. Stricknadel, meint er, schiebt aber gleich hinterher, wozu das führen kann: Bauchhöhlenvereiterung, Blutvergiftung.

Der Nächste ist Dr. B. Nach über zwei Stunden Wartezeit, in der sie immer wieder durchspielt, wie sie was sagen will, kommt die Sprechstundenhilfe, führt sie in eine Umkleidekabine und fordert sie auf, sich schon mal frei zu machen. Sie wendet ein, sie möchte erst mit dem Arzt sprechen, und erntet sofort ein giftiges: »Das macht Herr Dr. B. grundsätzlich nicht. Das hätte ich Ihnen gleich sagen können.« Bei Dr. O. hat sie sogar kurzfristig einen Termin erhalten, muss aber trotzdem gut zwei Stunden warten, um in zwei Minuten zu erfahren, dass ihr der Mediziner alles Gute wünscht, ihr aber nicht in ihrem Sinne helfen kann. Bleiben noch zwei auf der Liste. Trotz penetranter Versuche gelingt es ihr nicht, bei Dr. D. vor März einen Termin zu bekommen, obwohl doch erst Januar ist. Um keine Zeit zu verlieren, vielleicht auch aus Angst, sich noch eine weitere Abfuhr zu holen, fährt sie zu Dr. U., ohne vorher anzurufen. »Krankheitshalber geschlossen« steht auf einem Schild über der Klingel. Sie fährt wieder nach Hause und ruft in der Praxis an. Ein Tonband informiert, dass die nächste Sprechstunde in acht Wochen sei. Damit ist die Liste abgearbeitet.

Verzweiflung. Sie öffnet sich einer älteren Kommilitonin, der sie sich nie öffnen wollte. Sie hat keine Wahl. Ihr läuft die Zeit davon. »Warum hast du nichts gesagt? Ich kenne da jemanden. Mach dir keine Sorgen.« Die Studienkollegin kramt in ihrem Notizbuch und gibt ihr einen Namen und eine Telefonnummer. Dr. Z. Ist das ein gutes oder schlechtes Zeichen, dass sein Name mit dem letzten Buchstaben des Alphabets beginnt? Dr. Z. klingt am Telefon irritiert und reserviert, doch er will sich mit ihr treffen, in einem Café, mittags um zwölf. Eine halbe Stunde vorher sitzt sie da, angespannt, hoffnungsfroh. Dann wieder voller Angst. Kurz nach zwölf betritt ein gepflegter, eleganter, nicht ganz schlanker, sympathisch wirkender Mann das Café. Er hat graue Schläfen und ist vermutlich um die fünfzig Jahre alt. Er setzt sich nur kurz zu ihr und sie verlassen das Café gemeinsam, um zu seinem Wagen zu gehen. Eine große dunkle Limousine. Die ersten zwanzig Minuten gehören seinen bohrenden Fragen. Er ist entsetzt und wütend darüber, wie leichtfertig sein Name weitergegeben wurde. Das sei kein Spaß, sagt er. Er habe vor zwanzig Jahren seine Approbation verloren, sei zu vier Monaten Gefängnis verurteilt worden, habe sie zum Glück nicht absitzen müssen, aber die zwei Monate Untersuchungshaft seien schlimm genug gewesen. Ob ihr eigentlich klar sei, was sie da von ihm verlange. »Wie alt sind Sie überhaupt?« Sie sagt: »Zwanzig«. Nach ungläubigem Stirnrunzeln und erneuter Nachfrage ist er beruhigt, denn er hat sie für sechzehn gehalten. Dann will er, dass sie gemeinsam zu der Frau fahren, die seinen Namen weitergegeben hat. Sie soll wissen, dass das keine Art ist. Sie hätte ihn wenigstens vorher anrufen und informieren sollen. Bevor sie losfahren, sagt er mit warmer, beruhigender Stimme: »Ich helfe Ihnen – Sie sind ein nettes Mädchen.«

Noch während des Gesprächs zu dritt eröffnet Dr. Z., dass er die »Aktion« gleich heute Abend starten will. Für eintausend Mark. Die Frau und der Freund des Mädchens sollen dabei assistieren, sagt er. Erstens sitzen wir dann alle in einem Boot und zweitens kann ein bisschen Hilfe nicht schaden. Er wer-

de mit Vollnarkose arbeiten. Sie verabreden sich für halb sechs. Watte solle sie mitbringen, sagt er noch, bevor er sie vor ihre Haustür fährt. Als sie sich artig bedankt und aussteigen will, hält er sie am Arm zurück. Sie solle sich keine Sorgen machen, es sei nichts einfacher als »das«, und außerdem schmerzloser als Zahnziehen. Von diesem ganzen unqualifizierten Geschwätz über die Gefährlichkeit eines solchen Eingriffs dürfe sie sich nicht verrückt machen lassen. Das sei alles Humbug, wenn es fachmännisch ausgeführt werde. Dafür garantiere er. Noch zu seinen aktiven Zeiten als Arzt habe er über tausend legale Eingriffe dieser Art vorgenommen. Wirklich kein Grund zur Beunruhigung.
In einer Mischung aus Freude, Verwirrung und Aufregung stürmt sie die Treppen zur Wohnung hoch und hängt sich ans Telefon. Ihr Freund muss informiert werden, der mal wieder nicht zu erreichen ist. Und das Geld müssen sie ja auch noch besorgen. Vierhundert Mark liegen vorsorglich schon bereit, geliehen von einem Freund des Freundes, der selbst hundert Mark beisteuert. Fünfhundert Mark hat eine Studienfreundin zugesagt, aber noch nicht übergeben. Die muss sie jetzt ganz schnell erreichen, aber die liegt krank im Bett und hat das Geld natürlich nicht zu Hause, und ihren Ausweis, den man braucht, um ohne sie einen Betrag von ihrem Konto abholen zu können, hat zurzeit ein Freund, der irgendwelche Formalitäten für sie erledigt. Heute – kein Denken daran.
Kurzfristig alarmierte Kommilitonen strömen aus, um Geld aufzutreiben. Tatsächlich findet sich jemand. Eine Studienkollegin hat ihr Postsparbuch greifbar und hebt ohne zu zögern die fehlenden fünfhundert Mark ab. Sie müsse sie nur nächste Woche wiederhaben, sagt sie und übergibt die Scheine, ohne dafür irgendeinen Beleg zu fordern. Kein Problem mit nächster Woche, bis dahin ist der Ausweis der

anderen zurück und die kann das Geld bis Ende des Jahres entbehren.
Das Mädchen hat seit dem Frühstück nichts mehr gegessen. Leichtes Mittagessen sei vertretbar, hatte Dr. Z. gesagt, aber kein Kaffee. Nun ist es schon drei Uhr nachmittags. Sie isst eine Portion Nudeln mit Schinken. Ab halb fünf sitzen die Frau, das Mädchen und der Freund abholbereit zu Hause. Es wird halb sechs. Vielleicht kommt er gar nicht, hat es sich anders überlegt. Möglicherweise ist etwas dazwischengekommen. Oder er ist aufgeflogen. Um Punkt sechs klingelt es. Der Arzt wartet im Auto. Seit einer Stunde schneit es. Man kann nur Schritttempo fahren. Die Fahrt verläuft wortlos. Dann schaltet er das Radio ein. Sie sitzt vorne. Ein französischer Schlager, den sie mag. Das immer dichter werdende Schneetreiben. Stau wegen des Wetters und der abendlichen Stoßzeit. Ungewissheit. Was kommt jetzt? Aufregung – eine seltsame Faszination umfängt sie. Erinnerungsfetzen kommen hoch. Sie als Kind, in der Dämmerung zu Fuß unterwegs auf tiefverschneiten Feldwegen, die ihre Eltern und sie in einem kleinen Ort im Westfälischen zum Bahnhof führten. In ihrer Fantasie malte sie sich damals aus, auf der Flucht zu sein, sich durchkämpfen zu müssen, durch Schneemassen und Finsternis, nicht wissend, wohin. Abenteuer und Stärke. Tolles Gefühl.
Dr. Z. lenkt den Wagen in eine Parkbucht, weist auf ein Wohnhochhaus und verfügt, zwei von ihnen sollen vorgehen, in den achten Stock fahren und dort warten. Das Mädchen und der Freund steigen aus und befolgen die Anweisung. Es dauert nicht lange und der Arzt und die Frau erreichen ebenfalls den achten Stock des Gebäudes mit den unzähligen Klingelschildern am Eingang. Dr. Z. öffnet eine Tür, hinter der sich ein spärlich, aber funktionstüchtig eingerichtetes Einzimmerappartement mittlerer Größe verbirgt. Dr. Z. hat bereits Vorbereitungen getroffen und führt

Regie. Auf der Couch liegt ein Bettlaken, unter dem ein Gummituch hervorschaut, ein Kopfkissen und eine flauschige Wolldecke. Der Tisch muss verschoben werden. Die drei räumen, das Mädchen schaut zu. Die Möbel stehen nun so, wie sie für den Eingriff stehen sollen, und Dr. Z. beginnt mit der Arbeit. Abklopfen, Puls fühlen und die sogenannte Nagelfahrprobe. Die soll zeigen, wie nervös die Patientin ist, erklärt er auf Nachfrage. Er will alles über ihre Erkrankungen, Leiden, Operationen wissen, bevor er auf dem Bauch herumdrückt. Dann deckt er das Mädchen auf der Couch väterlich zu und bereitet eine Präindikation vor, wie er sagt, eine Spritze mit einem Kubikzentimeter Morphium. Sie nimmt die Blicke der Umstehenden wahr, die warmherzigen besorgten der Frau und die nervös ängstlichen des Freundes. Die Spritze steckt noch in ihrem Arm, als sie die Wirkung verspürt. Alles wird schwer und schlaff und beginnt sich zu drehen. Die Personen fangen an wie Gummibälle herumzuspringen, hoch und runter, hin und her. Sie reißt die Augen auf, um Konturen erkennen zu können, Konturen der Personen und der Gegenstände. Es gelingt ihr nicht. Die Linie, die Wand und Zimmerdecke an der Stelle bilden, an der sie aufeinandertreffen, beginnt immer schneller zu laufen. Das Mädchen will etwas sagen, lallt, kann nicht mehr deutlich artikulieren. Nichts ist mehr wichtig, alles egal, maßloses Wohlbefinden. Während sie immer noch Fragen beantworten muss, bemerkt sie nicht wirklich interessiert, dass irgendwo am Horizont des Zimmers eine Stehlampe neben den winzigen Tisch gestellt wird. Dr. Z. trägt sie auf seinen Armen zum Tisch und legt sie ab. Die angewinkelten Beine kann sie aus eigener Kraft nicht halten. Dafür sind nun Dr. Z.s Komplizen zuständig. Die zweite Injektion folgt. Sie spürt noch den Pieks und dann nichts mehr.

8
Faszination Fliegen

Faszination Fliegen. Davon soll jetzt die Rede sein. Nicht von den furiosen Kräften einer Düsenmaschine, nicht von den nahezu unbegrenzten Möglichkeiten eines Hubschraubers, auch nicht von den erhabenen Gefühlen, die das Beherrschen eines Sportflugzeugs auslöst, sondern von der lautlosen Variante des Fliegens will ich erzählen, dem Segelflug. Es war kein zielgerichtetes Interesse, das mich 1971 in Köln auf den Flugplatz Butzweiler Hof, das ehemalige Luftkreuz des Westens, führte, wo ich das Fliegen erlernte. Es war das, was man auch dann Zufall nennt, wenn man nicht an Zufälle glaubt. Am Anfang stand ein Gastflug in einem sattgelben Doppelsitzer, dessen Flügelenden, Nase und Schwanzspitze signalrot lackiert waren – eine mir bis heute sehr sympathische Farbkombination. Es war ein sonniger Sommertag, den weit hinten am Horizont eine Gewitterfront bedrohte, als ich mit dem Piloten in die Lüfte stieg. Neugierig und unwissend gab ich mich meiner Begeisterung hin, genoss jeden Augenblick und hielt die enormen Aufwinde für normalen Segelfliegeralltag. Statt nach fünf Minuten »Platzrunde« wegen fehlender Thermik wieder landen zu müssen, dauerte dieser erste Flug knapp zwei Stunden und führte mich auch ins Umland der Stadt. Wir stiegen und stiegen bis an den Rand der hellen Blumenkohlwolken, deren scharfe Konturen ausfransten und die ihre Farbe von strahlend weiß in schmutzig grau änderten, wenn man ihnen zu nahe kam. Dann drehten wir ab und flogen zur nächsten Wolke, die uns freundschaftlich aufsog und so unsere Landung weiter hinauszögerte. Das mit der grenzenlosen Freiheit stimmt. Die fängt auch schon *unter* den Wolken an …

Dem Lustflug folgten Schulungsflüge, konzentrierte Arbeit mit wechselnden Lustanteilen. Wenig bis keine Thermik, Seitenwind, auch mal Regen, verpatzte Landungen, verpasste Aufwindschläuche. Und eines Tages war es dann so weit. Der erste Alleinflug. Natürlich hast du eine Reihe von Flügen hinter dir, in denen der Fluglehrer nur mit dabeigesessen und nicht eingegriffen hat. Aber in brenzligen Situationen hätte er eingreifen können. Jetzt bist du der Pilot und ganz allein auf dich gestellt. Gleichermaßen euphorisierend wie beängstigend.

Einige Zeit später war ich dann stolze Besitzerin des Luftfahrerscheins. Auch über meinen Führerschein hatte ich mich damals gefreut, vermittelt er einem doch ein Gefühl der Freiheit und Unabhängigkeit. Aber was ist dieses Erdenpapier im Vergleich zum Luftfahrerschein, der eine neue Dimension eröffnet und zumindest zeitweise die Erdanziehung außer Kraft setzt? Das kommt gleich nach zaubern können. Mit dem Luftfahrerschein endete die fliegerische Ausbildung und der sportliche Ehrgeiz erwachte. Höher, weiter, länger. Bevor man über Land fliegen durfte – also vom Platz weg mit dem Risiko einer Außenlandung, falls die Thermik oder die fliegerischen Fähigkeiten nachlassen sollten, dieselbe zu finden –, hatte man einen Dauerflug von mindestens fünf Stunden in Flugplatznähe zu absolvieren. Heute sind die Regeln andere, damals war das so. Ehrlich gesagt, schien mir dieser Zeitraum ein unüberwindliches Hindernis auf dem Weg zu Streckenflügen zu sein. Immer in Sichtweite des Flugplatzes kreisend, fünf lange Stunden, das sind 300 Minuten, ohne ein Ziel, außer dem des Zeitlimits. Eine quälende Vorstellung. Aber unumgänglich, wenn ich mich künftig fliegend vom Flugplatz entfernen wollte.

Die Kölner Bucht hat in mehrfacher Hinsicht nicht viel gemein mit australischen oder südafrikanischen Weiten – den Traumzielen passionierter Segelflieger. Es müssen einige Komponenten zusammenkommen, damit sich ein Fünf-Stunden-Versuch überhaupt lohnt. Mitteleuropäische Wetterlagen sind bei Weitem nicht so stabil, weswegen sich das Wettergeschehen gelegentlich nicht an die Wettervorhersage hält, was die Planung erschwert. Einige meiner Segelfliegerkollegen hatten diverse Fehlversuche hinter sich, weil versprochene Thermik vor der Zeit zusammengebrochen war.
An einem Tag, an dem die Wetterberatung behauptete, es könnte mit dem Dauerflug klappen, spulte ich die längst in Gedanken durchgespielte Checkliste zügig ab, um keine Zeit am Boden zu verlieren. Zusätzlich zu den üblichen Kontrollen standen noch folgende Punkte auf dem Plan: Sitz weich auspolstern, Sitzprobe machen, Sonnenhütchen bereitlegen, Jacke an – lieber geschwitzt als gefroren, schließlich nimmt die Temperatur unter bestimmten Bedingungen alle hundert Höhenmeter ein Grad ab; das macht allein bei 1000 Metern, welche heute leicht zu erreichen waren, immerhin zehn Grad Unterschied, statt 25 nur 15 Grad Celsius. Sonst nicht so wichtig, heute von entscheidender Bedeutung: der Gang zur Toilette. Fünf Stunden sind verdammt lang und schon manch einer hat bei bester Thermik einem ungeheuren Drang nach unten nachgeben müssen.
Ich mache mich zum Start an der Seilwinde bereit – ein Start wie jeder andere und trotzdem schlägt der Puls schneller. Ausklinkhöhe – 450 Meter. Keine schlechte Ausgangslage, aber auch nicht mehr. Verkrampfter als sonst suche ich nach einem Aufwind. Wie schnell sind zwei-, dreihundert Meter Höhe verloren, und dann bleiben nur die Landung und ein erneuter Versuch. Wo starke Aufwinde herrschen, sind starke Fallwinde nicht weit. In dieser Hinsicht ist die Natur ein

Nullsummenspiel. Das Variometer, sozusagen der vertikale Geschwindigkeitsmesser, schlägt an. Endlich. Vor lauter Nervosität rase ich wie wild in diesem Thermikschlauch herum, falle regelmäßig aus ihm heraus, erwische ihn wieder, mute der Maschine und mir einiges zu, weil ich die Ruder hektisch herumreiße, statt die Luftbewegungen zu erfühlen. Das geht mit der nötigen Ruhe. Ich fluche über die viel zu warme Jacke, die Plexiglashaube beschlägt, so sehr schwitze ich. Meine Gemütslage schwankt zwischen Kampfeslust und Resignation, eingepackt in Ärger und Ärger über den Ärger. Keine Ahnung, wie lange es dauerte, bis ich die sprichwörtliche Ruhe eines ausgeglichenen Segelfliegers wieder gefunden hatte und auch die Mitte des Thermikschlauchs – wobei das eine vom anderen nicht unwesentlich abhängt –, und so schraube ich mich immer höher. Schwerkraft ist nun nicht mehr mein Problem. Ich zwinge mich, nicht auf die Uhr zu schauen, um nicht enttäuscht zu sein, denn vermutlich ist viel weniger Zeit vergangen, als ich denke. Als ich endlich den ersten Blick aufs Zifferblatt wage, ist seit dem Start gerade mal eine Stunde vorbei. Es kommt mir vor wie eine Ewigkeit und der Gedanke an vier weitere Ewigkeiten stimmt mich nicht gerade fröhlich. Die Mittagsflaute, in der Aufwinde wegen der geringer werdenden Temperaturunterschiede zusammenbrechen, muss ich auch noch überstehen. Also nichts wie hoch und »Basis kratzen« – so nennt man es, wenn Segelflieger sich unter Wolken kleben, immer auf der Hut, nicht hineingezogen zu werden, aber auch peinlich darauf bedacht, den Abstand nicht unnötig zu vergrößern, um nur ja innerhalb des Anziehungsbereichs zu bleiben. Auf diese Weise überlebe ich die Mittagsflaute in einer Höhe zwischen 1900 und 2300 Metern. Jetzt fühle ich mich wohl, genieße die Sicht und diesen rundherum herrlichen Flugtag, der mir ganz alleine gehört.

Es kommt der Punkt, an dem ich den Wert meiner eben noch verfluchten Jacke zu schätzen beginne. Ohne sie würde ich noch mehr frieren, als ich es ohnehin schon tue. Durch die Bugkupplung zieht es mächtig in die Hosenbeine. Dann schläft mir die linke Pohälfte ein. Dem Hin- und Herrücken, um die Durchblutung wieder in Gang zu bringen, sind durch die festgezurrten Gurte enge Grenzen gesetzt. Außerdem will ich durch das Gewackel nicht meinen gut austarierten Ruderdruck verändern und »unsauber« fliegen. Auch das kostet Höhe. Irgendwann zirkuliert wieder alles so, wie es soll, und ich genieße ein seltsames, letztlich unbeschreibliches Gefühl, zum ersten Mal so lange allein zu fliegen. Es hat etwas an sich, das einen zum Lächeln bringt, einem Lächeln hart an der Grenze zum Grinsen, eine Mischung aus Freude, Stolz und Herzklopfen.

Der Blick auf die Uhr. Ich bin schon dreieinhalb Stunden in der Luft. Ein Hauch von Langeweile stiehlt die Farbe aus meinen Gefühlen. Ich quäle mich mit »Nullschiebern« über die Runden, das heißt, ich gewinne keine Höhe dazu, aber ich verliere auch nichts. Die graue Langeweile verfliegt blitzartig, als ich merke, dass mir nur noch eine halbe Stunde zu den ersehnten fünf fehlt. Wenn ich jetzt absaufe, dann nützen mir auch meine stolzen 2000 Höhenmeter nichts mehr. Das reicht nicht für 30 Minuten, wenn es jetzt mit fünf Metern pro Sekunde in den Keller gehen sollte. Um Himmels willen, das macht …

Ich will nicht in die Reihe derer aufgenommen werden, die mit vier Stunden, 58 Minuten an der gestellten Aufgabe buchstäblich vorbeigesegelt sind. Aber es geht nicht mit fünf Metern pro Sekunde in den Keller, ich halte mich nach wie vor in einer Höhe von 1800 bis 2000 Metern. Und dann sind auch die letzten 30 Minuten vorbei. Ich kann es nicht fassen, dass ich tatsächlich fünf Stunden Dauerflug geschafft haben

Geschafft! 5 Stunden und 16 Minuten Dauerflug im Segelflugzeug, irgendwann Anfang der 70er-Jahre in Köln auf dem Butzweiler Hof

soll. Ich kontrolliere nicht einmal oder zweimal, nein x-mal, ob ich auch richtig gerechnet habe. Vielleicht habe ich mich um eine Stunde vertan. Nicht auszudenken, wenn ich versehentlich nach vier statt nach fünf Stunden landen würde, ohne Not, obwohl ich bequem hätte oben bleiben können. Ich rechne vor und zurück, nehme meine Finger zu Hilfe, erst die der rechten, dann die der linken Hand, als handele es sich um eine Gegenprobe. Schließlich bin ich von der Richtigkeit meiner langwierigen Berechnungen überzeugt. Ein lauter Juchzer leitet den kontrollierten Sinkflug ein. Jetzt, wo ich die thermischen Aufwinde nicht mehr brauche, fliege ich von einem in den anderen, gewinne sogar im Geradeausflug noch Höhe, ohne zu kreisen. Ich ziehe die Landeklappen, um den Auftrieb kaputt zu machen, denn jetzt ist es auch genug. Nach genau fünf Stunden und 16 Minuten setze ich auf der Landebahn auf – müde und unsagbar glücklich.

9
Der WDR

Im Oktober 1974 war das Studium mit der Magisterprüfung erfolgreich abgeschlossen. Damit hatte ich meinem Namen zwar zwei Buchstaben hinzugefügt – M.A. für Magister Artium –, aber es waren nicht die beiden, die Klaus Martin Meyer, das journalistische Urgestein, gemeint hatte, als er mir 1968 während meiner Zeit beim WDR den Rat gab, mit diesen zwei Buchstaben wiederzukommen. Er hatte den Doktortitel im Blick. So oder so schien mein Plan, zum Sender zurückzukehren, um dort journalistisch zu arbeiten, nicht aufzugehen. Denn während meines Studiums hatte eine Klagewelle dem Westdeutschen Rundfunk eine kräftige Schlagseite verpasst. Per Gerichtsbeschluss musste eine große Zahl freier Mitarbeiter fest angestellt werden. Die größte Sendeanstalt der ARD war damit personell hoffnungslos überbesetzt und es sah nicht danach aus, als bestünde in absehbarer Zeit eine Chance, dort arbeiten zu können.

Und nun? Neu orientieren, sich umhören, einen Doktorvater suchen. Schließlich ist eine Dissertation auch nichts anderes als eine gründliche Recherche. Der Studienabschluss verhilft mir zu einer Anstellung als wissenschaftliche Hilfskraft an der Universität. Allerdings nicht in Köln, sondern in Düsseldorf. Die Fahrerei ist etwas umständlich, aber die Bezahlung reicht zum Überleben.

Fast alle Doktoranden in meinem Fach der Osteuropäischen Geschichte befassen sich mit Freund-Feind-Bildern. Dazu analysieren sie einschlägige Zeitungen und Zeitschriften.

Auch ich will mich in diese Materie vertiefen, aber den Bogen zu einem anderen Medium schlagen. Es gelingt mir, meinen Doktorvater davon zu überzeugen, dass auch der Rundfunk, das Radio, eine Rolle beim Entstehen und Pflegen von Freund-Feind-Bildern spielt.
Ich schlage ihm vor, politische Kommentare daraufhin zu untersuchen, welches Bild sie von Russen und Sowjets vermitteln, und zwar von Beginn an, als der Westdeutsche Rundfunk noch der Nordwestdeutsche Rundfunk war, um auf diese Weise festzustellen, ob und wie sich die Berichterstattung in der Zeit unmittelbar nach dem Zweiten Weltkrieg bis hin zur Ostpolitik Willy Brandts verändert hat. Schöne Idee, findet schließlich auch mein Doktorvater, der sich anfänglich für das Medium Rundfunk als Gegenstand einer Dissertation nur schwer begeistern konnte.
Aber die schöne Idee scheitert. Radiokommentare sind zwar auf Tonträgern archiviert, aber nur sehr sporadisch in schriftlicher Form vorhanden. Von den methodischen Schwierigkeiten einmal abgesehen – ich kann doch nicht erst alles abschreiben, um damit arbeiten zu können –, wie soll dieser zeitaufwendige Prozess des Abhörens praktisch vonstatten gehen? Die Tonbänder dürfen aus nachvollziehbaren Gründen den Sender nicht verlassen und im Sender nicht ohne Fachpersonal gehandhabt werden. Also muss mir etwas Neues einfallen, denn beim Medium Radio will ich unbedingt bleiben. Da will ich schließlich wieder hin. Also noch mal von vorne: Wenn eines der wichtigen Kriterien für meine Arbeit darin besteht, dass der Untersuchungsgegenstand auf Papier und nicht nur auf Tonband verfügbar ist, dann muss ich es eben anders versuchen und herausfinden, ob es nicht irgendein infrage kommendes Programm gibt, das der Sender mehr oder weniger vollständig in Textform archiviert. Ja, Schulfunk, lautete die Antwort. Meine Enttäuschung lässt sich kaum in Worte fassen. Ich war zwar

als Kind begeisterter Schulfunkhörer und habe es immer genossen, wenn ich mit den üblichen Kinderkrankheiten zu Hause im Bett lag, das kleine Radio mit Namen Gabriele neben mir, und sowohl das Vormittags- als auch das Nachmittagsprogramm des Schulfunks komplett verfolgen konnte.
Aber jetzt als Untersuchungsgegenstand der Dissertation kommt mir Schulfunk irgendwie nicht spannend genug vor. Es ist eher ein Gefühl als sachlich begründet. Ich muss Prioritäten setzen, denke ich mir, mein Ziel ist der Rundfunk. Also nehme ich Kontakt mit der Schulfunkredaktion auf und erfahre dort für meine Arbeit in jeglicher Hinsicht Unterstützung. Es dauert zwar eine gewisse Zeit, bis ich mich mit meinem neuen Sendeformat Schulfunk abgefunden habe, aber dann empfinde ich das geänderte Dissertationsthema nicht mehr als zweite Wahl, sondern als das Beste, was mir passieren konnte. Welche Russland-Bilder werden Schülern vermittelt? Das ist doch noch viel spannender, als politische Kommentare für Erwachsene zu untersuchen. Mittlerweile habe ich auch einen genauen Plan, wie weit ich mein Forschungsfeld fassen will. Immerhin gab es damals deutschlandweit neun Rundfunkanstalten innerhalb der ARD. Da ich diese unmöglich allein flächendeckend untersuchen kann, entscheide ich mich schließlich dafür, vier nach folgender Überlegung herauszugreifen: Aus Gründen des regionalen Querschnitts bieten sich als nördlicher bzw. südlicher Schwerpunkt der Norddeutsche Rundfunk in Hamburg und der Bayerische Rundfunk in München an; der Westdeutsche Rundfunk in Köln darf als größte Sendeanstalt und sowieso nicht fehlen und Radio Bremen, der kleinste Sender, stellt dazu einen sinnvollen Gegenpol dar.
Die Arbeit macht ungemein Spaß. Was einem da alles auffällt! Ich weiß nicht, ob ich schmunzeln oder mich empören soll, wenn ich in Hörspielen für den Geschichtsunterricht Regieanweisungen entdecke, die fein säuberlich unterschei-

den: Sobald ein Russe einen Schluck trinkt, ganz gleich, ob Tee oder Wodka, steht da »glucksende Geräusche«. Bei allen anderen heißt es neutral »Trinkgeräusche«.

Und dann habe ich Glück. Während einer meiner Rechercheaufenthalte in einem der Sender erfahre ich zufällig von der Existenz eines »Studienkreises Rundfunk und Geschichte«, bei dem man Mitglied werden kann. Ich stelle einen Aufnahmeantrag und besuche fortan Tagungen, auf denen sich Universitätsprofessoren, Studenten und Rundfunkleute dem Thema »Rundfunk und Geschichte« in all seinen Facetten widmen. Auf einem dieser Seminare höre ich eher beiläufig, dass der WDR nach jahrelanger Pause endlich wieder Volontäre einstellt. Ich besorge mir sofort die nötigen Bewerbungsunterlagen und reiche sie ein. Dass ich mitten in der Promotion stecke – darauf kann ich jetzt keine Rücksicht nehmen.

An das Vorstellungsgespräch, zu dem ich nach bangem Warten geladen war, kann ich mich nur schwach erinnern. Schemenhaft sehe ich acht oder zehn oder noch mehr Personen mir gegenübersitzen. Was sie sagten, habe ich längst vergessen. Doch wie ich mich gefühlt habe, weiß ich noch genau. Aufgeregt natürlich, aber entschlossen, kämpferisch und immer wieder den Gedanken wegschiebend, wie unbefriedigend es doch ist, dass nun alles von diesem kurzen Moment abhängen soll.

In den darauffolgenden Tagen fällt es mir schwer, mich auf meine Dissertation zu konzentrieren. Ich träume von meinem Traumjob, male mir aus, wie wunderbar die Arbeit sein würde, und verdränge, wie ich beides, Volontariat und Promotion, nebeneinander bewältigen soll. Endlich liegt die Benachrichtigung im Briefkasten. Ich habe die Stelle! Es ist wie nach Hause kommen. Viele der Kollegen im WDR, denen ich in meiner Zeit nach dem Abitur begegnet war, sind noch da und freuen sich mit mir.

Insgesamt sind wir vier Volontäre, zwei Männer und zwei Frauen. Außer mir eine bereits promovierte Historikerin, die ich später aus den Augen verlieren werde, und zwei junge Kerle, die heute zur Fernsehprominenz gehören – der Jurist Ulrich Deppendorf, erst Programmdirektor des WDR, später Leiter des ARD-Hauptstadtstudios, und der Diplomingenieur für Raumplanung Gerald Baars, nach seiner Korrespondentenzeit in New York Chef des Dortmunder WDR-Studios.
Achtzehn arbeitsintensive Monate liegen vor uns. Nahezu jeder im Sender, der erfährt, dass ich nebenbei promoviere, winkt vielsagend ab. Das sei total unrealistisch und im Grunde auch unnötig. Wofür? Ich sei doch »drin«. Mehrmals spiele ich mit dem Gedanken, die Promotion hinzuschmeißen. Die Belastung ist einfach barbarisch. Die Zeit reicht hinten und vorne nicht. Das größte Problem ist, auf Knopfdruck den Kopf frei zu kriegen, um sich mit Freund-Feind-Bildern in Schulfunkmanuskripten zu befassen. Doch dann ist es endlich so weit: Die Dissertation liegt tatsächlich abgabebereit vor mir. Ein nahezu surrealistischer Moment. Ich brauche ziemlich lange, um zu kapieren, dass es geschafft ist.

Vom Kiever Reich zum Kalten Krieg
Vorstellungen von Russen und Russland
im Schulfunk nach 1945
Beim Westdeutschen, Norddeutschen und Bayerischen
Rundfunk sowie Radio Bremen
(Köln 1977)

Vorwort
Unvoreingenommenheit und die Bereitschaft, Andersartigem und Fremdem mit wohlwollendem Interesse an Stelle von ablehnendem Misstrauen gegenüberzutreten, sind auch heute

noch nicht in dem Maße verbreitet, wie es eigentlich zu wünschen wäre. In diesem Sinne verfolgt der Verfasser mit seiner Arbeit die Absicht, vorurteilsbeladene »Bilder« aufzuzeigen, die aus einer Mischung von Teilinformation, emotional motivierter Subjektivität und der Neigung zu pauschalieren entstanden sind, diese Bilder bewusst zu machen und deren kritische Überprüfung anzuregen.

Es wäre eine Aufgabe, sich mit der Entstehung von Vorurteilen zu beschäftigen, es ist eine andere, zu untersuchen, mit welchen Mitteln und an welcher Stelle sie reproduziert und tradiert werden. Der Verfasser hat aus dem letztgenannten Komplex das Medium Rundfunk und den Ort Schule herausgegriffen; Rundfunk, weil die Eigenarten der gesprochenen Information im Gegensatz zur geschriebenen eine spezifische Betrachtungsweise verdienen; Schule, weil die Erziehung maßgeblich für die Vorurteilsanfälligkeit eines Menschen verantwortlich ist.

Aus der Sicht des Schülers werden in der Schule Fakten vermittelt, Wissen, also »Wahrheit«, und das bezieht sich nicht nur auf Mathematik, Physik etc., sondern auch auf Geschichte und Gemeinschaftskunde. Tatsächlich aber begnügt sich z. B. der Geschichtsunterricht in der Schule keineswegs damit, Vergangenes datengetreu nachzuerzählen, sondern bietet gleichzeitig Verhaltensmuster für die Gegenwart, indem im Extremfall die Vergangenheit entsprechend »erzieherisch zurechtgebogen« wird: z. B. dadurch, dass man unter dem Vorwand, komplizierte historische Zusammenhänge leicht fassbar vermitteln zu müssen, schlicht Ideologie liefert. Dieser Vorgang muss nicht zwangsläufig ein bewusster sein – denn auch der Manipulierende ist bereits manipuliert. (Vergleiche den ahistorischen Gebrauch des Wortes »radikal«, wer verbindet damit heute noch die positive Vorstellung, ein Übel mit seiner Wurzel beseitigen zu wollen?!)

Schlusswort
Wie die bisherige Lektüre gezeigt hat, bietet der Schulfunk eine breite Palette. Angefangen von Zerrbildern bis hin zu sachlicher, pädagogisch gut aufbereiteter Information über Russland und die Sowjetunion sind fast alle Nuancen zu finden. Selbstverständlich spielt die Vielzahl der Autoren dabei eine Rolle, ebenso wie die Person des Chefredakteurs. Auch Ort und Zeit bestimmen darüber, ob und wie die Möglichkeiten des Mediums genutzt werden. Allerdings lassen sich die unterschiedlichen Russlandbilder nicht schematisch bestimmten Sendeanstalten oder Sendedaten zuordnen. In einer Gesellschaft, gleichermaßen vom Wirtschaftswunder wie vom Kalten Krieg besessen, wird eine Schulfunksendung über Russland anders ausfallen als in einer Gesellschaft, die im Begriff ist, den Glauben an ihre absolute Überlegenheit zu verlieren, und so sich bereit findet, Andersdenkende gleichberechtigt zu behandeln. Doch die erwähnten Gesellschaften existieren nicht in Reinkultur; auch die letztgenannte hat die Folgen des Kalten Krieges noch nicht überwunden. Insofern lässt sich auch nicht von einer geradlinigen Entwicklung sprechen, die sich eindeutig an den Schulfunksendungen der letzten fünfundzwanzig Jahre ablesen lassen könnte. Es ist vielmehr eine Schlangenlinie, deren Ausbuchtungen variieren und deren Richtung sich nur ganz allmählich herauskristallisiert.

Mit Blick auf die Promotion habe ich noch einen dicken Brocken vor mir: die mündliche Prüfung in drei Fächern, das Rigorosum. Weil diese Prozedur in einem bestimmten, relativ engen Zeitrahmen stattzufinden hat, melde ich mich freiwillig für die Nachrichtenredaktion. Denn der dortige Schichtdienst ist zwar anstrengend und alles andere als reizvoll, aber es ist die einzige Redaktion mit festen Dienstzeiten. Wenn eine Schicht zu Ende ist, kommt die nächste und löst

ab. Im Gegensatz dazu lässt sich in den aktuellen Magazinsendungen nie so genau sagen, wann Dienstschluss ist. Das bestimmen die Ereignisse, da diktiert die Aktualität.
Im November 1977 ist es vollbracht. Das Rigorosum ist bestanden und ich kann mich das letzte halbe Jahr der achtzehnmonatigen Ausbildung endlich ganz dem Volontariat widmen. Diesen Zeitraum sollen wir vier jeweils in unserer Wahlstation verbringen. Mich zieht es in die aktuelle Abteilung des Hörfunks, wo ich im Wesentlichen wieder für das Morgenmagazin *heumo* arbeite, aber auch für die Nachmittagssendung *Zwischen Rhein und Weser* und die nach meinem Geschmack sehr reizvolle Viertelstundensendung *Zeitzeichen*, für die Jahrestage das Thema vorgeben. Ich darf u. a. eine Sendung über den Inkakönig Atahualpa gestalten und eine über das heikle Thema Katyn, diesen kleinen Ort in der Sowjetunion, fünfzehn Kilometer westlich von Smolensk,

Nach den *Monitor*-Sendungen stehen die Autoren der Beiträge den Zuschauern Rede und Antwort – hier mit Kollege Volker Happe und Redaktionsleiter Gerd Ruge.

dessen Name für eines der umstrittensten Verbrechen in der Geschichte des Zweiten Weltkriegs steht.
Und dann habe ich die Wahl. Nach Abschluss des Volontariats kann ich mich zwischen drei Planstellen entscheiden. Eine gehört zur Nachrichtenredaktion. Das ist die erste, die ich aussortiere. Denn freiwillig möchte ich mich nicht einem Schichtdienstplan unterwerfen. Dann lieber jeden Tag neues Chaos. Bei den beiden anderen Stellen tue ich mich schwerer. Die eine ist eine Redakteursstelle im Morgenmagazin des Hörfunks. Ich könnte also nahtlos in meiner Wahlstation weiterarbeiten. Da kenne ich mich aus, alles wunderbar, denke ich. Doch die Sache hat einen Haken.
Damals herrschte strikte Trennung zwischen Redaktion und Moderation. Die Grenzen, die ich als Volontärin locker überspringen konnte, wären nun für mich als Redakteurin unüberwindlich gewesen. Diese Einschränkung gefällt mir nicht, weshalb ich mit der dritten Möglichkeit liebäugele, die beim Fernsehen angesiedelt ist: Redakteur und Reporter für *Tagesschau* und *Tagesthemen*. Da muss ich nicht nur für andere Programm vorbereiten, da kann ich selbst »machen«. Doch die spezifische Arbeitsweise beim Fernsehen schreckt mich etwas. Beim Hörfunk ist alles so herrlich unkompliziert und direkt, nur der Ton ist wichtig. Der Aufwand für einen Filmbericht hingegen – damals übrigens zunächst wirklich noch Film und nicht Video – ist schon enorm: Kamerateam, Toningenieur, gegebenenfalls Beleuchter. Aber die Planstelle bei der *Tagesschau* hat einen ganz entscheidenden Vorteil. Von hier aus darf man sowohl im Fernsehen als auch im Hörfunk moderieren. So entscheide ich mich nicht ganz leichten Herzens für die *Tagesschau*-Stelle und das Fernsehen, aber das scheint mir auch im Rückblick die richtige Entscheidung gewesen zu sein.
Das innenpolitische Magazin *Monitor* ist nach dreieinhalb Jahren *Tagesschau* mein nächster fester Arbeitsplatz. Diese

Von 1984 bis 1987 habe ich neben *Monitor* mit meinen Kolleginnen Dr. Elke Hockerts-Werner und Helga Märthesheimer (†) im WDR die monatliche Talkshow *Drei vor Mitternacht* moderiert.

Kombination aus politischer Berichterstattung und kriminalistischem Puzzle reizt mich; und die Möglichkeit, endlich Filme zu machen, die länger waren als die klassischen »einsdreißig« (eine Minute, 30 Sekunden) der *Tagesschau* oder die drei Minuten der *Tagesthemen* – strenge Zeitvorgaben für Filmberichte, in denen selbstverständlich alle wesentlichen Informationen enthalten sein sollen, schön komprimiert, versteht sich, aber auch inklusive der Dinge »am Rande« und des »Drumherum«; bitte verständlich das Ganze, und zwar nicht nur für Hochschulabsolventen.
Das war die Aufgabe der aktuellen Berichterstattung in den Nachrichtensendungen. Mit Blick auf *Monitor* fand ich noch einen anderen Aspekt wichtig: die Aussicht, nur alle vier Wochen senden zu müssen, statt jeden Tag für die *Tagesthemen* und vier bis fünf *Tagesschau*-Ausgaben jederzeit auf dem Sprung zu sitzen. Dieses »Allzeit-bereit« bestimmt den

Alltag ganz gewaltig, weil man nie garantieren kann, zu einer bestimmten Uhrzeit zu Hause, bei Freunden oder sonst wo zu sein. Bis halb elf Uhr abends – damals der Beginn der *Tagesthemen* – kann viel passieren, was die Feierabendpläne über den Haufen wirft.
Allerdings ganz so übersichtlich, wie ich mir das vorgestellt hatte, war es dann bei *Monitor* eben doch nicht. Alle vier Wochen Sendung – das hört sich prima an, aber die Qualitätserwartungen liegen um einiges höher als bei aktuellen Tagesproduktionen, obwohl allzu oft genau unter diesem aktuellen Zeitdruck produziert werden muss. Denn wen interessiert in vier Wochen noch das Thema X, über das heute alle reden? Die Kunst bei *Monitor* und den anderen politischen Fernsehmagazinen besteht darin, Themen zu finden, die erstens alle interessieren, weil sie zweitens viele betreffen, die drittens Neuigkeiten bringen, die viertens am Sendetag aktuell sind und fünftens noch nicht in allen Zeitungen behandelt wurden. Ach ja, und nicht zuletzt, sechstens, sich möglichst gut für eine optische Umsetzung eignen. Das alles zu berücksichtigen, ist nicht so einfach. Wer dieses Ziel optimal erreichen will, hat hinsichtlich der Planbarkeit des Alltags gewaltige Abstriche zu machen. Vierzehn Tage vor der Sendung war in der Redaktion ohnehin der Teufel los, ohne Rücksicht auf tägliche Arbeitszeiten oder Sonn- und Feiertage. Nicht dass ich im Nachhinein bedauert werden möchte, aber es hätte Fragen vorgebeugt, die da zum Beispiel lauteten: Was machen Sie eigentlich die übrige Zeit zwischen zwei Sendungen?

10
Die Pose

Einfach entspannt lächeln

Ein Fototyp war ich nie. Laufende Kamera? Bitte sehr. Das verspielt sich. Es ist die Pose, die mir nicht liegt, die ich nicht beherrsche. Die Tortur für mein erstes Autogrammfoto werde ich nie vergessen, samt dem dazugehörigen Fotografen. Ein blonder dicklicher Typ mit Sprachfehler und einer deformierten linken Hand. Die Situation war neu und aufregend für mich. Als »Jung-Journalistin« moderierte ich seit einiger Zeit ein Regionalmagazin. Da gehörten Autogrammkarten zum Handwerkszeug. Die spärlich tropfenden Anfragen nach signierten Konterfeis schmeichelten mir. Also stand deren Produktion eines Tages auf meinem Dienstplan. Das Fotostudio befand sich in den Kellerräumen. Viel zu groß, viel zu hoch, viel zu kahl. Keine Fenster. Eine aufgerollte himmelblaue Tapete wurde heruntergezogen und ich auf einen Hocker gepackt. Nichts Bequemes, aktives Sitzen – das bringt's! Was? Das entspannte Lächeln. Nur wollte sich das entspannte Lächeln so gar nicht einstellen. Wie lächle ich, wenn ich entspannt bin? Mit geöffneten oder geschlossenen Lippen, und wenn geöffnet, wie weit geöffnet? Hab ich eine Schokoladenseite? Jeder hat eine Schokoladenseite! Aber welche ist meine? Bisher hat sich niemand, einschließlich meiner Person, dafür interessiert. Der Fotograf war sich auch nicht ganz sicher, zudem voll konzentriert, mir das ultimativ entspannte Lächeln zu entlocken, das mir partout nicht gelingen wollte. Bei kleinen Kindern helfen gelegentlich irgendwelche Mätzchen, die man hinter der Kamera vollführt. Mein Fotograf mutete mir zwar kein Vögelchen zu, das dem Objektiv just jetzt entfliegen sollte, er bevorzugte folgende Variante: mit nach oben verdrehten Augen und nach außen verdrehten Händen hysterisch kreischend vor mir herumzutanzen, immer wieder ausrufend: »Nein! Doch nicht so! Diese Falten!« Mein Lächeln wurde danach zwangsläufig noch entspannter … Irgendwann fiel mir meine Mutter und ihr Superspruch ein, den sie mir als ganz junges Mädchen mit auf den Weg gegeben hat, um mich von nichts und niemandem irritieren zu lassen: Stell dir die Leute im Nachthemd vor. Ich kann mich nicht mehr erinnern, ob es in dieser Situation geholfen hat. Fototermine blieben mir ein Gräuel – halt, stopp, stimmt ja gar nicht …

Als bekannt wurde, dass ich als erste Frau in der Geschichte des öffentlich-rechtlichen Rundfunks Fernsehkorrespondentin in Moskau werde, lud mich eine Programmzeitschrift zu Modeaufnahmen ein. Spannende Idee, fand ich. Ich war zwar zu einer viel gefragten Interviewpartnerin geworden und es erforderte ein gutes Zeitmanagement, all die Presse-, Hörfunk- und Fernsehtermine mit meiner derzeitigen Arbeit bei *Monitor* in Einklang zu bringen, aber ein »Fotoshooting« in Klamotten, die nicht meine waren – warum nicht? Das hatte ich noch nicht und wollte es auf jeden Fall ausprobieren.

Als fest angestellter Mitarbeiter muss man jede Nebenbeschäftigung einzeln beantragen und auf Genehmigung warten, bevor man damit anfängt. Das wusste ich natürlich und hatte mich immer penibel danach gerichtet. Die auf diese Weise autorisierten Nebenbeschäftigungen fanden denn auch ausschließlich in meiner Freizeit statt. Nun war ich dem Trugschluss erlegen, einen solchen Antrag nur dann ausfüllen zu müssen, wenn meine aushäusige Tätigkeit honoriert wurde. Das war für mich das Kriterium der genehmigungspflichtigen Nebenbeschäftigung. Meine diversen Interviews in Zusammenhang mit meiner neuen Tätigkeit in Moskau musste ich ja auch nicht alle einzeln absegnen lassen. Die Modeaufnahmen sortierte ich ganz selbstverständlich in diese Reihe ein: als Werbenummer für den Korrespondentenwechsel. Das war *unsere* gemeinsame Sache, die des Senders und meine. Dachte ich, und füllte demzufolge kein Formular aus. Ich flog einfach nach München, wo die Fotos entstehen sollten.

Es folgte ein unerwartet angenehmer Tag. Lauter freundliche Menschen umsorgten mich, denen mein Wohlbefinden eine Herzensangelegenheit zu sein schien. In aller Ruhe begutachteten wir gemeinsam die Kleider, Anzüge und Pullover, bevor wir eine Auswahl trafen. Dabei machte ich die Erfahrung, dass mir auch Sachen stehen, die ich von mir aus nie ernsthaft erwogen hätte. Die Produktion selbst kam mir unglaublich aufwendig vor. Alles wurde mehrfach genauestens kontrolliert, bevor der Fotograf endlich den Auslöser betätigte. Wenn man vom Wohlwollen der gesamten Mannschaft getragen wird und immer wieder Kommentare hört, »wie gut das kommt«, dann fällt es leichter zu posieren.

Beruflich hätte ich das nicht machen wollen, vor allem wegen des Make-ups, das ich auch bei Studioaufnahmen im Fernsehen meist als störend empfand, obwohl es unvermeidlich ist. Die Augen zu schminken – das war okay, aber die Grundierung auf der Gesichtshaut war mir zuwider. Die damalige Aufnahmetechnik erforderte eine brutale Spachtelei. *Ohne* dieses mehrschichtige Zeug sah man aus wie ein Schweinchen und *mit* hing es extrem von der Beleuchtung ab, wie man aussah.

Aktualität hat nur selten etwas mit Kunst zu tun, und es glich eher einem Lotteriespiel, ob der Teint ebenmäßig »rüberkam« oder ob aus Falten Furchen wurden. Heute verstehe ich viel besser, dass Weltstars ihre persönlichen Maskenbildner mitbringen und Theater machen, wenn das Licht nicht stimmt. Heute weiß ich, dass man natürlich-schön aussehen kann, *obwohl* man zwei Stunden lang geschminkt wurde, und dass man kaum wiederzuerkennen ist, *weil* man zwei Stunden lang gegen den eigenen Typ geschminkt wurde. Bei dieser Fotosession in München fühlte ich mich jedenfalls wohl und wartete sehnsüchtig auf die Ergebnisse. Als die Ausgabe mit meinen Fotos herauskam, hatte ich meine Arbeit in Moskau längst aufgenommen. Ein Exemplar dieser Zeitschrift erreichte mich also wegen des speziellen Postweges mit zusätzlicher Verspätung. Die in Moskau lebenden Korrespondenten und Wirtschaftsleute wurden einmal die Woche per Kurierdienst über die Deutsche Botschaft mit Post versorgt. Bevor ich das Heft endlich in der Hand hielt, hatten mich bereits Freunde, Bekannte und Kollegen von Deutschland aus auf diese Fotos angesprochen. Außer Begeisterung und Bewunderung kam ein gewisses Befremden von Kollegen aus dem Sender bei mir an und ein handfester Rüffel aus der Chefetage. Ich war mir nicht im Geringsten irgendeiner Schuld bewusst. Im Gegenteil. Als ich die Fotos endlich zu Gesicht bekam, war ich stolz, wie toll ich aussah. Der Begleittext hatte auch nichts Despektierliches oder sonst etwas, über das es gelohnt hätte sich aufzuregen. Ich hatte ein durch und durch gutes Gewissen, weil ich keinerlei Honorar dafür kassiert hatte. Was mir überhaupt nicht klar war – wie kann man nur so naiv sein! –: Die Kleidung, die ich da auf einer Doppelseite vorführte, wurde mit Marke, Preis und Bezugsquelle genannt. Wenn man so will, habe ich dafür Werbung gemacht. Heute würde mir so etwas garantiert nicht mehr passieren, unabhängig davon, dass Modeaufnahmen in meinem Alter nicht mehr so wahr-

1987, Modefotos für eine Programmzeitschrift, bevor ich meine Korrespondentenstelle in Moskau angetreten habe

scheinlich sind … obwohl, aber das erzähle ich gleich. Eins nach dem anderen. Die Geschäftsleitung des Hauses hat mir meine subjektiv empfundene Unschuld nach einigen klärenden Gesprächen doch noch geglaubt, und so bin ich mit einem blauen Auge davongekommen. Eine Abmahnung oder Schlimmeres ist mir erspart geblieben.

Als ich fast siebzehn Jahre später noch einmal gefragt werde, ob ich für Modeaufnahmen zur Verfügung stehe, brauche ich keinen Antrag auf Nebenbeschäftigung mehr zu stellen, denn ich bin längst freischaffend tätig und mein eigener Herr. Ich kann selbst entscheiden, ohne von irgendjemand die Genehmigung einholen zu müssen. Vermutlich hätte ich sie sogar bekommen, denn die Fotos sollen einem guten Zweck dienen. Sie sind als Werbung für ein Büchlein gedacht, dessen Verkaufserlös zum Teil der Krebsforschung zugute kommt. Elf Frauen zwischen fünfzig und fünfundsiebzig beteiligen sich an dieser Aktion. Es ist November. Einer der seltenen goldenen Herbsttage, die man lieber draußen in der Natur verbringt als unterwegs im Flugzeug, im Taxi und mit Terminen in geschlossenen Räumen. Das großzügige Fotostudio, diesmal in Hamburg, erstreckt sich über mehrere lichtdurchflutete Etagen, bevölkert von jungen Leuten, gut aussehend, ein bisschen flippig, ein Hauch von Boheme über allem. Wir sind zu dritt, die wir heute hier Termin haben. Eine ist schon »abfotografiert«, wie es heißt, als ich komme; eine sitzt bereits beim Visagisten und ich werde erst einmal zu den vorbereiteten Kleiderständern geführt. Zwei Outfits pro Frau sind geplant, unter mehr als zehn kann jede von uns wählen. Ich habe nicht mehr so viel Vertrauen wie damals, vor siebzehn Jahren. Auch mein Mut, etwas Neues auszuprobieren, hält sich in Grenzen. Denn ich sehe keine Möglichkeit, die Dinge bis zum Schluss, bis zur Veröffentlichung, zu kontrollieren, dafür sind wir zu viele Akteure, also lieber im Vorfeld stoppen, was mir nicht geheuer scheint. Das ist jedenfalls mein Plan. Mit Unterstützung einer eigens angereisten Stylistin entscheide ich mich für einen Traum von einem Ledermantel, weich und anschmiegsam, schwarz mit heller Paspelierung am Kragen und auf den beiden Taschen. Ich schlinge mir den Bindegürtel um, riskiere einen Blick in einen der zahlreichen Spiegel, entdecke etwas Vampartiges und fühle mich sauwohl. Ein Superteil! Das zweite Stück ist ein weißer Hosenanzug, raffiniert geschnitten und figurbetont. Ich freue mich, dass ich da hineinpasse, und genieße es sehr, dass es sich bei den Sachen auf meinem Kleiderständer um die Standardgröße für den Laufsteg handelt, wie die Lifestyle-Chefin es ausdrückt. Mit 55 Kleidergröße 36, das sei ihr noch nie untergekommen. Schön. Tut gut.

Macht stark. Aber nicht stark genug, um mich an ein braunes Complet in meiner Augenfarbe heranzutrauen, mit kurzem Paillettenrock und einem vorne sexy geschnürten Oberteil, das wie angegossen sitzt und für einen kurzen Moment mit dem weißen Hosenanzug konkurriert. Die Kleiderfrage ist gelöst. Man geleitet mich zu den »make-up artists«, wie die beiden Herren in der Maske auf ihren Visitenkarten vermerkt haben. Ich stelle bald fest, dass sie diese Bezeichnung, Make-up-Künstler, zu Recht tragen. Enorm, was man machen kann, wenn man kann. Das Schminken, oder besser, die künstlerische Gestaltung, dauert beinahe unerträglich lange, aber das Ergebnis ist überwältigend. So möchte ich meine Augen auch schminken können. Nicht jeden Tag natürlich, aber zu passenden Anlässen schon.
Jetzt ist alles bereit für die Fotos. Ich hätte nichts dagegen, mich nun freundlich verabschieden zu können, vielen Dank, war mir ein Vergnügen … Ich fange an, meine Zusage zu bereuen. Warum tue ich mir das an? Der Fotograf gibt sich alle Mühe, Beiläufigkeit zu verbreiten, aber die ersten Minuten sind ein einziger Krampf. Wie soll ich mich um Himmels willen hinstellen? Wohin soll ich gucken, in die Kamera oder dran vorbei? Ich versuche zu lächeln. Das ist ein Fehler. Der Fotograf, nennen wir ihn Fritz, sagt: »Nein, ich will keine lächelnden Gesichter. Haben Sie schon mal ein Modell lachen oder lächeln sehen?« Stimmt. Hat er eigentlich recht. Die gucken immer alle ernst und das hat seinen eigenen Reiz. Ich hätte vorher im Spiegel kontrollieren sollen, wie das aussieht. Wie weit ist es von »ernst« zu »böse« oder »unwirsch«? Hängen die Mundwinkel nicht blöde herunter, wenn ich ernst gucke? Das wirkt doch fürchterlich. Ich hätte das vorher üben sollen. Achten Sie mal darauf, wenn Sie fotografiert werden: Halten Sie Ihren Kopf dann gerade oder legen Sie ihn schräg? Die meisten Menschen legen ihn instinktiv

schräg. Fritz meint, schräg sei ganz schlecht. Und weiter: »Es ist wichtig, dass die Augen der Nase folgen.« Das heißt, die Augen nicht mehr verdrehen als den Kopf. Nach diesen Anlaufschwierigkeiten wird die Atmosphäre langsam, aber spürbar lockerer und ich gebe zu, dass ich auf Wolke sieben schwebe, weil ich immer wieder von wechselnden jungen Leuten, Männern wie Frauen, höre, was ich für eine gute Figur hätte. Ich warte auf den Nachsatz »für Ihr Alter«, das würde ich nicht mal übel nehmen, aber der Nachsatz kommt nicht. Mir ist schon klar, dass zig Aufnahmen gemacht werden müssen, aber dass es so viele sind, hat mich dann doch erstaunt. Schneller als erwartet verabschiedet sich das Tageslicht, mit dessen Hilfe der Fotograf bislang gearbeitet hat. Nun müssen erst die künstlichen Lichtquellen aktiviert und das Filmmaterial angepasst werden. Ich merke, wie ich abbaue, und will nicht glauben, dass man meinem Gesicht die Müdigkeit nicht ansieht. Man kann die Augen schminken, aber nicht den Blick. Ich schwanke zwischen: tolles Erlebnis heute, die Fotos werden bestimmt super – und: hätte ich doch bloß schon alles hinter mir. Irgendeiner aus der umfangreichen Studiomannschaft kommt plötzlich auf die Idee, mich halb sitzend auf einer Leiter zu platzieren. Ich bitte um einen Spiegel, um zu sehen, wie das aussieht. Gegen ein bisschen mehr Bein habe ich nichts einzuwenden, aber da ich unter dem Mantel nur Unterwäsche trage, möchte *ich* bestimmen, wie weit der Einblick gehen soll. Ich rutsche ein bisschen hin und her, zupfe am Mantel herum. Kann man so machen, denke ich. Dumm ist nur: Sobald der Fotograf mit seiner Arbeit beginnt, ist seine Perspektive auf mich eine andere als meine durch den Spiegel. Damit diese identisch sind, müssten Spiegel und Fotograf am gleichen Punkt stehen. Das geht aber nicht, erstens, weil der Spiegel den Fotografen in seiner Bewegungsfreiheit einengt, und zweitens, weil mein Bild im Spiegel durch den davorstehenden Fotografen verdeckt wird. Fritz bemerkt meine Unruhe und versteht sofort. »Ich versichere Ihnen, ich drücke nur auf den Auslöser, wenn alles okay ist. Keine Schnappschüsse, die mehr zeigen, als Sie wollen. Ehrenwort.« Ich glaube ihm. Während man mich auf verschiedenen Stufen der Leiter drapiert, versuche ich eine vorläufige Bilanz zu ziehen. Insgesamt bin ich nicht unbeeindruckt von dieser Arbeitsatmosphäre. Ich überlege mir, wie das alles wohl auf junge Mädchen wirkt, die von einer Modellkarriere träumen. Und wie leicht es ist, in diesem angenehmen lockeren Ambiente auch Fotos zu machen, die man vielleicht später bereut. Ganz eigenartig. Eine Sache ist es, im Vorfeld zu besprechen und zu entscheiden, wie und was fotografiert werden soll. Eine andere ist die leibhaftige Situation mit ihrer atmosphärischen Kraft und dem Zauber des Augenblicks. Was soll in einer guten Atmosphäre schon Schlechtes passieren? – Um es vorwegzunehmen. Mein Vertrauen in diesen sympathischen Fotografen wird enttäuscht. Nicht weil er gegen meinen Willen schlüpfrige anstößige Fotos geschossen hätte. Nein, aus einem ganz anderen Grund, den er vermutlich nicht einmal versteht. Meine Erwartung orientiert sich an der Premiere von vor siebzehn Jahren: Profi-Fotos, die man, wenn sie denn endlich vorliegen, stolz herumzeigen kann.

Während ich nach dem Shooting ungeduldig auf das Ergebnis warte, male ich mir die Bilder im Geiste aus: ein von Augen dominiertes Gesicht, Klamotten, die mir gefallen. Vielleicht kann ich sogar ein paar Fotos für eigene Dinge nutzen, nachdem sie ihren Dienst für den ursprünglichen Verwendungszweck getan haben. Der Termin der Veröffentlichung wird immer wieder verschoben. Doch dann erscheinen die Fotos plötzlich ohne Vorwarnung. Sie werden publiziert, ohne dass ich davon weiß. Eine erschreckte Freundin,

die mein Foto zufällig entdeckt, schickt mir eine Mail mit der gescannten Version, nicht ohne einen Kommentar, der Unverständnis und Entsetzen ausdrückt. Sie hat recht. Der Mantel hat seinen Chic verloren, die Augen sind hinter einer dicken Sonnenbrille nicht einmal zu ahnen. Ich bin schockiert. Die Aufnahmen mit diesem überdimensionalen Gerät waren doch nur als zusätzlicher Gag gedacht! Und die Pose sieht aus wie erwischt, weder inszeniert noch natürlich, einfach nur erwischt. Ein Schnappschuss im falschen Moment. Ich kann die Enttäuschung nicht in Worte fassen, und den Ärger, die Wut und die Scham. Wie peinlich! Hoffentlich erkennt mich niemand. Das bin ich nicht. Ich mache meinem Ärger Luft und beschimpfe alle Beteiligten. Auch mich. Wie kann man nur immer noch so vertrauensselig sein und nicht darauf bestehen, alles zu autorisieren! Manchmal ist es eben doch ein Fehler, sich in die Lage anderer zu versetzen. Ich wollte den Verantwortlichen nicht zumuten, alle elf Frauen zu kontaktieren und deren Einverständnis vor der Veröffentlichung einzuholen. Ich wollte auch keine Extrawurst. Wenn alle anderen das Verfahren so akzeptierten, dann sollte ich auch damit zurechtkommen können. Oder haben einige von ihnen doch Sondervereinbarungen getroffen? Sollen sie mich ruhig für arrogant oder zickig halten. Das nächste Mal nur noch mit schriftlicher Zusicherung. Oder vielleicht auch gar nicht mehr. Schluss.
Natürlich spreche ich auch mit dem Fotografen. Der versteht die Welt nicht mehr und mich überhaupt nicht. Er schwärmt geradezu von dieser Aufnahme. Jetzt möchte ich wenigstens die anderen sehen, die tollen, die attraktiven. Zumindest sehen will ich sie, wenn sie schon nicht publiziert worden sind. Bereitwillig schickt er mir eine Auswahl und ich bin entsetzt. Die Fotos zeigen eine alte müde maskierte Frau. Nichts Harmonisches, Fröhliches, Kraftvolles. Eine Maske-

rade, die keine Berechtigung hat, weil sie nicht schön genug ist. Ich halte es aus, mich so zu sehen, wie ich bin. Mit Falten und Schatten und Lebensspuren. Das ist nicht das Problem. Aber dafür muss ich keinen Schminkmarathon und kein stundenlanges Modell-Fotoshooting über mich ergehen lassen. Sind doch alles Profis. Hätten doch sehen müssen, dass der Aufwand nicht lohnt. Oder habe ich die Profis in ihrer Professionalität überschätzt?
Ein paar Jahre zuvor bin ich in Köln einem Profi begegnet, den ungeschminkte Gesichter faszinieren. Die Aufnahmen entstehen während eines Gesprächs in seinem Atelier. Keine Pose, keine Maske, keine Regieanweisung, nur ein Dialog, bei dem ab und zu der Gesichtsausdruck des Gegenübers fotografisch festgehalten wird. Auf diesen Bildern – das bin ich, und es gefällt mir, was ich sehe.

11
Die Arbeit

Nicht von ungefähr gelten Medien als vierte Gewalt im Staate. Eine Macht, die man besser nicht unterschätzt. Wenn Demokratie funktionieren soll, müssen Bürger wissen, was Sache ist. Sie sind auf Informationen angewiesen, die als Basis ihrer Entscheidungsfindung dienen. An dieser Stelle kommen Begriffe wie Wahrheit und Objektivität ins Spiel. Wenn Informationen die Grundlage für Entscheidungen sind, dann sollten sie natürlich wahr sein und objektiv geschildert werden. Nicht von einer bestimmten Warte aus oder konkreten Interessen untergeordnet, weder beschönigend noch dramatisierend, so vollständig wie möglich. Für das Einerseits und Andererseits von Themen sollte idealerweise Zeit sein. Dass sich das nicht immer machen lässt, weiß ich auch, aber wenigstens versuchen muss man es jedes Mal. Was unterscheidet Information von PR, PR von Propaganda? Wo beginnt Manipulation oder Desinformation? Was ist Kampagnenjournalismus? Ist der gut oder schlecht oder kommt es drauf an? Eine Informationskampagne, die darüber aufklärt, wie man sich vor Aids schützen kann, ist doch gut, oder? Aber ist das dann noch Journalismus oder doch schon politische PR? Darf sich ein Journalist an politischer PR beteiligen? Darf ein Journalist in seiner Arbeit Position beziehen? Gibt es Fälle, in denen er Position beziehen muss? Ich fürchte, für all das gibt es keine festen Regeln im Sinne einer eindeutigen Gebrauchsanweisung. Ich fürchte, das muss jedes Mal aufs Neue entschieden werden. Manchmal hilft es, erfahrene Kollegen zu fragen, manchmal auch nicht. Ein guter Mediziner ist noch lange kein guter Arzt. Alle wissen, dass dazu mehr gehört. Dazu zählen Fertigkeiten, die im Studienplan entweder zu kurz kommen oder gar nicht erst auftauchen, aber auch Fähigkeiten, die den sozialen Umgang mit Menschen und den Umgang mit Wahrheiten betreffen. Was löse ich aus, wenn ich als Arzt einem Patienten einen Sachverhalt schildere, von dem dieser noch nichts ahnt, aber den er wissen muss. Ihn verschweigen, wenn es unbequem wird, ist keine Lösung. Ganz im Gegenteil. Worte sorgfältig abwägen hilft, reicht aber nicht. So unterschiedliche Dinge wie Mitgefühl und Distanz müssen irgendwie in Einklang gebracht werden. Wer das schafft, hat große Chancen, ein guter Arzt zu sein.

Ähnlich verhält es sich auch im Journalismus. Ein guter Journalist ist noch lange kein guter Journalist. Eine begriffliche Analogie zu Mediziner und Arzt fällt mir leider nicht ein, aber ich hoffe, Sie wissen jetzt, was ich meine. Schematische Gebrauchsanweisungen gibt es weder für die eine noch für die andere Berufsgruppe. Nur so viel ist sicher: Die Techniken seines Handwerks zu beherrschen stellt lediglich die Grundlage dar – das ist also eine notwendige, aber nicht hinreichende Voraussetzung, wie es in der Mathematik heißt. Und noch eins ist klar: Je stabiler und souveräner die Persönlichkeit, umso größer ihre Chance, im beschriebenen Sinne gute Arbeit zu leisten.

Was tut unsere Gesellschaft dafür, stabile Persönlichkeiten zu entwickeln und zu fördern? Persönlichkeiten, die nicht gleich umfallen, wenn ihnen der Wind mal kräftiger ins Gesicht bläst. Sind solche Menschen in unserer Mitte letztendlich wirklich gefragt oder doch eher unbequem für ein Staatswesen, das reibungslos funktionieren soll? Gehört das Beschwören des »mündigen Bürgers« zum Floskelrepertoire politischer Sonntagsreden oder ist es ernst gemeint? Fest steht, stabile, gut informierte, »wissende« Persönlichkeiten sind unbequem und nicht so leicht zu gängeln.

»Moralische Grundlage und sittliche Orientierung« forderte der ehemalige Bundeskanzler Helmut Schmidt in einem Interview anlässlich seines 90. Geburtstages, als er davon sprach, was unbedingt nötig ist, um verantwortungsvoll Politik zu machen. Für Journalismus trifft das genauso zu. Und streng genommen nicht nur für den, sondern letztlich für jeden Beruf. Die Konsequenzen sind allenfalls unterschiedlich gravierend.

Wer umsichtig und seriös informieren will, bedarf einer moralischen Grundlage und sittlichen Orientierung im Sinne eines Bewusstseins davon, was einerseits rechtens und andererseits verwerflich und somit zu unterlassen ist, auch wenn es kein Gesetz ausdrücklich verbietet.

Objektiv berichten, wie geht das? Geht das überhaupt? Als Studentin war ich schnell geneigt, Medienmenschen, insbesondere Nachrichtenredakteuren, Manipulation vorzuwerfen, wenn es kein Korrektiv in Gestalt einer zweiten oder dritten Kontrollperson gab. Schon mit der Auswahl von Meldungen ließ sich doch prima Politik machen. Meine Wunschvorstellung war eine Art Räte-System und kein Chef vom Dienst, der letztlich über den Ablauf einer Sendung entschied – wie undemokratisch! Ich wollte lange nicht akzeptieren, dass dieses Korrektiv allein dadurch wirkt, dass in den einzelnen Redaktionen sehr unterschiedlich denkende Menschen versammelt sind, die sich im Zweifel gegenseitig auf die Finger schauen. Redaktionskonferenzen sind ja auch dazu da, den Stellenwert einer Meldung zu bestimmen. Seminaristische Diskussionen darüber, was objektiv ist, helfen nicht.

Wie weit darf man gehen, um der Wahrheit auf die Spur zu kommen? Was ist Wahrheit? Den Versuch einer Definition habe ich 1991 unternommen, als mich eine Zeitschrift zum Ende meiner Korrespondentenzeit in Moskau interviewte: »Es gibt immer viele Wahrheiten. Es gibt die Wahrheit der russischen Soldaten in Litauen und die Wahrheit der Menschen, die mit diesen Soldaten konfrontiert sind. Zu jedem Ereignis gehören politische, historische und ökonomische Aspekte. Hinter jeder Aussage eines Menschen steckt seine persönliche Erfahrung, seine Lebensgeschichte, seine politische Überzeugung. All das zu verstehen und darzustellen – vielleicht ist das eine Annäherung an die Wahrheit.« Wahrheit – ein zentrales Problem von Journalisten. Gibt es den objektiven Blick? Wie blendet man seine eigene Subjektivität aus? Hilft eine persönliche Standortbestimmung, um wie beim Fliegen die Missweisung des Kompasses festzustellen, damit die Richtung nach wie vor stimmt, auch wenn unterschiedliche magnetische Ablenkungen einwirken? Ich bin davon überzeugt, dass man sich der Wahrheit nur annähern kann, wenn man akzeptiert, sie nie ganz zu besitzen. Es gilt vor allem, fair und sich der Verantwortung bewusst zu sein, die mit der Macht, Massenmedien als Macher nutzen zu können, verbunden ist. Das ist leicht gesagt, aber oft schwer getan.

Mich stürzte folgende Geschichte in tiefe Gewissensnöte. Ich sollte für *Monitor* einen Beitrag über Neonazis machen. Dazu hatte ich brisante Informationen zusammengetragen, dank engagierter Kameraleute spannendes Bildmaterial zur Verfügung und für die Aufbereitung des Ganzen einen zündenden kritischen Ansatz parat. Von den äußeren Voraussetzungen her hätte es gar nicht besser sein können, aber meine inneren Konflikte wuchsen und gipfelten in der Frage: Dient mein Film der Warnung oder mache ich Werbung? Selbstverständlich war es meine Absicht, zu informieren und aufzuklären, gegen menschenverachtende Gedanken und Ideen zu immunisieren. Gleichzeitig gab ich genau diesen

Bei Dreharbeiten für einen *Monitor*-Beitrag Anfang der 80er-Jahre

Gedanken und Ideen eine attraktive Plattform, da unsere Sendung Millionen von Zuschauern erreichte – ein Verbreitungsgrad, von dem jede Werbeagentur nur träumen kann. In meiner Not fragte ich eine ältere Kollegin um Rat, eine erfahrene und integre Frau, Mitbegründerin von Amnesty International, Carola Stern. Sie hörte sich meine Bedenken geduldig an – dieses Dilemma war ihr nicht fremd –, um mir dann eines klarzumachen: Wenn ich Demokratie ernst nehmen wolle und den mündigen Bürger als ihren unverzichtbaren Bestandteil anerkenne, dann dürfe ich nicht kneifen und unangenehme oder heikle Wahrheiten für mich behalten. Ich müsse allerdings sehr sorgfältig damit umgehen und mir in jeder Phase die Tragweite meines Handelns bewusst

machen. Nach dem Gespräch hatte Pressefreiheit für mich eine neue Bedeutung. Sie war nun Trainingselement für gelebte Demokratie.
Der nächste Anlass für einen weiteren Filmbericht zum Thema Neonazis ließ nicht lange auf sich warten. Der damals bekannteste Neonazi Michael Kühnen, der wegen diverser Vergehen per Haftbefehl gesucht wurde, hatte sich, wie man in der Zeitung lesen konnte, in die Schweiz abgesetzt. Wir wunderten uns in der Redaktion, wie das so ohne Weiteres möglich war. Schließlich wurde doch zum damaligen Zeitpunkt an der deutsch-schweizerischen Grenze kontrolliert. Einige Zeit später schrieben die Zeitungen, dass sich Kühnen offenbar nicht mehr in der Schweiz aufhalte, dass man aber nicht genau wisse, wo er denn nun sei. Auch Nachfragen beim Verfassungsschutz hätten keine konkreten Antworten ergeben, hieß es. Kühnen sei irgendwo im europäischen Ausland untergetaucht. Diese angebliche Ahnungslosigkeit des Verfassungsschutzes machte uns stutzig. Wir vermuteten, dass die deutschen Behörden gar nicht so unglücklich darüber waren, diese rechtsradikale Figur los zu sein.
Meinem üblichen Schreibbedürfnis folgend, habe ich die ganze Geschichte nur für mich damals zu Papier gebracht.

Neonazi Michael Kühnen aus Deutschland geflohen
(1984)

Es dauert nur ein paar Tage, bis ich weiß, dass er in der Nähe von Paris zu finden ist. Ein direkter Kontakt ist zunächst nicht möglich. Die Kommunikation läuft über Mittelsmänner. Mit denen treffe ich eine Verabredung: Freitag, 18. Mai, zehn Uhr morgens vor dem Gare du Nord in Paris, einem Ort, an dem um diese Zeit viel Betrieb ist und ein Treffen nicht auffallen wird. Ich kündige an, dass wir zu viert sein werden, der Kameramann, sein Assistent, der Toningenieur und ich. Da ich die Geschichte von A bis Z filmisch dokumentieren will, überlege ich, wie es gelingen kann, schon diese erste Begegnung mit »im Kasten« zu haben, ohne dass es an Ort und Stelle jemand bemerkt. Es wäre nicht besonders intelligent, als weithin erkennbares Kamerateam dort rumzulaufen. Außerdem muss bei diesem Termin erst noch geklärt werden, ob und in welcher Form Filmaufnahmen möglich sind. Dieses erste Treffen gegebenenfalls nachzustellen, halte ich nicht für passend. Es ist mir nicht authentisch genug. Dass der WDR in Paris ein Studio betreibt, erleichtert die Sache. Wir gehen folgendermaßen vor: Ein Pariser Kamerateam mietet ein Hotelzimmer gegenüber vom Gare du Nord und dreht vom Fenster aus, wo es den Ausgang des Bahnhofs im Blick hat. Wir beschreiben den Pariser Kollegen unser Aussehen, denn wir kennen uns nicht persönlich. Michael Kühnen ist ihnen natürlich ein Begriff, aber wir rechnen nicht mit seinem Erscheinen, sondern erwarten irgendeinen der Mittelsmänner. Es ist Viertel nach acht, als wir morgens auf dem Pariser Flughafen ankommen. Wir haben bereits telefonisch einen Leihwagen bestellt, um nicht unnötig Zeit zu verlieren. Aber aus unerfindlichen Gründen gestaltet sich die Übernahme des Autos komplizierter als normal. Niemand ist in der Lage, uns den Stellplatz des von uns angemieteten Wagens zu zeigen. Die Minuten verrinnen mit dieser albernen Sucherei auf verschiedenen Parkdecks. Und es kommt, wie es kommen muss, wie in jedem billigen Krimi, wenn einem sonst nichts Spannungssteigerndes mehr einfällt: Wir geraten in einen Stau, der es kaum noch erwarten lässt, dass wir rechtzeitig am Gare du Nord eintreffen. Je mehr wir uns dem Bahnhof nähern, umso dichter wird der Verkehr. Eine unübersichtliche Umleitung bleibt uns auch nicht erspart. Ein quer stehender Lkw mit Rangierproblemen taucht auf. Alles wie im Kino. Die Parkplatzsuche in Bahnhofsnähe nimmt sich dagegen beinahe lächerlich unspektakulär aus. Völlig genervt stehen wir endlich vor dem Bahnhof, die drei Kamera- und Tonkollegen und ich.

Da ich das Treffen hier nicht nur stumm im Bild zeigen möchte, sondern nach Möglichkeit auch dokumentieren will, was bei unserer ersten Begegnung gesprochen wird, habe ich mich vor Verlassen des Wagens »verkabelt«. Das heißt, ich habe unter einen weitmaschig gestrickten Pullover ein Mikrofon gesteckt. Das Kabel zum Aufnahmegerät führt an der Innenseite des Ärmels entlang, kommt an der linken Hand heraus, mit der ich eine größere Tasche festhalte. Auf diese Weise verdecke ich mit der Hand das Kabel, das im weiteren Verlauf in der Tasche verschwindet.

Plötzlich bemerke ich Michael Kühnen an eine Bahnhofssäule gelehnt. Ich bin sehr überrascht, dass er nicht wie angekündigt einen Mittelsmann geschickt hat, sondern gleich selbst gekommen ist. Da steht er ein paar Meter vor mir, so wie man ihn von Fotos kennt: schwarze Kommissstiefel, schwarze Hose, schwarzes Hemd, völlig ungeniert ein SS-Abzeichen auf der schwarzen Lederjacke. Blass-pickliges Gesicht, fettige, strähnige Haare, auch schwarz. Passend dazu die Ränder unter seinen Fingernägeln. Alles in allem eine wenig gepflegte Erscheinung. Gemeinsam gehen wir zu unserem Wagen. Kühnen schlägt vor, in einen Park zu fahren, sich dort auf eine Bank zu setzen und alles Weitere zu besprechen. Schräg gegenüber von dem Platz, wo wir unser Auto geparkt haben, befindet sich ein kleines Bistro. Das ist die Chance, mein Mikrofon loszuwerden. Unter dem Vorwand, eine Toilette benutzen zu müssen, entledige ich mich meiner Verkabelung und steige zu den anderen ins Auto. Wir fahren quer durch Paris und unterhalten uns. Da ich der Meinung bin, dass spontane Gespräche eine Menge mehr transpor-

tieren als die soundsovielte Interviewfassung (Ausnahmen bestätigen die Regel), dreht der Kameramann die Unterhaltung eifrig mit. Kühnen hat keine Einwände und erzählt von seinen hochgestochenen politischen Plänen und von seinem Aufenthalt in der Schweiz, davon, dass er dort eine Aktionsfront Nationaler Sozialisten gegründet habe, da die Situation in der Schweiz mit Blick auf national gesinnte Kräfte doch sehr unerfreulich sei. Er prahlt mit gut funktionierenden Gruppen in Holland und Frankreich, beschreibt seine wichtige Rolle bei der Mobilisierung reicher national gesinnter Auslandsdeutscher, die mit ihrem Geld seinen politischen Kampf in Deutschland unterstützen sollen, und träumt von einem europäischen Zusammenschluss aller bereits existierenden nationalen Bewegungen. Eine Menge politisches Imponiergehabe, aber an Energie und Siegeswillen mangelt es Kühnen und seinen Anhängern nicht. Umso unverständlicher, dass er sich so einfach absetzen konnte. Ich frage ihn nach den Einzelheiten seines Grenzübertritts und erfahre, dass er am Schweizer Grenzübergang Neuhausen sowohl von den deutschen als auch von den Schweizer Zöllnern überaus gründlich kontrolliert worden sei. Man habe seinen Wagen förmlich auf den Kopf gestellt. Ich traue meinen Ohren nicht, als er die Publikationen aufzählt, die er zu diesem Zeitpunkt bei sich geführt hat. Hitlers Mein Kampf *ist auch dabei. Die Schweizer Grenzbeamten hätten die Lektüre moniert und wollten ihn nicht einreisen lassen. Er habe sie gefragt, ob er denn ohne diese Bücher einreisen dürfe, erzählt Kühnen nicht ohne Stolz, und die Frage wurde bejaht. Seine Geschichte klingt immer abenteuerlicher. Er sei zum deutschen Kontrollpunkt zurückgekehrt und habe den Beamten mitgeteilt, er wolle »die Sachen« hier deponieren. Daraufhin habe man ihn und seine Kameraden etwa anderthalb Stunden warten lassen. Danach sei der Grenzübertritt reibungslos möglich gewesen. Ohne die Bücher. Ich frage: »Wollen Sie damit sagen, dass das Ganze mit Wissen der deutschen Behörden vonstatten gegangen ist?« Er bejaht meine Frage etwas umständlich und pathetisch und schließt mit den Worten: »Ich hatte den Eindruck und hab ihn auch heute noch, dass es den deutschen Behörden zu dem Zeitpunkt zumindest gar nicht so unlieb war, dass ich das Land verlasse.«*

Ich will natürlich sein Versteck sehen und Aufnahmen davon machen. Das will Kühnen aus verständlichen Gründen nicht. Ich mache ihm klar, dass nur diese Aufnahmen ein ausreichender Grund dafür sein können, den Film über ihn auch zu senden. Das versteht er sofort. Sein Interesse, im deutschen Fernsehen auftreten zu können, ist größer als seine Sorge vor Entdeckung. Hier ist genau der Punkt, um über die Bauchschmerzen zu reden, die ich immer habe, wenn ich »solche« Themen aufgreife: ein bestimmter nicht quantifizierbarer Mitläufereffekt ist nicht zu vermeiden.

Kühnen erzählt, dass er überall in Europa, auch in Paris, ausgezeichnete Kontakte habe. Diese Kontakte interessieren uns ebenso wie das Versteck und wir verabreden uns am späten Nachmittag mit ihm und Marc Fredericsen, dem Führer der französischen Nationalsozialisten. Die Zeit, die uns bis dahin bleibt, brauchen wir dringend, um das bisher Erlebte und Gesagte zu verarbeiten. Pünktlich um achtzehn Uhr sitzen die beiden wie versprochen in einem kleinen Straßencafé. Das Gespräch verläuft ohne Komplikationen. Beide erwähnen ein Hauptquartier der europäischen Neonazis in Südtirol, ohne Einzelheiten zu nennen. Michael Kühnen berichtet noch einmal ausgiebig über seinen Reiseweg, der ihn von der Schweiz über Italien schließlich nach Frankreich geführt hat. Fredericsen verlässt uns, und es beginnt die Feilscherei um die weiteren Aufnahmen, vor allem die in Kühnens Versteck. Nachdem wir uns bereit erklärt haben, uns die Augen verbinden zu lassen, ist Kühnen bereit, uns zu seinem Versteck zu bringen. Dort dürf-

ten wir dann nach Herzenslust filmen, meint er generös. Jetzt beginnt etwas völlig Verrücktes, denn wir müssen für immerhin vier Leute etwas Schalähnliches besorgen, mit dem sich die Augen so verbinden lassen, dass man wirklich nichts erkennen kann. Mittlerweile ist es Freitagabend. Viele Geschäfte haben bereits geschlossen. Die Suche nach tauglichen Schals gestaltet sich langwieriger und mühsamer als vermutet. Zu gerne möchte ich wissen, was die Verkäuferinnen von uns denken, als wir nacheinander verschiedene Tücher auf ihre Undurchsichtigkeit testen. Doch wir können ihnen ja schlecht Sinn und Zweck dieser Angelegenheit erklären. In einer Teenie-Boutique werden wir schließlich fündig: Baumwollschals in Nato-Oliv, potthässlich. Zum Glück haben sie vier Stück davon, für meine drei Kollegen und mich. Natürlich blödeln wir an diesem Abend herum, denn ein solcher Einsatz ist nicht alltäglich. Er erfordert von allen Beteiligten auch zusätzliches Engagement. Mit Dienst nach Vorschrift kommt man da nicht weit.

Am nächsten Morgen, es ist Samstag, treffen wir uns wieder. Von der Pariser Stadtgrenze an der Porte d'Italie wollen wir zu Kühnens Unterschlupf aufbrechen. Wir kommen uns einigermaßen albern vor, uns gegenseitig die Augen zu verbinden und dann von diesem Michael Kühnen kontrollieren zu lassen, ob wir auch wirklich nichts sehen können. Wir verlassen Paris per Autobahn, Kühnen am Steuer unseres Wagens. Ich habe das Gefühl, dass wir ziemlich schnell fahren. Zwischendurch wird mir etwas übel, mir fehlt der Blick nach draußen. Dann geht es über holprige Sträßchen kreuz und quer, wobei Kühnen keinen Hehl daraus macht, dass er Umwege fährt, damit wir aus den Daten des Kilometerzählers keine Rückschlüsse ziehen können. Es riecht immer mehr nach Land und schließlich dürfen wir die Augenbinde abnehmen. Wir befinden uns auf einer Straße, beidseitig gesäumt von Häusern, die an Ferien- oder Wochenenddomizile erinnern. Die meisten von ihnen umgeben von

großen Gärten, teilweise verwildert, verwachsen, verwuchert. Bis auf Vogelgezwitscher und Hundegebell absolute Ruhe. Kühnen stellt den Wagen ab und wir gehen die leicht abschüssige Straße herunter bis zu einem zerfallenen kleinen Gartenhaus. Über einen Kiesweg erreichen wir einen Sitzplatz an der Hauswand.
Wir lassen uns nieder, mit bangem Blick nach oben, weil sich mittlerweile Wolken anhäufen und es jeden Moment zu regnen beginnen kann. Es tröpfelt bereits. Hoffentlich hält das Wetter! Uns steht wahrlich nicht der Sinn nach Innenaufnahmen. Und zwar nicht nur, weil es draußen schöner und fürs Filmen weniger aufwendig ist, sondern weil drinnen, wie wir vorher mit einem Blick ins Gartenhaus feststellen konnten, alles vor Dreck starrt. In der Stube läuft mehr als ein Dutzend verwahrloster Katzen herum und in der provisorischen Küche stehen überall Schüsseln und Schalen mit stinkendem Futter. Den Gestank kann man bei allem guten Willen nur als bestialisch, als infernalisch bezeichnen. Es fällt schwer, Luft zu holen, es fühlt sich an, als verätzen die Nasenlöcher. Nirgendwo kann man sich hinsetzen, ohne Angst haben zu müssen, sich irgendeinen Infekt einzufangen.
Der Himmel hat ein Einsehen und wir können unser Interview draußen abdrehen. Aber letztlich bleibt uns gar nichts anderes übrig, als diese verdreckte Behausung auch innen zu filmen. Dafür sind wir schließlich hergekommen. Ich habe den Eindruck, dass es Michael Kühnen auch etwas unangenehm ist. Möglicherweise nur deshalb, weil es keinen guten Eindruck auf seine Anhängerschaft macht, wenn die sieht, in welch erbärmlichen Verhältnissen ihr Führer im Ausland hausen muss. Mit den so hochgelobten Kontakten ist es dann wohl doch nicht so weit her. Unsere Aufnahmen haben etwas Entlarvendes.
Nach diesen ekligen Dreharbeiten geht das Spiel wieder von vorne los: Bevor Kühnen den Wagen startet, um nach Paris

zurückzukehren, müssen wir uns die Augen verbinden. Doch trotz dieses Blinde-Kuh-Theaters haben wir noch den Namen an der Klingel lesen und die Hausnummer sowie den Straßennamen entziffern können, der praktischerweise auf dem Hausnummernschild angegeben ist. Schon auf dem Hinweg zum Versteck war es dem Kameramann gelungen, unter der lose sitzenden Augenbinde ein Ortsschild zu erspähen, und als er im Laufe der Dreharbeiten neues Filmmaterial aus dem Wagen hatte holen müssen, hatte er den Ortsnamen notiert und die Kennzeichen der dort geparkten Autos gleich mit dazu.

Während der Fahrt holt Kühnen nochmals weit aus. Er erzählt von »älteren Kameraden«, die überall in Europa verstreut seien und einem wie ihm mit Freuden helfen. Unterbringung und Verpflegung seien kein Problem, er werde von einem zum anderen gereicht. Auch für die Reisekosten sei gesorgt. Diese »Freunde im Geiste« blieben in der Regel im Hintergrund und unterstützten die politische Arbeit mit Geld und Material. Man sei in Europa gut vernetzt. Selbstverständlich bestehe Kontakt zu früheren Nationalsozialisten, die sich je nach Land unterschiedlich offen bekennen. Es fällt der Name Léon Degrelle. Als überzeugter Faschist hatte der Belgier Degrelle von Anfang an mit dem Dritten Reich zusammengearbeitet und am 22. Februar 1944 von Hitler das Ritterkreuz mit Eichenlaub erhalten. Er war damit einer der höchstdekorierten Ausländer.

Degrelle lebe heute in Madrid, erzählt Kühnen. Er wolle ihn für seine europäische Organisation gewinnen und ihn zum Ehrenpräsidenten machen. Eine Reise nach Madrid stehe an. Unsere Recherchen ergeben, dass Degrelle wegen Verbrechen gegen den belgischen Staat in Abwesenheit zum Tode verurteilt worden war und durch die Adoption einer Spanierin zum unbehelligten spanischen Staatsbürger werden konnte.

Zum Abschied gibt uns Kühnen Degrelles Privatadresse in

Madrid und informiert uns über den genauen Termin des geplanten Treffens. Wir trennen uns und fliegen nach Madrid. Wir sind etwas vor der Zeit in der Wohnung Degrelles und werden Zeugen, wie Léon Degrelle und seine Frau Michael Kühnen und Thomas Brehl, Kühnens Stellvertreter in der Bundesrepublik, herzlich begrüßen. Plötzlich kippt die Stimmung. Wir sollen die Dreharbeiten sofort einstellen. Er habe zwar Sympathien für diese Leute, meint Degrelle, aber er möchte nicht mit ihnen zusammen im deutschen Fernsehen gezeigt werden. So findet das nächste Treffen zwischen Degrelle und Kühnen ohne uns statt. Wie wir hinterher erfahren, wird ein Europakomitee aus der Taufe gehoben, das den 100. Geburtstag von Adolf Hitler im April 1989 vorbereiten soll. Für das kommende Jahr (1985) hat Kühnen eine Südamerikareise fest eingeplant, um bei den nationalsozialistisch eingestellten Auslandsdeutschen Mittel einzuwerben. »Da lässt sich ungeheuer viel machen«, meint er, »das muss endlich in Gang gebracht werden.«

Meine Kollegen und ich können nicht wirklich fassen, was wir da die letzten Tage erlebt haben. Als handele es sich um eine andere Realität. Fast vierzig Jahre nach Kriegsende sind junge Menschen bereit, sich in den Dienst einer Ideologie zu stellen, die der Welt nur Unheil und den Menschen millionenfach Leid und Tod gebracht hat. Sie schauen einem ins Gesicht, spielen sich als Anwalt des »kleinen Mannes« auf, begreifen nicht einmal ansatzweise, auf welchen Weg sie sich begeben haben. Dummheit kann es nicht sein. Kühnen ist ein intelligenter Bursche, der einen in der Argumentation fordert. Man muss geistig fit und historisch versiert sein, um ihm im Gespräch Paroli bieten zu können. Er versteht es, die größten Ungeheuerlichkeiten ganz harmlos daherkommen zu lassen. Er ist kein Monster, seine Gedanken sind monströs. Ob es gelingt, das in unserem Beitrag deutlich zu machen?

Die Gratwanderungen, die der Journalistenberuf mit sich bringt, sind reizvoll und riskant. Das Reizvolle liegt in den thematischen Perspektiven, die sich in alle möglichen Richtungen bieten. Man muss nur hinschauen. Das Riskante liegt in der Gefahr abzustürzen, wenn man die Balance verliert. Sei es politisch oder menschlich.
Ganz gleich, wie lange man schon im Geschäft ist, die Standardfrage an sich selbst lautet immer wieder: Wie weit kannst du gehen? Ich will nicht übertreiben, aber diese Frage ist fast so etwas wie ein Schutzengel. Sie löst Gedanken und Gefühle aus, denen man sich stellen muss. Dabei gibt es verschiedene Wege, damit umzugehen. Meiner war immer schon – wie Sie mittlerweile wissen – aufzuschreiben, was mich beschäftigt.

Kinderkrebs
(1986)

Im Moment des Erlebens zu schreiben, wäre richtig gewesen, aber nicht auszuhalten. Später dann hilft die Verdrängung, der Schutzmechanismus, der das Erlebte glättet und mit einem weichen Schleier versieht, um Erinnerung zu ermöglichen, ohne schier zu verzweifeln.
Was ich jetzt schreibe, schreibe ich drei Tage nach der Sendung und bin froh, dass es endlich vorbei ist! Ich bin auch froh über die Reaktionen: Zuschauer bieten Hilfe an, wollen Kontonummern wissen. Sie rufen sogar bei mir zu Hause an. Ich versuche dort, endlich eine Erkältung auszukurieren, die ich in der vierten Woche mit mir herumschleppe, und komme kaum vom Telefon weg. Wenn es klingelt, bin ich aggressiv und will endlich meine Ruhe haben. Aber sobald ich höre, wie entsetzt und aufgebracht die Zuschauer sind, wie sie aktiv werden und etwas

tun wollen, um das, was sie gesehen haben, zu ändern – dann ist meine Aggression verschwunden, dann geben mir diese Gespräche Kraft. Man kann Menschen offenbar doch noch erreichen, auch ohne bluttriefende Filmaufnahmen, mit einer stillen Beschreibung der tatsächlichen Zustände.

Die kleine Arnika, der es in der Nacht unserer Dreharbeiten auf der Station so schlecht ging, ist gestorben; ein paar Tage später nur, unmittelbar vor unserem Sendetermin. Ich habe es im Film nicht gesagt, warum auch. Aber es beschäftigt mich. Ich habe auch andere Kinder dort kennengelernt, denen es sehr schlecht ging. Aus der Stimme des Arztes, wenn er über sie sprach, war die Aussichtslosigkeit herauszuhören. Ich möchte wissen, wie es ihnen jetzt geht. Ich möchte auch wissen, ob Sven sich wieder fängt, ob Marc seine Kraft und Energie, die er noch hat, behält und ob Nino den Kampf gegen seine schwere Krankheit gewinnt.

In der Redaktion – immer die Überlegung im Nacken, maximal vier Themen in unserer 45-Minuten-Sendung behandeln zu können – sind wir uns nach längeren Diskussionen einig: Die schlechte personelle Ausstattung auf Kinderkrebs-Stationen muss ein Thema für uns sein. Obwohl schon so viel in den Zeitungen darüber zu lesen war. In der Regel für uns ein Grund, die Finger davon zu lassen. Diesmal ist es anders. Es geht um Kinder, um kranke Kinder, und wir alle sind der Überzeugung, dass wir unseren exponierten Sendeplatz nutzen müssen. Trotz dauernder Appelle und vereinzelter politischer Vorstöße hat sich an den beschämenden Zuständen nichts, aber auch gar nichts Grundlegendes geändert. Das Herumjonglieren und Lavieren mit Drittmitteln und Spenden muss ein Ende haben. Wir sind kein Entwicklungsland. Zynischer Gipfel: Nur lächerliche fünf Millionen Mark jährlich wären nötig, um bei diesen medizinisch hoch qualifizierten Abteilungen die Von-der-Hand-in-den-Mund-Existenz zu beenden.

Frage: Wer macht den Film? Eigentlich will ihn niemand machen und plötzlich bin ich die Autorin – ich weiß gar nicht mehr genau, wie es dazu kam. Andrea, eine Volontärin, die zu der Zeit bei uns ist, wird mit mir zusammenarbeiten.

Je mehr ich darüber nachdenke, wie ein solcher Film aussehen könnte, umso mehr Angst bekomme ich davor. Wie fange ich ein Gespräch mit den kranken Kindern an, sodass sie mein Interesse spüren, ohne sich ausgenutzt oder in ihrer Intimsphäre verletzt zu fühlen? Vielleicht wollen sie ja auch gar nicht mit mir reden, oder die Eltern wollen es nicht. Man weiß ja nie, was die Fernsehleute da zusammenschneiden … Und dann die Ärzte und Schwestern. Die werden sich schön bedanken, wenn wir im Pulk und mit dem ganzen technischen Aufwand auf der Station ständig im Wege stehen …

Die Kollegen helfen bei einer sogenannten Flächenrecherche. Aufgeteilt nach Regionen erkundigen wir uns bei allen Kinderkrebskliniken in der Bundesrepublik nach ihrer personellen und finanziellen Ausstattung. Einige Ärzte äußern sich eher zurückhaltend – man stehe gerade jetzt wieder in Verhandlungen … und da möchte man lieber nicht … schon gar nicht vor der Kamera, Sie verstehen … niemanden verärgern …

Mit meinen inzwischen gesammelten umfangreichen Unterlagen verziehe ich mich nach Hause in mein Arbeitszimmer, raus aus den meist lauten und hektischen Redaktionsräumen. Ich lese Informationen über medizinische Grundbegriffe, über politische Entscheidungen, über Elterninitiativen und ich lese Berichte über Einzelschicksale. Beobachtungen auf einer Station, detaillierte Beschreibungen von Leiden und Sterben. Irgendwann ist meine Fassung verloren und ich fürchte mich vor diesem Einsatz.

Als Andrea und ich im Auto zum Drehort fahren, sind wir beide sehr nervös. Um Himmels willen kein Mitleid, keine Verkrampfung, aber eben auch nicht die kesse Tour, mit der man-

che Erwachsene glauben, besser an Kinder heranzukommen. Einfach natürlich – aber ob ich das kann? Die ersten Stunden auf der Station verbringen wir damit, den Krankenschwestern, Ärzten, Eltern und natürlich auch den Kindern, soweit sie alt genug sind, zu erklären, warum wir hier sind und was wir vorhaben. Wir stoßen zunächst auf große Skepsis. Das Pflegepersonal hat kaum Zeit hinzuhören, die Eltern ziehen sich zurück. Doch dann ist der Anfang gemacht: Der 15-jährige Sven sitzt angezogen auf der Bettkante. In ein paar Stunden darf er wieder für ein paar Tage nach Hause. Sein Vater ist hier, um ihn abzuholen. Sven will und darf mit uns reden. Der Professor betont immer wieder – und Sven sitzt dabei und hört zu –, dass »der Sven dem Sensenmann schon ein paar Mal von der Schippe gesprungen ist, aber jetzt geht's sicher bergauf«. Sven ist ein großer Junge, bis auf die Knochen abgemagert, kein Haar auf dem Kopf; Lippen, Mund und Zähne dunkelblau, wie vom Heidelbeeressen. Aber das Blau kommt von den Medikamenten. Sven hat große Augen. In seinem blassen Gesicht wirken sie noch größer und unbeschreiblich traurig. Sven ist also mein erster Gesprächspartner, und es wäre mir lieber, wenn sein Vater und auch der Professor draußen warteten. Aber sie wollen beide bleiben, und Sven sagt, es sei ihm egal, ob sie zuhören oder nicht. Und dann geht es eigentlich ganz einfach. Ich frage ihn, was ich wissen will, und Sven antwortet. Ganz einfach.
Die Atmosphäre auf der Station ist eigenartig. Die Krankenschwestern rennen fast immer, aber sie schaffen das erstaunlicherweise, ohne Hektik zu verbreiten, und sie lächeln oft. Wir alle stecken in sterilen Kitteln. Unsere sind wie aus steifem, rauem Papier, sie riechen dumpf und man schwitzt darin. Nach Gebrauch werden sie weggeworfen. Es dauert nicht lange und wir haben das Gefühl, auf der Station wie in einer Familie aufgenommen zu sein. Wir wollen ja auch alle dasselbe: diesen Kindern helfen – die Schwestern auf ihre und wir auf unsere Art,

mit unseren Mitteln. Ich habe Hemmungen, es so aufzuschreiben, weil es missverständlich klingen könnte, aber: Es war angenehm. Am nächsten Tag fühlte ich mich schon wie zu Hause. Während unserer Dreharbeiten mussten wir immer wieder Zwangspausen einlegen – alles andere hatte natürlich Vorrang. Dann brachten uns Mütter Kaffee. Andrea begann plötzlich damit, einen Berg frisch gewaschener Kindernachthemden, Unterwäsche und Handtücher zusammenzufalten. Ich schloss mich an. Es war so selbstverständlich und – angenehm. Alle Menschen hier hatten Gesichter. Und ein *Problem hatte keiner von ihnen: Wichtiges von Unwichtigem nicht trennen zu können. Das hat auch etwas mit Lebenswert zu tun.*

Als Zweites spreche ich mit Marc. Auch er hat keine Haare mehr. Der 14-Jährige trägt deshalb eine modische kreisrunde Strickmütze, sie steht ihm gut. Marc hat eine weiche, angenehme Stimme. Er weiß, dass die Behandlung mindestens noch neun Monate dauert. Seit fast drei Monaten liegt er schon hier auf der Station, mit den üblichen kurzen Pausen zu Hause.

Am Nachmittag kommt Nino, ein schmächtiger Junge von sechs Jahren, mit seiner Mutter in die Klinik. Ein paar Tage Chemotherapie erwarten ihn. Wir verabreden uns für den nächsten Morgen. Ninos Mutter überlässt die Entscheidung ihrem Sohn, ob er mit uns vor der Kamera reden will oder nicht. Nino hat nichts dagegen. Als wir morgens vor seinem Bettchen stehen, ist er sehr müde und kaputt, gezeichnet von einer Nacht und einem halben Tag Chemotherapie. Es geht ihm nicht gut, aber er akzeptiert seinen Zustand irgendwie. Ich rede lange mit Nino. Auf seinem Bett sitzt am Fußende ein Teddy mit Ninos Schirmmütze, auch Nino hat nur einen leichten Flaum auf dem Kopf. Knusperbrumm heißt der Teddy, erzählt mir Nino, weil er so gerne dunkles Popcorn isst. Nino mag kein Popcorn.

Die Abstände werden kürzer, in denen wir mit den Tränen kämpfen: Andrea, der Kameramann, der Kameraassistent, der

Tonmann, der Beleuchter und ich. Der Kameramann hat selbst kleine Kinder und es kostet ihn Überwindung, diese kranken Kinder hier mit der Kamera anzuschauen, sie vorzuführen, zumindest öffentlich zu machen. In ihren Gesichtern liegt so viel Ausdruck, so viel Tiefe, so viel Aussage. Man muss sie zeigen, groß, ohne voyeuristisch zu sein.
Abends gehen wir gemeinsam essen. Alle sechs. Wir haben ein gutes Restaurant erwischt. Es schmeckt exzellent, der Wein ist hervorragend und wir albern herum, bis uns die Tränen übers Gesicht laufen. Plötzlich wird der Beleuchter, ein sehr junger Mann, ganz ernst und sagt, er sei entsetzt über sich und uns. Heute tagsüber habe er sich nicht vorstellen können, so bald wieder zu lachen, meint er und wischt sich die Tränen ab.

12
Russland

Mit Superlativen bin ich eher vorsichtig, aber in diesem Fall sage ich ganz bewusst: Die Zeit, die mich am meisten geprägt hat – beruflich wie persönlich –, das waren die Jahre, die ich als ARD-Korrespondentin in Moskau verbracht habe. Von 1987 bis 1991. Damals noch Sowjetunion. Michail Gorbatschow lenkte seit März 1985 die Geschicke dieses Kolosses und irritierte den Rest der Welt durch seine neue Politik: Perestroika (Umbau), Glasnost (Transparenz) und Novyje Myschlenije (Neues Denken). Als ich meine Arbeit in Moskau begann, waren die ersten Auswirkungen bereits zu spüren. Während sich meine Vorgänger mit Kreml-Astrologie begnügen mussten, wurden Journalisten jetzt mit Informationen zugeschüttet.

Nach meiner Rückkehr aus Moskau bin ich oft gefragt worden, was mich in der gesamten Zeit in Russland bzw. der Sowjetunion am meisten beeindruckt hat, und die Antwort, die ich beim ersten Mal spontan gegeben habe, hatte auch nach längerem Nachdenken Bestand. Es war die Fähigkeit von Russen, mit Widersprüchen umzugehen. Verallgemeinerungen bergen immer Gefahren. Aber im Großen und Ganzen trifft es zu, dass Russen die Existenz von Widersprüchen akzeptieren, sie in gewisser Weise sogar als lebensbereichernd empfinden, während Deutsche – im Großen und Ganzen – an ihrer nahezu hoffärtigen Grundüberzeugung festhalten, irgendwie schon alles in den Griff zu kriegen, und dabei stören Widersprüche nur. Im doppelten Sinne. Sie stö-

ren in der wahrgenommenen Realität, nach dem Motto: Das muss doch glatt zu bügeln sein. Sie stören auch in Form des verbalen Widerspruchs, des Einspruchs, der Widerrede. Damit muss man sich auseinandersetzen und das ist unbequem. Wer Widerspruch als Störenfried begreift und nicht als Lebenselement, der tut sich mit Streitkultur schwer. Zugegeben, der folgende Vergleich ist übertrieben, aber es reizt mich trotzdem, ihn auszusprechen: Wenn Streitkultur etwas zu essen wäre und wir uns ausschließlich davon ernähren müssten, dann würden wir in Deutschland jämmerlich verhungern. Denn Streitkultur pflegen wir wahrlich nicht. Hier fühlt sich jeder immer gleich persönlich beleidigt, wenn man eine andere Position vertritt. Andersherum betrachtet, gleitet Kritik in der Tat oftmals in persönliche Verunglimpfung, Häme und Polemik ab. Gerade im Vergleich zu Russland fällt mir in Deutschland die Neigung auf, alles in Entweder-oder-Kategorien einzuteilen und Positionen zu umstrittenen Themen mit einem moralischen Plus oder Minus zu versehen. Mit anderen Worten: Das gehört sich und das gehört sich nicht. Wenn von vornherein die Guten und die Bösen feststehen – wie soll sich dann Streitkultur entwickeln? Wie soll man dann zivilisiert oder, besser noch, human mit Widersprüchen umgehen? Vor allem mit solchen, die sich offenbar nicht auflösen lassen. Was ist mit Toleranz? Was ist mit Vielfalt des Lebens?
Es war Ende September 1974, als ich zum ersten Mal in die Sowjetunion gereist bin. Das Seminar für Osteuropäische Geschichte an der Universität zu Köln, wo ich promovierte, hatte eine Studienfahrt organisiert, die nach Moskau und zum Goldenen Ring führte, diesem Gürtel historischer Städte rund um die sowjetische Hauptstadt: Vladimir, Suzdal, Rostow, Jaroslawl, Perejaslawl. Meinen damaligen Notizen entnehme ich, dass mich die Provinz ganz besonders beein-

druckt hat. Die Weite des Landes und die Herzlichkeit der Menschen. Ganz gleich, wen man ansprach – Junge oder Alte, Frauen oder Männer –, alle reagierten freundlich und hilfsbereit. Ich nutzte jede Gelegenheit, alleine oder mit ein, zwei Studienkollegen die Gegend zu erkunden, an der Wolga oder einem der Seen zu spazieren, an deren Ufer die Zeit stehen geblieben zu sein schien. Als wäre man in ein altes Gemälde eingetaucht. Eine unvorstellbare Ruhe, eine Stille, von der ich damals behauptete, sie schmerze fast in den Ohren, weil man glaubt, sie müssten in diesem geräuschlosen Vakuum zerplatzen.

An einem Abend, gleich zu Beginn der Reise, war unsere Gruppe in Moskau bei Komsomolzen eingeladen. Die Begegnung verlief peinlich verkrampft, manchmal sogar fast aggressiv. Wir fanden einfach keine gemeinsame Sprache, und das lag nicht an mangelnden Sprachkenntnissen. Wir beäugten uns misstrauisch, suchten verkniffen nach gemeinsam interessierenden Themen. Vermutlich hielten uns unsere russischen Altersgenossen für arrogant. Wir fühlten uns in der Tat überlegen – mit Blick auf Lebensstil und gedankliche Enge politischer Vorgaben. Ich fürchte, das haben wir unsere Gastgeber auch spüren lassen. Das Kontrastprogramm erlebten wir ein paar Tage später in der Provinz. Auch dort hatten uns Komsomolzen zu einer abendlichen Feier gebeten, auf der alles viel entspannter ablief. Wir waren nicht die einzigen Ausländer, sondern trafen auch auf Polen und Japaner. »So stelle ich mir Völkerverständigung vor«, habe ich damals notiert und bis heute die Bilder dazu in meinem Gedächtnis bewahrt: fröhliche junge Menschen, ein heilloses Kauderwelsch und tiefe Herzlichkeit von allen Seiten. »Bei so was kann man sich nicht vorstellen, dass ›fremde‹ Völker aufeinander schießen«, lese ich in meinen Aufzeichnungen von damals.

Was muss passieren, um Menschen ihre Friedfertigkeit zu erhalten? *Eine* Voraussetzung ist sicher, übereinander gut Bescheid zu wissen. Wenn ich heute an den Nahost-Krieg denke – »Konflikt« ist ein zu harmloser Begriff für das, was sich seit Jahrzehnten zwischen Israelis und Palästinensern abspielt –, dann fällt mir der israelische Journalist und Schriftsteller Uri Avnéry ein, den ich jetzt aus dem Gedächtnis zitiere. Auf die Frage, warum es im Nahen Osten keine Lösung gibt, hat er geantwortet: »Weil die Menschen falsch informiert sind.« Israelis halten alle Palästinenser für Terroristen und Palästinenser halten alle Israelis für vernichtungswütige Zionisten, weil es so jeweils verbreitet wird. Die Brücke zurück nach Russland lässt sich mit einem weiteren israelischen Schriftsteller gut schlagen. Amos Oz, der 1992 mit dem Friedenspreis des Deutschen Buchhandels ausgezeichnet wurde, hat auf die Frage, wie er sich ein Ende des Nahost-»Konflikts« wünscht, so geantwortet: Bitte keinen Schluss wie bei Shakespeare, sondern ein Ende nach Tschechow. Und gemeint hat er: Bei Shakespeare gibt es zwar viele Leichen, aber die Gerechtigkeit schwebt über allem. Bei Tschechow sind alle frustriert, aber wenigstens am Leben.

Dreizehn Jahre nach dieser ersten Reise in die Sowjetunion brachen mein Mann und ich im März 1987 erneut nach Moskau auf, um uns an unserem künftigen Wohnsitz umzusehen, denn im Sommer stand der Korrespondentenwechsel an. März ist kein guter Monat, es schneit und taut abwechselnd. Die Schneereste sind grau und schmutzig und nichts erinnert an den sprichwörtlichen russischen Bilderbuchwinter. Aber die Chance, in so spannenden Zeiten aus einem der wichtigsten Länder der Welt berichten zu können, hautnah dabei zu sein, wenn sich Weltpolitik von historischer Bedeutung vollzieht – diese Chance vor Augen lässt allen zweifelnden Gedanken keinen Raum. Unser bisheriges Leben in

Deutschland war überschaubarer, bequemer und luxuriöser, aber hier, in Moskau, wartete eine Herausforderung, die weit über das Berufliche hinausging. Wir beide, mein Mann und ich, ließen uns mit Haut und Haaren darauf ein. Von Anfang an war es beschlossene Sache, unser Haus in Deutschland aufzugeben und mit Sack und Pack nach Moskau umzuziehen. Im Gegensatz zu allen Kollegen, die ich kenne, hatten wir keinen Wohnsitz mehr in Deutschland. Wozu auch? Unser Lebensmittelpunkt war jetzt Moskau. Die Tragweite dieser Entscheidung wurde uns erst bewusst, als wir beim Abmelden unseren Personalausweis abgeben mussten. Jetzt waren wir Auslandsdeutsche und hatten nur mehr einen deutschen Pass. Bei einem späteren USA-Aufenthalt erwies es sich nicht gerade als förderlich, dass das amerikanische Visum einen Moskau-Stempel trug. Das Misstrauen bei der Einreise in die Vereinigten Staaten von Amerika war förmlich mit Händen zu greifen. Die Passkontrolle und weitere Überprüfungen gestalteten sich demzufolge ganz besonders gründlich.

Die drei Tage Moskau im März 1987 waren wirklich nicht dazu angetan, Begeisterungsstürme auszulösen. Das Schmuddelwetter habe ich schon erwähnt. Das Hotel trug auch seinen Teil dazu bei. Ebenso die ungewohnte Verpflegung oder das Fehlen derselben, wenn man sich mit den Gegebenheiten nicht auskannte. Schließlich reisten wir nicht in einer betreuten Touristengruppe. Der erste Tag an unserem künftigen Wohnort Moskau sah dann so aus:

Die Frau meines Vorgängers hatte sich bereit erklärt, uns einiges in Moskau zu zeigen, was man kennen sollte, wenn man hier lebt. Zum Beispiel, wo man am besten die Dinge des täglichen Bedarfs kauft, welcher Markt empfehlenswert ist, wie man auf dem kürzesten Weg die Deutsche Botschaft anfährt, in der man einmal die Woche die Kurier-Post abholen kann. Da es uns nicht gelungen war, in unserem Hotel zu frühstücken, weil wir als individuell reisende westliche Ausländer in keine der vorgesehenen Verpflegungskategorien passten, fuhren wir zuerst in das zum damaligen Zeitpunkt modernste Hotel Moskaus, das *Meschdunarodnaja*, was übersetzt so viel wie »International« heißt. Ein in der Tat eindrucksvoller Bau mit einer noch eindrucksvolleren, großzügigen Lobby, von der aus man gläserne Aufzüge beobachten konnte. Damals eine absolute Neuheit in Moskau. Unsere Begleiterin verhandelte mit dem Ober an der Bar über Kaffee und Butterbrot. Der aber schüttelte nur den Kopf und schickte uns innerhalb des weitläufigen Hotels an eine andere Stelle. Theoretisch kein schlechter Tipp, praktisch unbrauchbar, denn dort war ab zehn Uhr geschlossen und die Uhr zeigte fünf nach zehn. Ein freundlicher Hotelbediensteter gab uns den nächsten Rat, der uns aber auch nichts nützte, weil die beschriebene Cafeteria wegen hausinterner Bauarbeiten gar nicht zu erreichen war. Also gingen wir wieder zurück zum Barmann in die Lobby, der sich erweichen ließ, uns schwarzen Kaffee mit Zucker und Orangensaft mit Eis zu kredenzen.

In diesem Hotel befand sich auch einer der beiden *Beriozka*-Läden Moskaus, diesen Geschäften, in denen man nur mit Devisen bezahlen konnte und die für Russen normalerweise tabu waren. Dort wollten wir uns etwas zu essen besorgen. Dummerweise war dieser Laden ohne Angabe von Gründen oder Öffnungszeiten geschlossen. Unsere ortskundige Begleiterin kutschierte uns zum zweiten *Beriozka*. Vor dem Eingang kam uns ein Mann entgegen, vermutlich der Geschäftsführer, schloss die Tür, sagte: »Wir haben Stromausfall. Hier ist zu.« Und verschwand. Unschlüssig standen wir draußen herum. Plötzlich tauchte der Mann wieder auf, öffnete den Laden und teilte uns freundlich mit, dass die

Panne behoben sei. Wir konnten eintreten und wunderten uns über die vielen Kunden, die bereits mit Einkaufen beschäftigt waren, während wir noch vor der Tür warteten. Egal. Jetzt deckten wir uns mit Lebensmitteln ein, um uns gegebenenfalls selbst versorgen zu können und nicht auf Hotelrestaurants angewiesen zu sein. Von dort ging es zur Deutschen Botschaft und an der Tankstelle für Ausländer vorbei zu einem der Kolchosmärkte. In der Obst- und Gemüsehalle verkauften meist ältere Frauen die Waren. Man konnte alles probieren, sollte es sogar. Auf diese Weise bestand mein erstes Frühstück in Moskau aus einem langen grünen Knoblauchstängel, etwas Honig, ein bisschen Quark-Käse und einem Stück Granatapfel. Die überaus freundlichen Marktfrauen schenkten uns Ausländern eine Tüte mit eingelegten Knoblauchknollen und ein ganzes Bündel voller Stängel. Innerhalb kürzester Zeit verströmten sowohl meine Hände als auch das Innere des Autos einen derart intensiven Knoblauchgeruch, dass wir Sorge hatten, ihn nie wieder loszuwerden. Später vor dem Hotel konnten wir uns nur schweren Herzens von diesem delikaten Gemüse trennen.

Von einer Begegnung mit einem zwölfjährigen Jungen sollte ich noch erzählen. Mein Mann und ich spazierten an diesem Tag wie typische Moskau-Touristen mit Fotoapparat und Videokamera über den Roten Platz, als uns dieser Junge in einem astreinen Englisch ansprach. Er stellte sich vor, sein Name war Andrej. Er machte richtig Konversation, und als er hörte, dass wir aus Deutschland sind, erzählte er von Büchern, die er über Berlin gelesen habe. Auch Köln war ihm als Stadt ein Begriff, mit Rhein und Dom. Und dann fragte er, ob es denn noch diese faschistischen Gruppen gebe, von denen man vor ein paar Jahren so viel gehört habe. Schließlich empfahl er uns, das Ausstellungsgelände WDNH zu besuchen, diese Dauerausstellung sowjetischer Erfolgsbilanz. Ein bemerkenswertes Kerlchen.

Für den Abend war ein Essen im legendären Hotel National geplant, gegenüber vom Kreml. Die Moskauer Studiokollegen meinten es gut mit uns. In einem festlichen Saal mit Kronleuchtern und einem riesigen Spiegel an der Stirnwand war bereits der Tisch gedeckt. Es war üblich, dass die Vorspeisen schon aufgetragen waren, wenn die Gäste erschienen. Eine ausgezeichnete Pianistin spielte am Flügel ein breites Repertoire von klassischer bis Unterhaltungsmusik à la Richard Clayderman, und die Dr.-Schiwago-Melodie durfte natürlich auch nicht fehlen. Die Atmosphäre nahm uns gefangen – draußen leichtes Schneetreiben und der Blick auf den angestrahlten Kreml. Erst kein Frühstück und dann dieser Luxus: Auf dem Tisch standen verschiedene Platten mit kaltem Braten, Geflügelscheiben, die einzelnen Muskeln fein säuberlich ausgelöst, geräucherter Stör, Lachs in dicken Scheiben, alles garniert mit verschiedenem Gemüse und Pilzen. Und dann zwei Schalen mit Kaviar, schätzungsweise mindestens je 500 Gramm roter und schwarzer. Ein Kilo Kaviar! Wir hatten Mühe, ihn aufzuessen. Es blieb ein Rest. Die Körner des roten Kaviar waren so groß wie kleine Johannisbeeren, die man am Gaumen zerdrücken konnte, um den Geschmack voll zu genießen. Getrunken wurde aus drei bis vier Gläsern parallel: eins gefüllt mit Wasser, eins mit Wodka und eins oder zwei mit Wein. Nach diesen opulenten Vorspeisen, die wir ursprünglich nicht als solche erkannten, und mit nichts weiter gerechnet hatten, folgte der Hauptgang und zum Schluss eine kunstvoll drapierte Nachspeise aus Eiskugeln auf Baiser mit Kirschen und anderen Früchten. Viel zu schade zum Essen.

Als die Pianistin zwischendurch mal Pause machte, ergriff ein Gast aus Italien die Gelegenheit zum Spiel und sang dazu. Eine unbeschreiblich schöne Stimmung erfüllte den Saal. Freudvoll und entspannt. Ein Genuss für alle Sinne. Zum Ausklang noch ein Drink an der Valuta-Bar, wo der Fernseher lief und eine Außenhandelsbilanz-Wirtschafts-Pressekonferenz in voller Länge übertragen wurde. Unglaublich.

Am nächsten Morgen machten wir uns in unserem Hotelzimmer über die Lebensmitteleinkäufe des Vortags her, um uns eine komplizierte Frühstücksarie zu ersparen. Dann brachen wir per U-Bahn zu unserer künftigen Wohnung auf und verbrachten fast den ganzen Tag damit, alles genau auszumessen. Für den Abend waren wir beim deutschen Kameramann der ARD und seiner Frau eingeladen, mit dem ich schon in Deutschland oft und sehr gut zusammengearbeitet hatte und der bereits seit 1983 in Moskau Dienst tat. Er wohnte im Südwesten der Stadt, holte uns mit dem Auto ab und nutzte die Fahrt dorthin, um uns von den Lenin-Bergen, wo das markante Gebäude der Lomonossow-Universität thront, einen Blick auf das abendliche Moskau zu gönnen. Wir stiegen aus, sahen uns um und statteten der kleinen Kirche dort einen kurzen Besuch ab, wo sich eine Messe dem Ende zuneigte. Die meisten Kirchgänger waren ältere Frauen, nur ganz vereinzelt ein paar junge Leute. Nach den letzten Gebeten und Gesängen segnete der Priester die Gläubigen und schloss dann die Ikonostase.

Unsere Gastgeber lebten in einer ausgedehnten Hochhaussiedlung mit viel Wald zwischen den einzelnen Häusern. Ein gewaltiges Areal. Russische Dimensionen eben. Gerade als wir auf den Balkon der Wohnung traten, die im 15. Stock lag, fuhr unten die Begleitkolonne von Margret Thatcher vorbei. Die ehemalige britische Premierministerin war eine der Ersten, die das Potenzial des sowjetischen Generalsekretärs Michail Gorbatschow erkannte und trotz ideologischer

Der typische »Kreml-Aufsager« für die *Tagesschau*

Unterschiede sehr vertrauensvoll mit ihm zusammenarbeitete. Viele Jahre später, als beide schon nicht mehr in politischer Verantwortung standen, trafen sie sich immer noch, um sich darüber auszutauschen, wie eine Gesellschaft beschaffen sein muss, um den Anforderungen der Neuzeit gewachsen zu sein. Ich wertete diesen zufälligen Augenblick als gutes Omen. Welch eine spannende Aufbruchszeit, die mich hier erwartete. Etwas Schöneres kann man sich als Journalist gar nicht wünschen.

Ich werde in diesem Buch nicht den Versuch unternehmen, eine Bilanz meiner Korrespondentenzeit in Moskau zu ziehen. Dafür ist hier kein Platz. Außerdem habe ich das vor achtzehn Jahren in Buchform erledigt. Ein paar Geschichten möchte ich dennoch erwähnen, um eine Ahnung davon zu vermitteln, wie revolutionär diese Umbruchphase von 1987 bis 1991 war.

Getragen vom politischen Willen beider Länder wurden damals deutsch-sowjetische »Tele-Brücken« eingerichtet, und mir fiel die Aufgabe zu, am 13. Oktober 1988 den ersten deutschen Fernsehabend im sowjetischen Fernsehen zu moderieren. Auf Russisch versteht sich. Anstrengend und aufregend war das. Die Sorge, mich zu blamieren, zerrte an meinen Nerven und auch der Gedanke, dass von der polnischen Grenze im Westen bis Wladiwostok im Osten Millionen von Sowjetbürgern zuschauen würden. Es gab keine Konkurrenzsender, die landesweit ausgestrahlt wurden, und die Neugier auf den Westen war enorm.

Dann – wer hätte gedacht, dass sich die sowjetischen KGB-Archive ausgerechnet einer westlichen Fernsehkorrespondentin zuerst öffnen würden, weil diese einen 45-minütigen Film darüber machen möchte und ihr Wunsch so gut in diese Aufbruchszeit passte? Als ich einen entsprechenden Antrag stellte, haben mich sowohl meine deutschen als auch meine russischen Kollegen für verrückt erklärt.

Dann – das erste Konzert von Udo Lindenberg in Moskau, im legendären Gorkipark. Das war am 19. August 1987, zwei Jahre vor den Scorpions, deren Lied *Wind of change* zur Perestroika-Hymne avancierte. Der Auftritt von Udo Lindenberg war zur damaligen Zeit derart ungewöhnlich, dass es zwei Tage vorher eine hochoffizielle Pressekonferenz dazu gab und einen Tag vorher einen Empfang der Deutschen Botschaft im Hotel National. Alla Pugatschowa, *die* Pop-Ikone jener Zeit, trat zusammen mit Lindenberg im Zeljonyj Teatr, im Grünen Theater, auf, der großen Freilichtbühne im weitläufigen Park, die etwa 10 000 Zuschauern Platz bot. Das Interesse war enorm, viele Fans mussten abgewiesen werden. Damit die Russen die deutschen Texte von Lindenberg verstehen konnten, waren sie vorher übersetzt, in einigen Exemplaren auf Zetteln verteilt worden, und hin und wieder verlas man sie auch unmittelbar vor seinem Vortrag nochmals auf der Bühne. In heutiger Zeit eine völlig undenkbare Dra-

maturgie. Es kostete Zeit und Aufmerksamkeit zwischen den einzelnen Musiktiteln, für die man schließlich hergekommen war.
Udo Lindenberg begann und zog eine irre Schau ab. Schon nach wenigen Minuten fegte er mit seiner speziellen, für hiesige Verhältnisse mehr als ungewöhnlichen Gestik über die Bühne. Es dauerte eine Weile, bis der Funke übersprang. Doch Alla Pugatschowa, die ihr Publikum im Griff hatte, und ein kleiner drahtiger, unglaublich guter Popsänger namens Wladimir Kuzmin sorgten mit ihren Auftritten dafür, dass richtig gute Stimmung aufkam. Und dann passierte das, weswegen ich diese Geschichte überhaupt erzähle: Wir sitzen im Sommer 1987 mitten in Moskau, im Gorkipark, zwischen lauter Sowjetbürgern, Alla Pugatschowa kündigt den nächsten Song von Udo Lindenberg an, übersetzt den Refrain, alle lachen und dann singt Lindenberg *In 15 Minuten sind die Russen auf dem Kurfürstendamm.* Ich bedaure es bis heute, dass dieses Lied nicht bekannter geworden ist. Es persifliert so gekonnt die Angst vor den Russen, die während des Kalten Krieges im Westen systematisch geschürt wurde. Und jetzt, im Sommer 1987 – angestaubte Sowjetführer wie Andropow und Tschernenko gehören erst ganz kurz der Vergangenheit an, der weltoffene Gorbatschow ist gerade mal zwei Jahre im Amt –, sitzen in der sowjetischen Hauptstadt Menschen in einem Konzert, bei dem ein Deutscher ein Lied mit folgendem Refrain singt: *In 15 Minuten sind die Russen auf dem Kurfürstendamm, sie lassen ihre Panzer im Parkhaus steh'n und woll'n im Café Kranzler die Sahnetörtchen seh'n.* Und alle Russen und sonstige anwesenden Sowjetbürger brüllen den Text begeistert mit. Können Sie sich das vorstellen?

Friedensnobelpreis für Michail Gorbatschow
(Oktober 1990)

Erinnern Sie sich noch? So lange ist das ja gar nicht her, als sich die verschiedenen Männer in der westlichen Welt mit dramatischen Warnungen gegenseitig überboten, doch um Himmels willen diesem geschickten neuen sowjetischen Führer namens Gorbatschow nicht allzu viel Vertrauen zu schenken. Vorsicht und Skepsis seien da eher angebracht. Und nun bekommt er den Friedensnobelpreis und alle haben's immer schon gewusst, dass dieser Mann ihn verdient. Dieser Mann, der im persönlichen Kontakt seine schärfsten Kritiker von der Aufrichtigkeit seiner Absichten überzeugen konnte, ganz gleich, ob sie Franz Josef Strauß oder Ronald Reagan hießen. Dieser Mann, der im eigenen Land seine demokratischen Vorstellungen mit autoritären Mitteln durchsetzt und seit über fünf Jahren eine innenpolitische Gratwanderung vollführt, die kaum noch zu beschreiben ist. Dieser Mann, der mit seiner unorthodoxen Politik immer wieder aufs Neue die Welt verblüfft. Der dafür gesorgt hat, dass das Undenkbare möglich wurde, der den Kalten Krieg beendet hat und die Parole ausgab: Es ist doch nur eine Welt, die wir da aufs Spiel setzen, also lasst uns vernünftig damit umgehen. Für mich, die ich ja in Moskau hautnah mitbekomme, welch ein Programm dieser Politiker tagtäglich absolviert, mit welchen übergroßen Problemen er ständig kämpfen muss, ist es ein Rätsel, wie er das physisch und psychisch verkraftet. Da ich die Gelegenheit hatte, mit ihm selbst sprechen zu können, in relativer Ruhe, nicht am Rande eines der hektischen Staatsbesuche, ist mein persönlicher Eindruck der: Michail Gorbatschow ist ein Mensch, der in der Lage ist, sich ganz unkonventionell auf neue Dinge einzustellen, ohne dabei seine Überzeugungen zu verraten; ein Mensch, in dem kein Platz ist für kleinkariertes Gezänk, der in der politischen

Auseinandersetzung eine Kultur beweist, die ich in Deutschland schon lange vermisse.

Mein Mann und ich machten genau zu der Zeit, als der Friedensnobelpreisträger für das Jahr 1990 bekannt gegeben wurde, Urlaub auf einem Kreuzfahrtschiff mit russischer Besatzung. Die Meldung, die sich wie ein Lauffeuer verbreitete, sorgte bei den meist deutschen Passagieren für ungebremste Freude. Einige drängten mich, im Restaurant einen Toast auszubringen, was ich jedoch unterließ. Mir war das gewaltige Gefälle zwischen Deutschland und Russland bzw. der Sowjetunion klar, wenn es um die Beliebtheit von Michail Gorbatschow ging. Die anfängliche Begeisterung der Sowjetbürger – immerhin hatte Michail Sergejewitsch ihnen Meinungsfreiheit gebracht und ideologische Fesseln gesprengt – schwand angesichts der immer härter werdenden alltäglichen Lebensbedingungen und der geopolitischen Veränderungen, die Gorbatschow nicht nur zuließ, sondern selbst angestoßen hatte. Die glorreiche Sowjetunion, Sieger im Kampf gegen Hitler-Deutschland, entließ die DDR aus ihrem Einflussbereich, zog ihre Soldaten ab und stimmte einer Vereinigung der beiden deutschen Staaten zu, die auch noch Mitglied im bislang gegnerischen militärischen Bündnis NATO wurde. Das ist nicht so leicht wegzustecken. Bis zuletzt war ich unentschlossen, doch dann meinte ich, einem Gebot der Höflichkeit zu gehorchen, als ich dem russischen Kapitän und seinen Offizieren zu dieser Wahl des Nobelpreiskomitees gratulierte. Meine aufrichtige Freude konnte ich ohnehin nicht verbergen. Doch augenblicklich gefror deren bisherige Herzlichkeit mir gegenüber. Eisige Blicke, minimale Gestik und ein pflichtschuldiges Dankeschön.

Man könnte annehmen, dass Sowjetbürger auf die deutsche Vereinigung aggressiv reagierten. Schließlich zählte ihr Land zu den Gewinnern des Zweiten Weltkriegs, doch die meisten lebten deutlich schlechter als die Verlierer. Und nun sollte man auch noch auf die DDR verzichten, den Teil sowjetischer Einflusssphäre mit der höchsten Symbolkraft der Ost-West-Konfrontation. Von den praktischen Problemen gar nicht zu reden, die damit verbunden waren, dass die in der DDR stationierten sowjetischen Soldaten in kürzester Zeit in ihre Heimat zurückkehren sollten, wo es weder Unterkunft noch Beschäftigung für sie gab.

Diese Phase als Deutsche, genauer gesagt als Bürgerin der BRD, mit Wohnsitz in Moskau zu erleben, war nicht nur politisch hochspannend, sondern vor allem auch menschlich prägend. Niemand hat mich je spüren lassen, dass die deutsche Vereinigung in vielfacher Hinsicht einen schmerzlichen Verlust für die Menschen in der Sowjetunion bedeutete. Ich weiß noch, wie ich mich zum Tag der Deutschen Einheit am liebsten verkrochen hätte und gleichermaßen aufgewühlt wie beschämt war, als mich Anrufe von sowjetischen Bekannten und Kollegen erreichten, in denen sie mir aufrichtig zu diesem Feiertag gratulierten. Die Deutschen bekamen so unendlich viel Vertrauensvorschuss aus der damaligen Sowjetunion, politisch wie menschlich. Wer Ängste und Vorbehalte gegenüber einem erstarkenden Deutschland erwartete, der wurde in London und Paris fündig, weniger in Washington und gar nicht in Moskau. Ein Gedanke zog sich durch fast alle Reaktionen, ganz gleich, ob in den sowjetischen Medien oder von den Leuten auf der Straße geäußert: Es tut schon weh, aber es war damit zu rechnen, dass sich diese unnatürliche Zwangskonstruktion nicht ewig halten würde. Da war sie wieder, diese großherzige Gelassenheit, die mir in Russland und der Sowjetunion immer wieder begegnet ist.

Mit der deutschen Vereinigung hatte auch ein ganz besonderes Highlight meiner Korrespondententätigkeit zu tun:

Mit Michail Gorbatschow in seinem Moskauer Büro, irgendwann in den 90er-Jahren

ein Interview mit dem damaligen sowjetischen Präsidenten Michail Gorbatschow. Das Besondere hatte mehrere Gründe. Zum einen handelte es sich beim Hauptthema dieses Interviews um historisch Bedeutsames. Es ging um die NATO-Zugehörigkeit des vereinten Deutschland. Zum Zweiten haben mein Kollege Stephan Kühnrich vom DDR-Fernsehen und ich dieses Interview gemeinsam geführt, das dann zeitgleich sowohl in der ARD als auch im DFF gesendet wurde. Damals war deutsch-deutsches kollegiales Miteinander alles andere als selbstverständlich. Die Berührungsängste lagen auf beiden Seiten, wenn auch mit unterschiedlichen Nuancen. Und zum Dritten war es das erste Mal, dass ein in Moskau akkreditierter westlicher Journalist vom Präsidenten der Sowjetunion überhaupt ein Interview bekam.

Es ist hier nicht der Ort, politische Einzelheiten aufzudröseln, es reicht darauf hinzuweisen, wie gewaltig der Schritt

war, den sich Michail Gorbatschow getraut hat zu gehen, innen- und geopolitisch: Die Sowjetunion stimmte dem Beitritt des vereinten Deutschland zur NATO zu. Nur noch mal zur Erinnerung, was das bedeutete: Kurz vorher war die DDR noch Mitglied des gegnerischen Bündnisses, des Warschauer Paktes. Raissa Gorbatschowa hat Hans-Dietrich Genscher damals im Kaukasus, als die Strickjackenbilder von Gorbatschow und Kohl um die Welt gingen, zur Seite genommen: »Versprechen Sie mir, dass Deutschland so zu seinem Wort steht wie mein Mann zu seinem.«
Michail Gorbatschow wird bis heute nicht müde, für die Abrüstung von Feindbildern zu kämpfen, und ist in dieser Mission weltweit unterwegs. Ich bin froh und stolz, mit ihm zusammen im Petersburger Dialog* an der Verbesserung der deutsch-russischen Beziehungen arbeiten zu können. Er war der erste Architekt des europäischen Hauses. In der langwierigen Bauphase dieses statisch komplizierten Gebäudes würde ich mir bei uns manchmal bessere Baumeister wünschen und für den Petersburger Dialog viele mutige Streiter, die den Wert von Dialog zu schätzen wissen. Es zerreißt mir das Herz, wenn Funktionsträger qua Amt mitmischen, deren Interessen einem konstruktiven Dialog zuallerletzt gelten. Ohne den amerikanischen Präsidenten Barack Obama mit zu hohen Erwartungen zu befrachten, was seine Dialogfähigkeit betrifft – Michail Gorbatschow hat ihn jedenfalls im

---

* Der Petersburger Dialog ist ein offenes Diskussionsforum zur Verständigung zwischen den Gesellschaften Deutschlands und Russlands. Er steht unter der Schirmherrschaft des deutschen Bundeskanzlers und des russischen Präsidenten. Der Petersburger Dialog tagt seit 2001 im jährlichen Wechsel in Deutschland und Russland. Er hat zum Ziel, die Zusammenarbeit in allen Bereichen der Gesellschaft zu intensivieren, Vorurteilen in der Wahrnehmung des jeweils anderen Landes entgegenzuwirken und damit den deutsch-russischen Beziehungen neue Impulse zu geben.

März 2009 im Weißen Haus in Washington besucht. Bei dem engen Terminplan des amerikanischen Präsidenten und angesichts der weltweiten Finanzkrise mit ihren existenziellen Risiken war das sicher mehr als ein höflicher Small Talk.

Abschied
(1991)

Bei klarer Luft und Sonnenschein ist jede Stadt schön, das ist keine Kunst, aber der herben Schönheit Moskaus kann auch Schmuddelwetter nichts anhaben, wenn in der versmogten Sonne die Moskwa seltsam glitzert, wenn ein regenverhangener Himmel die Kremltürme einrahmt oder die Spitzen der moskautypischen Gebäude, dieser stalinistischen Ungetüme, im Nebel verschwinden. Zu Anfang dachte ich, wenn du das nicht mehr siehst, wenn du dafür keinen Blick mehr hast, ist es Zeit, nach Hause zu gehen. Was das betrifft, bin ich auf jeden Fall zu früh gegangen. Aber es gibt dennoch genug gute Gründe, auch private, es bei vier Jahren, bei diesen vier Jahren bewenden zu lassen.

Wir waren gerade zurück in Deutschland, hatten unser neues Zuhause bezogen und am 21. August 1991 sollte mein Buch *… an Russland muss man einfach glauben* erscheinen. Bei diesem Titel handelt es sich um ein Zitat des russischen Dichters und Philosophen Fjodor Tjuttschew, der von 1822 bis 1839 als Diplomat in München und Turin gelebt hat. Er hat deutsche Dichter wie Goethe und Schiller ins Russische übersetzt, als erster Russe auch Heinrich Heine, den er persönlich kannte. Das vollständige Zitat lautet: »Mit dem Verstand ist Russland nicht zu begreifen, an Russland muss man einfach glauben.« Am Morgen des 19. August klingelte das

Telefon. Ein Kollege der *Tagesschau* in Hamburg meldete sich. In Moskau führen Panzer auf, ob sie notfalls mit mir rechnen könnten, falls die Leitungen nach Moskau gekappt würden. Ich war so überrascht, dass ich kaum reagieren konnte. Zunächst dachte ich an einen üblen Scherz. Dann ging es Schlag auf Schlag. Die Verantwortlichen im WDR riefen mich an und fragten, ob ich zur Verfügung stehe, ob mein Visum noch gültig sei. Ich fuhr in den Sender und bediente zwischen diversen Konferenzen Hörfunk- und Fernsehsendungen, die aktuell ins Programm geschoben wurden. In einer eilig zusammengerufenen Diskussionsrunde mit deutschen und russischen Teilnehmern am späten Abend musste ich als Mitdiskutant feststellen, wie schnell man bereit war, Gorbatschow fallen zu lassen und ihn für die dramatische Entwicklung verantwortlich zu machen. Die aberwitzigsten Ideen wurden ernsthaft diskutiert. Der Westen solle nun – wie damals Radio Free Europe – verstärkt die Sowjetunion »beschallen«, damit die Menschen dort richtig informiert und nicht auf Propaganda angewiesen seien. Ziemlich irritiert kam ich nachts nach Hause. Mein Mann berichtete mir sofort von einem Anruf der Verlagsleitung – den Erscheinungstermin des Buches hatte ich in der Aufregung ganz vergessen – und den dortigen Überlegungen, die Auslieferung zu stoppen. In diesen Zeiten ein Buch mit dem Titel *… an Russland muss man einfach glauben,* das ginge ja nun gar nicht. Wie ich später erfuhr, hatte es im Verlag eine Krisensitzung gegeben, auf der zur Diskussion stand, das Erscheinen des Buches zu schieben oder ganz zu kippen.
In dieser Zeit hatte ich ein Gespräch mit Lew Kopelew, diesem warmherzigen Schriftsteller und Germanisten, der 1981 aus der Sowjetunion ausgebürgert worden war, weil seine systemkritischen Äußerungen der sowjetischen Staatsführung nicht passten. Man nutzte eine Deutschlandreise, die

Lew Kopelew mit seiner Frau Raissa Orlowa auf Einladung von Heinrich Böll und Marion Gräfin Dönhoff angetreten hatte, um die beiden russischen Bürger nicht wieder in ihre Heimat zu lassen. Schon vor meiner Korrespondentenzeit in Moskau bestand ein freundschaftlicher Kontakt zu Lew Kopelew und wir telefonierten auch hin und wieder. Er rief mich also an, war tief erschüttert und unendlich traurig. Wie konnte das passieren? Waren die Anstrengungen der Perestroika-Jahre vergebens? Wie sollte es bloß weitergehen mit seiner geliebten Heimat? Er kannte sie seit Langem nur noch aus der Ferne, ich hatte die letzten Jahre dort gelebt und war gerade erst zurückgekehrt. Ich weiß nicht, ob er mir in dem Moment wirklich geglaubt hat oder ob er dachte, ich wolle ihn nur trösten, als ich ihn bat, sich keine Sorgen zu machen, dieser Putsch werde keinen Bestand haben. »Es ist ein von Altkommunisten inszeniertes eher dilettantisches Operettentheater, bei dem die Darsteller am Publikum vorbeispielen, ohne es zu merken.« Das war meine feste Überzeugung. So sehr mich dieser Putsch überrascht hatte, so wenig konnte ich mir vorstellen, dass sich die Menschen in der Sowjetunion das widerstandslos bieten ließen. Es war viel zu viel passiert in dieser Gesellschaft. Wenn die Politik Gorbatschows etwas gebracht hatte, dann das Bewusstsein, als Bürger Rechte zu haben und sich nicht mehr so ohne Weiteres herumkommandieren lassen zu müssen.

Der Albtraum dauerte drei Tage, dann war der Spuk vorbei. Am 21. August 1991 war die Sache klar, und ich saß mit meinem Mann in Berlin beim Signieren der ersten Exemplare von *… an Russland muss man einfach glauben.*

13
Konflikte

Mit einem Dreijahresvertrag war ich im Sommer 1987 nach Moskau gegangen, und als die Verlängerung anstand, habe ich dem Wunsch des Hauses, weitere zwei Jahre aus der Sowjetunion zu berichten, nicht entsprochen, sondern entschieden, mich vorläufig nur für ein Jahr fest zu binden. Es war eine dieser schwierigen Entscheidungen, die man immer wieder hin und her wendet auf der Suche nach Facetten, die man übersehen haben könnte, im Bestreben, nichts falsch zu machen. ARD-Korrespondent in Moskau – das war *der* Arbeitsplatz überhaupt, die Stelle, an der ich mich wohlfühlte und auskannte. Und mein Mann hätte sofort die zweijährige Bindung akzeptiert, zum damaligen Zeitpunkt hat er sie sogar favorisiert. Aber ich wollte mir die Möglichkeit offenhalten, in einem Jahr noch einmal entscheiden zu können, ob ich bleiben oder gehen will. Wir sind dann gegangen und nach Deutschland zurückgekehrt. Welche Weichenstellung war jetzt, im Sommer 1991, die richtige? Ein anderer Korrespondentenplatz? Im »Mutterhaus« in Köln weiterarbeiten? Welche Wünsche hatte der Sender? Welche waren meine? Ich hatte ein diffuses, schwer zu beschreibendes Gefühl, das ich nach und nach zu Gedanken formte, die ich zur Begutachtung aus dem Bauch in den Kopf schickte. Um das Ergebnis dieser Prozedur vorwegzunehmen: Ich habe mich für ein Jahr beurlauben lassen. In dieser Zeit wollte ich herausfinden, wie wichtig mir das Thema Russland bzw. Sowjetunion war. Es im Korsett eines Korrespondenten weiterzuverfolgen, widerstrebte mir, es ganz abzuschließen ebenso. Ich hatte Sorge, dass ich den Bezug zu dem Land verliere, wenn ich mich auf einen vollkommen anderen journalistischen Bereich einlassen würde. Das wäre ja die logische Konsequenz gewesen, nachdem ich Moskau verlassen hatte. Es dauerte nicht lange und personelle Veränderungen im WDR führten dazu, dass man mir mit Beginn des Jahres 1992 die Moderation des ARD-*Kulturweltspiegels* anbot. Für mich ein Glücksfall. Alle vier bis sechs Wochen eine Sendung zu moderieren, ohne in den redaktionellen Alltag eingebunden zu sein oder selbst Beiträge produzieren zu müssen – das entsprach genau meinen Vorstellungen. Das Thema Russland behielt seine Priorität und ich den ständigen Kontakt zum WDR. Meine Beurlaubung war kein formales Hindernis für die Moderation, ich wurde wie so viele andere auch als freie Mitarbeiterin beschäftigt.

Da ich von Moskau aus verschiedentlich Beiträge für den *Kulturweltspiegel* geliefert hatte, kannte ich die Redaktion und die Redaktionsphilosophie. Über den Begriff »Kultur« lässt sich trefflich debattieren. Über den Begriff »Kunst« sowieso. »Kunst ist das große Dazwischen«, dieser Ausspruch von Erwin Eisch, einem international bekannten Glaskünstler aus meiner niederbayerischen Heimat, den ich erst 1998 getroffen habe, hat bei mir zu innerlichen Freudentänzen geführt. Genauso habe ich das immer empfunden. Seit meiner Kindheit widerstrebte es mir zutiefst, Kunstwerke zu sezieren, um hinterher genau erklären zu können – oder es zumindest zu glauben –, warum sie welche sind und woraus ihre Faszination besteht. Ich habe mich schon früh gefragt, wie die wortreichen, oft fantasievollen Kunstkritiken in meist hoch komplizierter, weihevoller Sprache auf die Künstler selbst wirken. Wenn da zum Beispiel in der Malerei mikroskopisch genaue Beobachtungen zu Strichführung,

Farbgebung, Komposition etc. penibel zu Papier gebracht werden, vordergründig engagiert, aber letztlich doch blutleer. Ich hatte früh den Verdacht, dass der eine oder andere Künstler das genauso empfindet und zwischen Schmunzeln und Kopfschütteln schwankt, wenn wild ins Werk »hineingeheimnist« wird, nach dem Motto: je verquerer die Erklärung, umso wertvoller das Kunstwerk. Zu Beginn meiner Tätigkeit als Moderatorin des *Kulturweltspiegels* bin ich natürlich oft gefragt worden, was für mich Kultur sei und wie ich Kunst definiere. Ich weiß noch, dass ich einmal sehr spontan geantwortet habe: Kunst ist oftmals nicht das, was viele dafür halten. Das ist sicher keine befriedigende Antwort, war aber eine Reaktion auf überzogenen Kulturrummel, wo – man muss es nur geschickt genug anstellen – alles zur Kunst erklärt werden kann. Und niemand wagt, dagegen den Mund aufzumachen, denn die anderen könnten ja denken, man verstünde nichts von Kunst. Sie kennen das Märchen *Des Kaisers neue Kleider*, in dem sich erst ein Kind traut zu sagen, was Sache ist, dass nämlich der Kaiser ohne Kleider herumläuft. Das konnten zwar alle sehen, aber niemand wollte es laut sagen, weil die ausgegebene Parole eine andere war. Dieser Mechanismus scheint mir im Kunst- und Kulturbetrieb weit verbreitet zu sein. Gerade hier bauen diejenigen, die sich ansonsten kaum mit Widersprüchen anfreunden können, künstliche Gegensätze auf, und zwar nach einem simplen Schema: Je unverständlicher das Ganze, umso künstlerisch wertvoller. Und andersherum: Wenn sich Massen für das Werk begeistern, kann es sich kaum um Kunst handeln, dann ist es nur Kommerz – igittigitt. Und was ist mit dem Kommerz elitärer Kunstzirkel, die nach den Regeln des Marktes und nicht der Kunst Preise hochtreiben? Welche Kriterien gelten für die Kunst? Kunst ist eben das große Dazwischen. Das Entscheidende ist, dass sich etwas abspielt zwischen Material und Form, zwischen Künstler und Werk und nicht zuletzt auch zwischen Betrachter und Kunstwerk.

Meine Moderatorenaufgabe beim *Kulturweltspiegel* hat mir jedenfalls großen Spaß gemacht: kurz und knapp und persönlich Berichte zu präsentieren, mit Augenzwinkern, Ironie, Mimik, mit der ganzen Palette der nonverbalen Möglichkeiten im Fernsehen. Aber ich hatte auch Bauchschmerzen angesichts der Verantwortung. Denn ich habe mich nie »nur« als Moderator empfunden, der distanziert und unbeteiligt einzelne Filmbeiträge verbindet, ohne nach deren Berechtigung zu fragen. Warum gerade dieser Künstler oder jene Veranstaltung? Worin liegt die besondere Bedeutung, die es rechtfertigt, in einer Sendung mit hohem Aufmerksamkeitsgrad vorgestellt zu werden, die lediglich acht bis zehn Mal im Jahr ausgestrahlt wird? Es freute mich sehr, wenn sich die Redaktion für Themen aus Russland entschieden hatte, aber ich machte mich nicht zu deren Anwalt, da ich mich für befangen erklärte. Das ist übrigens der Grund, warum ich es für keine gute Idee halte, als aktiver politischer Journalist Mitglied in einer Partei zu sein, obwohl es das gute Recht jedes Bürgers ist, ganz gleich, welcher Berufsgruppe er angehört. Nicht weil ich Sorge hätte, die Partei – welche auch immer – könnte ihr im Journalismus arbeitendes Mitglied unter Druck setzen, sondern weil die eigene Unbefangenheit verloren geht. Stellen Sie sich vor, die Partei XY trifft eine umstrittene Entscheidung und ein Mitglied dieser Partei, von Beruf Journalist, ist gezwungen, darüber zu berichten und diese Entscheidung zu kommentieren. Was läuft da im Kopf ab: Wenn ich nicht kritisch genug Stellung beziehe, denken alle, ich tue das wegen meiner Parteizugehörigkeit. Um diesem Verdacht zu entgehen, sollte ich besser noch kritischer berichten als alle anderen, oder wie? Die vorhandenen inneren Raster sind zahlreich genug – politische Vorlieben, eigene Erfahrungen, Elternhaus, Sympathie oder Antipathie etc. –, um es Journalisten jedes Mal aufs Neue zu erschweren, den neutralsten Standpunkt zu finden. Da muss ich mir doch nicht freiwillig noch eine zusätzliche Stolperstelle einbauen.

Als »Neue« wurde ich natürlich von den schreibenden Kolleginnen und Kollegen kritisch beäugt. Das ist in Ordnung. Dass die Garderobe im Fernsehen bei der Kritik eine Rolle spielt, liegt auch auf der Hand. Aber als ich kurz nach meinem Arbeitsantritt das Wort »Schneiderkostüm« im Artikel einer Kollegin lesen musste, hat mich das tatsächlich verletzt. Bis dahin war »Schneiderkostüm« für mich ein neutraler Begriff, der nichts weiter aussagte, als dass besagtes Kostüm von einem Schneider maßgefertigt wurde. Das kann je nach Talent des Schneiders gut oder weniger gut ausfallen. Der Artikel machte jedoch keinen Hehl daraus, dass es sich bei einem Schneiderkostüm um etwas Langweiliges, ja Altmodisches handelt. Ein Designerklamottenkäufer war ich nie. Es musste immer zweckmäßig und früher auch preiswert sein. Als studierende Halbwaise macht man keine großen Sprünge, und es dauerte eine Weile, bis nach Ausbildung und Volontariat das erste nennenswerte Gehalt überwiesen wurde. Da war ich immerhin schon 27 Jahre alt.

Zugegeben, besonders mutig im Bezug auf Kleidung war ich bei meiner Bildschirmpräsenz eigentlich nie. Ich habe mich vieles nicht getraut. Besser unauffällig und nicht ablenkend von dem, was im Vordergrund steht: die Information. Meine erste regelmäßige Fernsehmoderation beim Regionalmagazin *Hier und Heute* hatte mir schnell gezeigt, dass es immer etwas zu meckern gibt: zu hell, zu dunkel, zu ausgeschnitten, zu bunt etc. Als ich in Moskau Korrespondentin war, hat es sogar einmal Programmkonferenzen beschäftigt (das ist kein Witz!), dass ich in einem *Tagesschau*-Bericht ein zu ausgefallenes Sommerkleid getragen hätte. Aber wenn die Alternative dann missbilligend als »Schneiderkostüm« bezeichnet wird! Heute kann ich darüber schmunzeln, damals fand ich es verletzend und ungerecht. Verrückt, nicht wahr?

Während meiner Zeit beim *Kulturweltspiegel*, die bis August 1997 dauerte, entwickelten sich die technischen Möglichkeiten des Fernsehens im Sauseschritt. Es war aufregend, mitzuerleben, wie sich virtuell nahezu alles erzeugen ließ, ohne dass ein Zuschauer hätte beurteilen können, ob das, was er sah, nun echt war oder fingiert. Faszinierend und erschreckend gleichermaßen. So lange ist es noch nicht her, dass man sich auf Bilder mehr oder weniger verlassen konnte, weil das, was sie darstellten, passiert sein musste, um es abbilden zu können. Tricks gab es zwar immer schon, aber die waren leichter zu durchschauen als die Ergebnisse dieser perfektionierten Illusionsmaschinerie.

»Veränderte Sehgewohnheiten« – dieser Begriff wurde irgendwann damals zu einer Art Totschlagargument, wenn Autoren kritisiert wurden, die in ihren Beiträgen dem Betrachter die Möglichkeit gaben, eine Szene länger anzuschauen. »Eine Bildsequenz von vier Sekunden hält niemand mehr aus, das muss schneller gehen und fetziger rüberkommen, sonst zappen die uns alle weg«, hieß es dann. Mag sein, dass Vier-Sekunden-Schnitte in einer Welt voller Reize aus Bewegung, Ton- und Bildsignalen keine Chance mehr haben, wahrgenommen zu werden, weil sie nur noch Langeweile verströmen und die auf Schnelligkeit trainierten Nachwachsenden nicht mehr erreichen. Mag sein. Die Zuschauer werden sich schon wehren, wenn es ihnen zu viel wird, nehme ich an.

Was stellen Sie sich unter »Postproduktion« vor? In der Regel läuft die Sache so: Der Autor eines Beitrags produziert

sein Stück, führt es dem verantwortlichen Redakteur, manchmal auch der gesamten Redaktion vor, und dann wird es »abgenommen« und zur Sendung freigegeben – oder auch nicht. Jedenfalls ist der Autor bis zum Schluss an den Entscheidungsprozessen beteiligt und verabschiedet sich erst, wenn die Endfassung vorliegt und die Produktion abgeschlossen ist. An dieser Stelle beginnt die Postproduktion, in die der Autor nicht zwangsläufig eingebunden ist. Es kann durchaus sein, dass sich andere an »seinem« Stück zu schaffen machen und es ohne seine Mitwirkung oder Zustimmung bearbeiten. Ich könnte stundenlang von den nahezu grenzenlosen Möglichkeiten schwärmen, mit denen man die Aussage des Films noch deutlicher herausschälen kann, wenn man die Technik der Postproduktion in ihrer Vielfalt beherrscht. Im Idealfall ergänzen sich Autor und Postproduzent. Wenn jedoch der Letztgenannte nach Belieben schalten und walten kann – weil die Redaktion das so will oder weil zwischen Postproduktion und Ausstrahlung keine Zeit mehr bleibt, den Autor nach seiner Meinung zu fragen –, dann hätte mich das in meiner aktiven Laufbahn davon abgehalten, für eine solche Sendung Filme zu machen. Für meine zum Teil doch recht aufgebrachten Kollegen hatte ich also sehr viel Verständnis und allergrößte Probleme, loyal zur Redaktion zu stehen, die sich bemühte, diese neue Arbeitsweise als das Normalste von der Welt darzustellen. Hatten ich und die anderen mal wieder die Zeichen der Zeit nicht erkannt, wenn wir diese technischen Möglichkeiten nicht so ohne Weiteres für eine Wertsteigerung des Produkts hielten?
Im April 1994 wurde dem Schriftsteller Martin Walser der höchste französische Kulturorden verliehen, damit war er Officier de l'Ordre des Arts et des Lettres. Ein angemessener Anlass für ein Gespräch mit Martin Walser im Vorfeld

Pressefoto zum Beginn meiner Moderatorentätigkeit beim ARD-*Kulturweltspiegel* 1991/1992

dieser Ehrung. Einer unserer Spitzenautoren wurde damit beauftragt und ich habe das Stück folgendermaßen anmoderiert: »*Jeder von uns weiß, es gibt sogenannte besetzte Begriffe, z. B. Nation oder Nationalbewusstsein. Die darf man entweder gar nicht benutzen – das ist am einfachsten – oder aber man muss sich beeilen zu erklären, dass solche Begriffe durchaus für Inhalte stehen, die mit dem allgemein bekannten Missbrauch nichts zu tun haben. Das Problem ist nur – da hört dann meist schon niemand mehr zu. Botho Strauß hat sich vorwerfen lassen müssen, ein Rechter zu sein, ein Wegbereiter der Rechtsradikalen. Und auch Martin Walser, einst Kultfigur der Linken, muss sich mit diesem Vorwurf auseinandersetzen, weil er von der Vernachlässigung des Nationalen spricht.*
Vielleicht bereiten ja auch diejenigen den Boden für Rechtsradikale, die die richtigen Themen den falschen Leuten über-

lassen? So oder so, Martin Walser bekommt nächste Woche den größten französischen Kulturorden verliehen, er wird Officier de l'Ordre des Arts et des Lettres. Und er nimmt am Treffen des deutschen Schriftstellerverbandes teil, das für den kommenden Donnerstag in Aachen vorgesehen ist. Könnte 'ne spannende Veranstaltung werden.«

Und dann folgte das Gespräch. Es war wie üblich in solchen Fällen mit zwei Kameras aufgenommen worden, damit man im Bild ein wenig variieren kann – mal nur das Gesicht des Interviewten, mal die beiden Gesprächspartner zusammen oder nur den Fragenden. Außerdem hilft diese Technik sehr, wenn gekürzt werden muss. Soweit ich mich erinnere, war es ein informatives, tiefgründiges und durchaus spannendes Gespräch. Der Postproduzent, den man auf das Stück losgelassen hatte, sah das offenbar ganz anders und unterlegte die Aussagen Martin Walsers immer wieder mit marschierenden Stiefeln. Er hatte das Stilelement des *running gag* offenbar gründlich missverstanden. Vermutlich dachte er sich nicht einmal etwas Böses dabei. Er hatte den Beitrag, wie es seine Aufgabe war, optisch aufgemotzt. Die Wirkung war gespenstisch. Die Unterstellung, die darin lag, auch. Aus den üblichen Zeitgründen hatte ich das Stück in dieser Version vor der Sendung nicht mehr sehen können. Die Stiefel waren mir neu und ich war entsetzt. Irgendetwas hätte ich tun wollen, aber ich konnte mich doch nicht nach dem Beitrag vor laufender Kamera dafür entschuldigen. Für den Autor war das eine mittlere Katastrophe, denn natürlich ging Herr Walser davon aus, dass dieser die Sendefassung des Gesprächs zu verantworten hatte. Es war nicht leicht, ihm die tatsächlichen Umstände zu schildern, ohne die Redaktion in die Pfanne zu hauen. Und dann kamen die ersten Zuschauerbriefe. Zum Beispiel dieser:

Sehr geehrte Frau Krone-Schmalz,
von Ihren früheren hervorragenden Beiträgen aus Moskau kenne und schätze ich Sie sehr. Ihre gestrige Sendung gefiel mir ebenfalls bis auf eine Ausnahme: Der Beitrag über Martin Walser zeigte mehrmals marschierende Stiefel. Das fand ich derart verletzend und vom Gesagten Martin Walsers derart abweichend, dass ich mich an eine Zeit erinnert fühlte, in der ich ein Kind war (1934). Ich kann mich des Eindrucks nicht erwehren, dass alles nichtkonforme Denken und Schreiben seitens mancher Schriftsteller, wenn sie nicht gerade Sozialisten par excellence sind, sofort in die rechtsradikale Ecke gestellt wird, obwohl die geäußerten Gedanken durchaus diskussionswürdig sind.
Diese provokanten Pausen fand ich höchst unpassend.

Selbstverständlich habe ich darauf geantwortet:

Kurz und gut: Ich kann Ihnen nur voll zustimmen. Ich persönlich habe mich sehr über diese »Stiefel-Idee« geärgert, die Redaktion mit unterschiedlichen Nuancen ebenfalls, und zwar genau aus den von Ihnen geschilderten Gründen.
Hintergrund dieser Ärgerlichkeit: Das Interview wurde erst am Mittag aufgenommen, die Produktion zog sich bis kurz vor die Sendung, aus extremem Zeitmangel und wegen technischer Probleme, die beinahe die halbe Sendung gefährdet hätten, war eine Änderung nicht mehr möglich. Peinlich, was?
Vielen Dank für Ihr Interesse und freundliche Grüße

Zwei Jahre später, 1996. Die Möglichkeiten der nachträglichen Bildgestaltung wurden immer vielfältiger und immer intensiver genutzt, und nach den Reaktionen so mancher Zuschauer zu urteilen, überspannte man den Bogen. Die einen nannten es »optische Verprügelung«, andere sprachen von »wild gewordener Bilderzappelei«. Und einer schickte uns folgenden Brief:

Sehr verehrte Frau Krone-Schmalz,
vermutlich sind Sie als Moderatorin nicht der richtige Ansprechpartner für meine nachfolgenden kritischen Bemerkungen zu obiger Sendung. Wenn Sie meinen Brief lesen, werden Sie vielleicht entscheiden können, ob und wenn ja an welchen Verantwortlichen in Ihrem großen Haus Sie den Brief weiterreichen.
Zur Sache und vorab: Meine Kritik an Ihrer Sendung würde auch in gleicher Form auf andere Sendungen Ihres Hauses sowie anderer Sendeanstalten, egal ob öffentlich-rechtlich oder privat, zutreffen. Es geht um eine MANIE, die offensichtlich nahezu alle Fernsehschaffenden betroffen hat. Ich spreche von den elektronischen Verfremdungen, die man in vielen Beiträgen an allen passenden und meist unpassenden Stellen vornimmt und die – wie im Falle Ihrer Sendung – nahezu unerträglich sind. Überall wabert und loht es, pausenlos wird überblendet und farblich verfremdet, der Bildschirm wird zwei- und mehrgeteilt … Mir fehlen die Fachausdrücke, um die neue »Masche« zu beschreiben! Gewiss, die neue Technik ist nun vorhanden, alle Mitarbeiter der Fernsehanstalten wetteifern offensichtlich darum, sie immer und überall einzusetzen, ob es passt oder nicht. Mag sein, dass sich bestimmte Stimmungen und Spannungen, die ein Beitrag ausdrücken möchte, durch maßvollen Einsatz dieser Techniken verstärken lassen, wogegen auch nichts einzuwenden wäre; schließlich gab es Ähnliches ja auch bereits im vor-elektronischen Zeitalter, wenn man z. B. Träume, Visionen etc. darstellen wollte.
In Ihrer von mir sonst sehr geschätzten Sendung wurde jedoch in einem Maße elektronisch verfremdet, dass mir wirklich der Kragen geplatzt ist! Ich glaube, Henri Matisse hat gesagt, dass

»die Kunst im Weglassen« besteht, und auch das Wort »Weniger wäre (viel) mehr gewesen« passt hierhin. Die Verantwortlichen für diesen Manierismus – art pour l'art im schlechtesten Sinne – sollten sich die Sendung noch einmal wirklich selbstkritisch betrachten und versuchen, sich in die Situation des Fernsehkonsumenten, für den ja wohl die Sendung gemacht ist, zu versetzen. Ich hoffe, sie befinden dann die Elektronik-Manie für maßlos überzogen. Vermutlich ist das aber zu viel verlangt, genauso wie ich wenig Hoffnung habe, dass mein Brief etwas bewirkt, zuallerletzt kritisches Nachdenken. Was technisch machbar ist, muss gemacht werden – man muss ja schließlich up to date sein, was denken sonst die anderen (Fernsehschaffenden)? Vielleicht machen Sie es mit meinem Brief so wie Kienzle/Hauser: in den Reißwolf damit. Nichts für ungut und mit trotzdem freundlichen Grüßen

Auch diesen Brief habe ich natürlich beantwortet. Hier der Spagat, den es dabei in Loyalität zur Redaktion zu vollbringen galt:

Bei mir wandert kein Zuschauer- oder Leserbrief in den Reißwolf …

»Elektronik-Manie« ist durchaus ein Thema bei den »Machern« und wir sind uns auch oftmals alles andere als einig. Tatsache ist offenbar, dass sich die Sehgewohnheiten geändert haben, sonst würden die Zuschauer nicht so hemmungslos zappen, sobald ein bestimmtes Quantum an optischen Reizen ausbleibt. Tatsache ist sicherlich auch, dass Informationen verloren gehen, wenn sie mit optischer Sauce verkleistert werden. Und schließlich ist Tatsache, dass neues »Spielzeug« auch schon einmal über Gebühr strapaziert wird. Als der Schriftgenerator eingeführt wurde, gab es vorübergehend nur noch Sendungen mit Mitlesen … Uns ist das Problem

bewusst und wir versuchen daran zu arbeiten. Allen werden wir es nie recht machen können, und was die einen fürchterlich stört, genießen die anderen geradezu.
Jedenfalls herzlichen Dank für Ihr Interesse

Es gab freilich noch andere Konflikte, die nach meinem Empfinden schwerer wogen als die elektronischen Spielereien. Besonders gelitten habe ich darunter, als Moderator vom Zuschauer für etwas beschimpft zu werden, das ich selbst gerne verhindert hätte. Wo hört Erotik auf? Wo beginnt Pornografie? Was ist Kunst, die provoziert, und was nur Provokation? »Ihnen hätte ich so einen Schweinkram nicht zugetraut!«, schlug es mir entgegen. Wie sollte ich darauf reagieren? »Tut mir leid, ich hab's leider nicht verhindern können …«? Die Enttäuschung, die aus manchen Zuschriften sprach, traf mich ins Mark. Wenn ich selbst von einer Sache überzeugt bin, und sei sie noch so umstritten, dann kann ich gut dafür kämpfen und scheue keine Auseinandersetzung. Aber so? Wer sollte mir denn noch etwas glauben, wenn ich Dinge neutral anmoderierte, die ich selbst zum Kotzen fand.
Sexy Books hießen die Hochglanz-Bildbände im üppigen Kunstbuchformat, die in einer Sendung vorgestellt werden sollten. Mir wären sie keinen Beitrag wert gewesen, und ich quälte mich mit dem Moderationstext herum.

Variante 1
Wenn ein Erotik-Fotograf weibliche Fußsohlen so wahnsinnig sexy findet, liegt das vielleicht weniger an den Fußsohlen als an den Perspektiven, die ihm das Fotografieren von Fußsohlen eröffnet. Der folgende Beitrag wird bei der Klärung dieser Frage sicher weiterhelfen. Sie kennen den XY-Verlag. Der irritiert mittlerweile die gesamte Branche durch exzellent produzierte Kunstbände, Bildbände zu erschwinglichen

Preisen. Wie geht das? Offenbar indem er ein paar verkaufsträchtige Nischen einrichtet. Welche das sind – da kommen Sie nie drauf.
XY berichtet.

Variante 2
Der XY-Verlag irritiert die gesamte Branche durch exzellent produzierte Kunstbände, Bildbände zu erschwinglichen Preisen. Wie macht er das? Ganz einfach: durch geschicktes Marketing. Was findet auf jeden Fall reißenden Absatz? – das muss mit ins Programm. Was könnte das sein? Sex – was sonst.
XY klärt auf.

Variante 3
Ehrlich gesagt, ich bin nicht sicher, wie oft in Kunst und Kultur Dinge lediglich als Vorwand dienen. Also – wenn ein Erotik-Fotograf weibliche Fußsohlen so wahnsinnig sexy findet, liegt das vielleicht weniger an den Fußsohlen als an den Perspektiven, die ihm das Fotografieren derselben eröffnet. Der XY-Verlag wirbt schamlos für seine *Sexy Books* – nein, anders: Der XY-Verlag wirbt für seine *Sexy Books* so: Schamlos und unzensiert seien sie.
Oder war's doch anders? Aber was halte ich mich lange mit der Vorrede auf. XY über die neuen Bildbände der Fotografen X und Y.

Variante 2 kommt zum Einsatz. Während ich, im Studio stehend, auf dem Monitor den Beitrag verfolge, halte ich zum wiederholten Male nach Kriterien Ausschau, die es mir verständlich erscheinen lassen, dass es dieses Produkt in den *Kulturweltspiegel* geschafft hat. Wie viele Menschen mögen ähnlich empfinden wie ich? Mehr Frauen als Männer oder nur

Frauen? Wie viele Briefe werde ich beantworten müssen und etwas zu erklären versuchen, wofür ich selbst beim besten Willen keine Argumente finde? Und was, wenn das alles nur eine gnadenlose Veralberung eines Publikums ist, das jeden Trend frisst, wenn er nur hoch genug gepriesen wird? Vielleicht knallen im Verlag gerade die Sektkorken und man schüttet sich aus vor Lachen über diese gutgläubigen, ignoranten Multiplikatoren, die sich so wundervoll haben instrumentalisieren lassen. Wie war das noch mit *Hurz*, diesem grandiosen Sketch von Hape Kerkeling und Achim Hagemann, in dem ein geladenes Publikum mit totalem musikalischem Blödsinn erfolgreich zu tiefsinnigen Kommentaren über den künstlerischen Wert des Dargebotenen animiert wurde, bis eine Frau sich zu Wort meldete und gestand: »Also irgendwie kann ich damit nichts anfangen.«

Der Beitrag ist zu Ende, ich bin wieder im Bild und sage etwas hilflos und sichtbar peinlich berührt: »Und so was soll man dann als Frau noch moderieren.« Leider habe ich erst mit Verspätung von meinen ehemaligen Hörfunkkollegen erfahren, dass der Werberat, dieses freiwillige Kontrollgremium der Branche, den Verlag im Vorfeld gerügt hatte, weil einige seiner publizierten Fotos, von denen auch wir welche für den Bericht verwendet hatten, gegen die Würde der Frau verstießen. Und was ich fast noch schlimmer fand: Diese Rüge hatte den Verlag nicht im Mindesten beeindruckt. Im Gegenteil. Ein paar Wochen danach waren genau diese beanstandeten Fotos auf einer Messe in Chicago wieder präsentiert worden, nicht klein und unauffällig, sondern auf eine Größe von vier mal vier Metern aufgeblasen. All das hatte sich bereits vor unserer Sendung zugetragen. Meine Kollegen aus dem Hörfunk konnten sich gar nicht genug wundern, dass »wir im Fernsehen« das nicht gewusst hätten und warum wir für Derartiges auch noch Reklame machten. Bis

heute scheitere ich daran zu sagen, was an diesen Fotos künstlerisch oder Kultur sein soll.
Auch unsere Zuschauer stellten sich diese Frage und zeigten ihre Empörung. Eine Zuschauerin verband ihre Entrüstung mit einer grundsätzlichen Kritik unserer Themenwahl der besagten Sendung.

Sehr geehrte Frau Krone-Schmalz,
über den letzten Kulturweltspiegel *habe ich mich geärgert und deshalb schreibe ich diese Zeilen, denn ich arbeite selbst im journalistischen Bereich und bin stets dankbar über Rückmeldungen. »Weltspiegel« – das ist natürlich ein gewaltiger Anspruch. Umso mehr wundert es einen, dass es auf dieser ganzen Welt nur kulturschaffende Männer geben soll, … die Kultur der Welt repräsentieren. Kürzlich habe ich einen Bildband über 100 bildhauerisch tätige Frauen dieses Jahrhunderts in die Hand bekommen, deren Werke zum Teil in der ganzen Welt an exponierten Orten stehen – von ihnen habe ich im TV noch nichts gesehen! (Nur eine kleine Anregung.) Wirklich empört war ich allerdings darüber, dass in der von Ihnen moderierten Sendung Pornografie als künstlerische Fotografie hingestellt und vorgeführt wird. Da hilft auch kein beschwichtigender Schlusssatz! Am selben Tag brachte* Mona Lisa *einen Bericht über pornografische Schriften im Versandhandel der* Pro Familia, *angeprangert wurde Pornografie, nicht nur Kinderpornografie, im Zusammenhang mit sexueller Gewalt gegenüber Jungen und Mädchen und natürlich Frauen. In Ihrer Sendung wird am selben Tag entwürdigende Pornografie mit gewalttätigem Unterton gegen Frauen wieder als künstlerisch und als Selbstentfaltung von »kreativen« Männern hingestellt und dadurch mehr als verharmlost. Schade! (Ganz abgesehen davon, dass ganze Fernsehteams für teures Geld auf der Welt herumreisen, um diesen Herren auch noch ihre Aufwartung zu machen!) Wie weit*

Sie, sehr geehrte Frau Krone-Schmalz, redaktionellen Einfluss auf die Sendung haben, weiß ich nicht. Frühere Berichte von Ihnen wie auch Ihre Bücher (»In Wahrheit sind wir stärker«) lassen mich jedoch hoffen, dass künftig Pornografie keinen Platz mehr hat in der Weltkultur und dass endlich in adäquater Weise über Kultur von Frauen für Frauen berichtet wird!
Mit freundlichen Grüßen

Wegen der Fülle der Zuschriften lagen diesmal vier Monate zwischen der Zuschauerreaktion und meiner Antwort:

Ohne lange drum herumzureden: Ich war über den Beitrag Sexy Books *genauso empört wie Sie. Über den Fotografen X kann man noch reden, aber Ys Fotografien sind auch für mich unerträglich. Das Grundproblem besteht darin, dass es natürlich nicht angehen kann, dass der persönliche Geschmack des Moderators ausschlaggebend ist für die Zusammenstellung der Themen. Wobei es Grenzen gibt, die ich wohl nicht überschreiten würde. Und Sie sollten wissen, dass dieser Beitrag in der Redaktion alles andere als unumstritten war. Es gibt eine Argumentationslinie, die lautet: Solche Dinge existieren, also müssen wir sie wahrnehmen. Meine Argumentationslinie ist das nicht.*
Wenn Sie unsere Sendung weiterverfolgt haben, konnten Sie feststellen, dass es sich um einen einmaligen »Ausrutscher« handelte.
Mit freundlichen Grüßen

Für diese mittlerweile vergangenen vier Monate traf meine Aussage zu. Aber nachhaltig blieb sie leider nicht. Weitere vier Monate später hatten wir das Werk eines japanischen Fotografen im Programm, der sich rühmte, mindestens zwanzig Filme pro Tag zu belichten, und dessen Fotos in seiner japanischen Heimat auch schon mal von den Behörden wegen des gewalttätigen pornografischen Inhalts beschlagnahmt worden waren. Angesichts dieser Fotos wünschte ich mir die *Sexy Books* zurück. Um mir persönlich Luft zu machen, schrieb ich mir Folgendes von der Seele: … *die halten mich offenbar für blöd. Wir haben wieder so eine perverse Sex-Fotografiererei drin mit einem sogenannten Kunstfotografen aus Japan, der mit Vorliebe Gewaltszenen nachstellt und gefesselten nackten Frauen per Tusche bzw. Farbe aus der Vagina oder anderen Körperstellen Blut fließen lässt. Was soll daran Kunst sein? Mir ist das unangenehm. Wir hatten Krach darüber. Außerdem habe ich den Eindruck, ich werde belogen. Als ich einen Kollegen nach einem Katalog gefragt habe, hieß es, der sei leider zufällig bei ihm zu Hause und nicht im Büro. Kurz darauf sehe ich im Sekretariat zwei Kataloge rumliegen, davon einer wirklich nicht zumutbar. Solche Bilder dürften wir wahrscheinlich schon vom Rundfunkgesetz her nicht zeigen, schon gar nicht vor 22 Uhr. Hab mit Kollegen darüber geredet, die mir recht gaben. Bin mir trotzdem nicht ganz sicher, ob sie das wirklich so meinen. Die Sekretärin hält den Mund, sie muss ja hier weiterarbeiten, sie sagte mir jedoch später auch, dass sie das unmöglich findet, aber Männer sähen das offenbar lockerer als wir Frauen. Das hilft mir sehr für meine Moderation. Na gut.*

Die Quälerei ging also wieder los.
»*Der nächste Beitrag ist mir persönlich peinlich, aber meine Aufgabe ist es, Ihnen Kunst- und Kulturerscheinungen auf dieser Welt nahezubringen – und dabei ist es unerheblich, ob mir das gefällt oder nicht. Aber ich wollte es wenigstens gesagt haben.*« Kann ich oder muss ich sogar so anfangen? Oder nehme ich mich viel zu wichtig mit dieser Positionierung? Die Zuschauer wollen wissen, was als Nächstes in der Sendung kommt, eigene Meinungsäußerungen dieses Ausmaßes

haben in einer Moderation nichts zu suchen. Beleidige ich die Redaktion und den Autor des Beitrags, weil ich mich so distanziere? Und was ist mit der Beleidigung mir gegenüber? Die Zuschauer sehen mein Gesicht, nicht das des Autors oder des zuständigen Redakteurs. Sie werden mich dafür verantwortlich machen. In unserer mit Pressefreiheit gesegneten Gesellschaft darf mich niemand zwingen, mit meiner Meinung hinterm Berg zu halten. »Also warum machen Sie da mit?«, könnten sie mich fragen. Es gibt Momente, da werde ich unsicher. Vielleicht sind solche Fotos heutzutage viel normaler, als ich es empfinde. Ich widme mich dem neutralen Part: *»Der japanische Fotograf A ist offenbar in seinem Heimatland bekannt wie ein Popstar. Er hat im Grunde für jeden etwas: Schnappschüsse und Aktfotos, Stillleben und harte Pornografie, Stadt- und Landschaftsaufnahmen und Sado-Maso-Inszenierungen. Aber seine Spezialität sind Sex und Gewalt. Zurzeit sind seine Fotografien in der Kunsthalle in Wien zu sehen. Es gibt über 100 Fotobücher von ihm und er publiziert in Literatur- und Philosophiezeitschriften ebenso wie in Porno- und Sado-Maso-Heftchen. XY stellt ihnen A und seine Arbeit vor.«*
Und ich jongliere mit Hilfskonstruktionen: *»man muss wissen, dass in Japan Porno-Comics ungeheuer populär sind …«; »es gibt ja immer wieder Fotografen, die sich dadurch einen Namen machen, dass sie Bereiche fotografieren, in die sich Normalbürger nicht trauen …«; »halb Japan steht offenbar Kopf wegen Herrn A. Ob mir das peinlich ist oder nicht – man öffnet ihm und seinen Fotos die Museen dieser Welt …«*
Ohne genau zu wissen, wie der endgültige Beitrag aussehen sollte, welche Fotos er enthielt und auf welche verzichtet wurde, formulierte ich vorsorglich folgendermaßen: *»Der japanische Fotograf A ist in seinem Heimatland bekannt wie ein Popstar – das widerfährt hiesigen Fotografen eher selten. Im Grunde bietet A für jeden etwas: Schnappschüsse und Aktfotos,*

Stillleben und harte Pornografie, Stadt- und Landschaftsaufnahmen und Sado-Maso-Inszenierungen. Aber seine Spezialität sind Sex und Gewalt. Ich gebe zu, dass mir manches peinlich und unangenehm ist – warum sollte ich das nicht sagen –, aber halb Japan steht Kopf und die Museen dieser Welt reißen sich um ihn, ob mir das peinlich ist oder nicht. XY stellt Ihnen A und seine Arbeit vor.« Keine Ahnung, ob es den Machern schließlich selbst ungeheuer wurde oder ob meine Penetranz eine gewisse Rolle gespielt hat, jedenfalls wurde das Stück entschärft und man versicherte mir, mit der nun festgelegten Fotoauswahl könne ich bestimmt auch gut leben. Die brutalsten Aufnahmen flogen raus und ich moderierte so neutral, wie ich konnte: »*Der japanische Fotograf A ist in seinem Heimatland bekannt wie ein Popstar – das widerfährt hiesigen Fotografen eher selten. Im Grunde bietet A für jeden etwas: Schnappschüsse und Aktfotos, Stillleben und harte Pornografie, hinreißende Stadt- und Landschaftsaufnahmen und zweifelhafte Sado-Maso-Inszenierungen. Zurzeit sind seine Fotografien in der Kunsthalle in Wien zu sehen, in einer Ausstellung mit dem Titel ›Lust und Leere‹. Der Mann ist bemerkenswert produktiv. Es gibt über 100 Fotobücher von ihm und bisher etwa 80 Einzelausstellungen weltweit. XY stellt Ihnen A und seine Arbeit vor.«*

Während der sechs Jahre, die ich den *Kulturweltspiegel* moderiert habe, änderte sich einiges: die Studiodekoration, die Technik, der Vorspann und auch die Redaktion. »Wir müssen unsere Themen aggressiver ankündigen«, hieß es eines Tages. Okay. Bislang waren die Schlagzeilen dazu von mir gesprochen worden, mit denen wir in den Programmhinweisen und zu Beginn der Sendung auf unsere Themen aufmerksam machten. Also probten wir die Ankündigung nach diesen neuen Kriterien. Es ärgerte mich, dass meine

Stimme nicht fetzig genug rüberkam. War ich nicht in Stimmung oder konnte ich das vielleicht grundsätzlich nicht? Es hörte sich entweder langweilig oder überdreht und bemüht an. Es war einfach nicht mein Ding. Das soll bitte jemand anders machen. Ein junger Mann aus dem redaktionellen Umfeld traf fast auf Anhieb den gewünschten Ton: marktschreierisch, wenn man böse will, optimiert angeboten, wenn man die Vorteile erkennt. Der Kampf um die Einschaltquote wurde gnadenloser, die Angst vor der Fernbedienung, der Waffe des gelangweilten Zuschauers, immer größer. Eines Tages wurde die Idee geboren, die Moderation mit Musik im Technostil zu unterlegen. Mir kam es wie eine Bankrotterklärung vor und ich vertraute darauf, dass eine praktische Probe diese Idee ganz von selbst ad absurdum führen würde. Unmittelbar vor einer Sendung probierten wir das aus. Die Meinungen blieben geteilt. Es lief in eine Richtung, die nicht mehr meine war. Dabei ging es mir nicht darum, recht zu haben – vielleicht lag ich völlig falsch mit meiner altmodischen Vorstellung, Texte, die keine Lieder sind, pur und ohne Geräuschkulisse vernehmen zu wollen. Es ging nur darum, wie weit ich einem Weg folgen wollte, von dem ich nicht überzeugt war. Es blieb bei einer Moderation ohne musikalische Untermalung und dann lösten sich alle weiteren potenziellen Konflikte ganz von selbst. Sie erinnern sich an den Beginn dieses Kapitels: Personelle Veränderungen im WDR führten dazu, dass … Ein neuer Abteilungsleiter fand im Gegensatz zu seinem Vorgänger wieder Geschmack daran, die Sendung selbst zu moderieren. Es ist nichts so schlecht, als dass es nicht für irgendwas gut wäre … Ach, eh ich's vergesse: Erwin Eisch, der Glaskünstler, den ich vorhin schon einmal zitiert habe, hat auch folgenden Satz gesagt: »Widerspruch ist mein Lebenselement. Der Konflikt ist das Normale. Wichtig ist, wie human wir ihn bewältigen.«

14
Weite Welt

Polartaufe
(1994)

Es ist Sommeranfang und das Kreuzfahrtschiff soll heute den Polarkreis überqueren. An Bord 300 Passagiere, denen die Reederei versprochen hat, auf dieser Tour bis zur Eisgrenze vorzustoßen. Dann werden sie nur noch knapp tausend Kilometer vom Nordpol trennen. Diese Vorstellung jagt den meisten wohlige Schauer über den Rücken. Ebenso wie die Polartaufe, ein Ritual, das zu den unchristlichen Regeln der christlichen Seefahrt gehört. Dieses Spektakel lockt fast alle Passagiere an Deck, wenngleich sich nur die allerwenigsten aktiv beteiligen wollen. Gerade mal zehn haben sich für die Prozedur angemeldet. Selbst wenn man von den Alten, Gebrechlichen und Gehbehinderten absieht, käme man rechnerisch leicht auf eine dreistellige Zahl an Täuflingen. Aber diejenigen, die das säuische Schauspiel am gierigsten erwarten, würden den Taufakt niemals selbst über sich ergehen lassen.
Um halb elf ertönt die Schiffssirene, mehrmals kurz hintereinander, es klingt aggressiv, im dramaturgischen Sinne dramatisch. Da steht Action bevor, so viel ist klar. Unterstützt von einer zünftigen Blaskapelle, die dem bayerischen Komödienstadel zur Ehre gereichte, betreten Neptun und sein Weib die Szene: im wirklichen Leben zwei männliche Besatzungsmitglieder in bemerkenswert gelungener Maskerade. Unmittelbar hinter ihnen der Taufende mit Bischofsmütze – Pfarrer von

Beruf und diesseits und jenseits des Polarkreises als Lektor an Bord beschäftigt –, gefolgt von einer Reihe heftig bemalter Nixen. Als Schlusslicht die sogenannten Polizisten, die aufpassen sollen, dass kein Täufling entwischt, der es sich kurzfristig anders überlegt haben sollte. Diese Aufgabe übernehmen martialisch dreinblickende Seeleute, verkleidet wie die alten Römer mit Helm, roten Kitteln, Schwertern und Peitschen. Die Garde wirkt wie einem Historienfilm entsprungen und ist für die niedrigen Temperaturen dieser Gegend viel zu leicht bekleidet. Die Krankenschwester und der Arzt des Schiffes, der sinnigerweise Brinkmann heißt, aber gar nicht nach Schwarzwaldklinik aussieht, gehören auch noch zum Aufgebot. Sie stehen hinter einem Tisch bereit, auf den sich alle Delinquenten der Reihe nach legen müssen. Das sind die bereits erwähnten zehn Passagiere und eine noch unbekannte Zahl von Crewmitgliedern, die – meist gegen ihren Willen – vor johlenden Zuschauern von den Polizisten herbeigeschleppt werden. Die solchermaßen Zwangsvorgeführten gehören bis auf wenige Ausnahmen dem weiblichen Geschlecht an.

Jetzt kann der Taufakt beginnen. Noch im Hintergrund warten die zehn Freiwilligen auf ihren Einsatz, während die Besatzung die Besatzung traktiert. Auf Knien rutschend nähert sich ein Täufling nach dem anderen Neptun und seinem Weibe, angetrieben von gespielten Peitschenhieben der Polizisten. Als Erstes hat es eine Restaurantstewardess erwischt, die zwar nicht freiwillig hier ist, aber noch gute Miene zum bösen Spiel macht. Sie wird auf einen Stuhl gesetzt. Ein Polizist schöpft mit einer Riesenkelle aus einem Eimer eine rosa Flüssigkeit, von der man zunächst nur ahnen kann, was es sein könnte, und gießt sie über den Kopf der jungen Frau. Es sind in Farbe verrührte Küchenabfälle. Die dickflüssige, klebrig aussehende Brühe verteilt ein zweiter Polizist auf ihren Haaren und in ihrem Gesicht. Vom Stuhl geht's dann mit Polizeiunterstützung auf den Tisch, in die Horizontale. Jetzt ist die Krankenschwester an der Reihe – merkwürdige Berufsbezeichnung in diesem Zusammenhang. Sie schaufelt noch mehr zähes Zeug auf den Täufling, diesmal von gelblicher Farbe, und ein Helfer verteilt das meiste auf dem Kopf. Ein Polizist springt hinzu und schmiert noch ein wenig mehr um Mund und Nase. Die Augen der Armen sind schon dermaßen zugekleistert, dass man sie wie eine Blinde zur nächsten Station führen muss. Ihre kaum noch zu erkennende Mimik und die Bewegung ihrer Hände lassen vermuten, dass die gelb-rosa Schmiere brennt oder stinkt, vielleicht auch beides. Jedenfalls kämpft die junge Frau hörbar mit Brechreiz. Nun folgt die eigentliche Taufe. Der Pfarrer-Lektor mit der Bischofsmütze schüttet noch eine Kelle Dünnflüssiges über den Kopf seines Schützlings und verkündet den länglichen Taufnamen, der mit »Krabbe des Nordens« beginnt. Was sich dann an fantasievollen maritimen Namensgebungen anschließt, kann sich in der Situation kein Mensch merken, ist aber in der später ausgehändigten Taufurkunde nachzulesen. Und schon liegt das nächste Mädchen auf dem Tisch. Seine Hände werden festgehalten, alles grölt, einige feuern die Einschmiertruppe an, die ohnehin voll bei der Sache ist und keinerlei Ermutigung bedarf. Taufe oder Vergewaltigung? Die Frau ist der sich amüsierenden Meute wehrlos ausgeliefert. Im Eifer des Gefechts vergessen die Organisatoren die zur Taufe angemeldeten Kreuzfahrer. Die zehn Freiwilligen warten vergeblich auf ihren Einsatz. Noch ehe sie realisieren, dass alles vorbei ist, beginnen schon die Aufräumarbeiten. Das Publikum läuft auseinander. Eine der malträtierten Kabinenstewardessen mit Namen »Hering der Arktis« bahnt sich einen Weg durch die abziehenden Zuschauer und beglückt die Umstehenden im Vorbeigehen mit einer Fingerspitze Taufcreme. Die eben noch lachten und johlten und gar nicht genug bekommen konnten, weichen jetzt angewidert zurück: »Pfui Teufel, welch ein bestialischer Fisch-

gestank.« Nach einer Weile haben auch die letzten Zuschauer das Deck verlassen, auf dem eine klebrige gelb-rote Soße mit Fischeinlage auf die Putzkolonne wartet.

Mit achtzehn begann ich die Welt zu erkunden. Als Unterkunft diente ein Zelt, das Transportmittel war ein R4 – dieser kleine praktische Renault mit der bemerkenswert guten Straßenlage, das andere französische Kultauto neben der legendären Ente von Citroën. Zu zweit, knapp bei Kasse, neugierig darauf, wie Menschen in anderen Ländern und anderen politischen Systemen leben, verabschiedeten wir uns, mein Freund und ich, jeweils im Sommer für mehrere Wochen von zu Hause. Ich bewundere meine Mutter noch heute dafür, dass sie mich so kurz nach dem plötzlichen Tod meines Vaters hat ziehen lassen. Es handelte sich schließlich nicht um eine gebuchte Pauschalreise in der Obhut einer örtlichen Reiseleitung und – nicht zu vergessen – wir befanden uns tief im mobiltelefonlosen Zeitalter. Das einzige Lebenszeichen, mit dem sie rechnen konnte, waren Postkarten von unterwegs. Und eben nicht aus den unmittelbaren Nachbarstaaten wie Frankreich, Österreich oder der Schweiz. Diese Länder lagen für uns nur auf der Transitstrecke: zum Beispiel auf dem Weg nach Spanien, das zu der Zeit noch von General Franco diktatorisch geführt wurde, der damals mithilfe der berüchtigten Guardia Civil, dieser paramilitärischen Polizeieinheit, jegliche demokratische Regung im Keim ersticken ließ. Oder nach Jugoslawien, wo mich die praktische Umsetzung der Räte-Demokratie interessierte. Was war das theoretisch doch für eine befriedigende Vorstellung von Gemeinwesen! Ich war damals noch zu unerfahren, um mich an Ort und Stelle von der Realität ernüchtern zu lassen. Hinter Dubrovnik ging es dann mit der Fähre hinüber nach Italien, das wir von der mafiabeherrschten

Im Sommer 1968 mit dem R4 unterwegs in Süditalien

kalabrischen Fußspitze, über Neapel und Rom Richtung Meran und nach Hause durchquerten. Nicht ohne uns unterwegs in den Hochburgen studentischen Protestes auf der Suche nach Gedankenaustausch umzuschauen.

Es klingt banal und doch kann man es nicht oft genug wiederholen: Junge Menschen müssen raus von zu Hause, hinaus in die weite Welt, sie müssen andere Länder und Kulturen sehen und erleben, um so früh wie möglich zu erfahren, dass sie nicht der Nabel der Welt und schon gar nicht Maßstab aller Dinge sind. Deshalb wäre es ja auch so wichtig, internationalem Jugendaustausch politisch einen höheren Stellenwert einzuräumen. Im Gesundheitswesen hat sich der Gedanke durchgesetzt, dass sich mithilfe rechtzeitiger Prävention viel Leid verhindern lässt. Wer als junger Mensch intellektuelle und emotionale Erfahrungen in anderen Ländern sammeln kann, ist besser geschützt gegen politisch opportune Feindbilder. Auslandsreisen als Schutzimpfung gegen Engstirnigkeit und Überlegenheitsfantasien.

Mit knapp fünfzig Jahren hatte ich meine erste nennenswerte Begegnung mit der arabischen Welt. Unsere Rundreise begann in Jordanien, die Bilder des Kinofilms *Lawrence von Arabien* im Kopf. Es machte mich beinahe ehrfürchtig, am Ort des Geschehens in der Wüste zu stehen. Wüste – ein Faszinosum. Ich hätte nicht vermutet, dass mich diese Landschaft, lebensfeindlich wie sie ist, so gefangen nimmt. *Wind, Sand und Sterne* – so hieß eine Schullektüre mit Texten von Saint Exupéry, die ich damals schwärmerisch immer wieder las und die mir jetzt einfielen. Nicht die Worte, aber das Gefühl, das mir seine Texte vermittelt hatten. Auf dem Weg zur sagenhaften Felsenstadt Petra kamen wir an vereinzelten Beduinenzelten vorbei, dunkel, fast schwarz, aus Ziegenhaaren gemacht. Wovon um Himmels willen sollten sich Ziegen in dieser Wildnis ernähren? Wenn sie nahezu halsbrecherisch auf dem Geröll herumkletterten, sah es aus, als fräßen sie Steine. Petra, diese Totenstadt der Nabatäer aus dem 3. Jahrhundert vor Christus. Dass eine Gesellschaft für ihre Toten eine solch aufwendige Stadt dieses Ausmaßes errichtet! Es fiel mir damals schon schwer, die überwältigenden Eindrücke in Worte zu fassen. Allein die kräftigen Farben der Felsen, im Wesentlichen rot, aber auch orange oder gar blau, entziehen sich jeder Beschreibung. Unwirklich. Als hätte Hollywood die Finger im Spiel. Die Krönung erwartet den Besucher am Ende der Schlucht, wo man durch einen Spalt zwischen den steil aufragenden Felswänden plötzlich die Fassade der großen Schatzkammer des Pharao entdeckt. Gewaltige Säulen, groß und einschüchternd der Eingang, und all das in den bestehenden Fels gehauen.

Unser nächstes Ziel war das Tal der Könige in Ägypten. Bekleidet mit einem langen weiten Gewand und einem üppigen Kopftuch, fiel ich offenbar dem Grabwächter bei Tutenchamun in der Menschenmenge auf. Jedenfalls kam er zu meinem Mann und mir und geleitete uns an der langen Schlange wartender Touristen vorbei in die Grabkammer. Ich sähe aus wie eine von hier, ich dürfe bleiben, meinte der Mann. Geduldig führte er uns auch zu Orten, die wegen Restaurierungsarbeiten für Besucher gesperrt waren. Zum Schluss verabschiedete er sich mit Dank für den Respekt, der das Tragen dieser Kleidung zum Ausdruck bringe. Damit hatten wir beide nicht gerechnet und freuten uns deshalb umso mehr. Wieder draußen angekommen, fiel unser Blick in der Tat auf eine ganze Reihe von Menschen, die so gekleidet waren, wie man hierzulande eben nicht herumläuft, auch bei 40 Grad im Schatten nicht: kürzeste engste Hosen, bauchfreie Oberteile bei Frauen, freier Oberkörper oder Achselhemden bei Männern. Manche lernen es nie.

Wir machten dann auch am Hatschepsut-Tempel Station, wo zwei, drei Jahre zuvor dieses Massaker an Touristen stattfand, bei dem 58 Ausländer und vier Einheimische ihr Leben ließen. Seltsames Gefühl, hier zu sein. Ich hatte mich damals immer gefragt, ob man sich nicht hätte verstecken können. Aber die Menschen hatten wirklich keine Chance. Sie saßen regelrecht in der Falle.

Luxor stand natürlich auch auf dem Programm. Der größte Tempel der Welt, der Karnak-Tempel. Das sagt sich so dahin: größter Tempel der Welt. Unvorstellbar. Unübersehbar, nahezu endlos. Ein Areal – dagegen wirkt die Akropolis wie ein Vorgarten. Die Ägypter sind zu Recht stolz auf all das. Es standen immer mal wieder Schilder an den Straßen, auf denen zu lesen war: Sie befinden sich in der Wiege der Zivilisation. Oder: In diesem Land ist die Zivilisation 7000 Jahre alt.

Auf das Sultanat Oman, von dem ich schon so viel gehört hatte, freute ich mich ganz besonders. Es sollte auch eine besondere Bedeutung für uns bekommen. Weniger aus

Rücksicht auf die landestypischen Sitten als vielmehr wegen der großen Hitze und der hohen Luftfeuchtigkeit hatte sich mein Mann entschlossen, hier eines dieser fast bodenlangen weißen Hemden zu kaufen, statt sich weiter mit einem europäischen Beinkleid abzuquälen, und sich eine hier übliche Kopfbedeckung, eine farbenfrohe bestickte Kappe, zuzulegen. So angezogen – ich nach wie vor in meinem wallenden Gewand und dem immer professioneller geschlungenen Kopftuch – erwanderten wir uns die Hauptstadt Maskat. Alle, denen wir begegneten, reagierten auf uns. Männer nickten in der Regel grüßend, junge verschleierte Frauen ließen ein »Very good« im Vorbeigehen fallen und zeigten den Daumen nach oben. Schulkinder beiderlei Geschlechts umhüpften uns, kichernd und »Omani, Omani« rufend. Ganz gleich, wo wir uns bewegten – in schmalen Gässchen, auf dem Fischmarkt –, so viel Herzlichkeit und Zuwendung machte uns beide sprachlos. So oder so ähnlich ging es uns überall auf der Arabischen Halbinsel, egal, ob wir in Bahrain, Kuwait oder sonst wo unterwegs waren. Manch Gespräch mit arabisch gekleideten jungen Geschäftsleuten, die in den Grünanlagen von Dubai oder Abu Dhabi ihre Mittagspause abhielten, kam nur über Augenkontakt zustande, dessen Auslöser unsere Kleidung war.
Eine Geschichte möchte ich zu diesem Thema noch erzählen. Sie spielt in Fujairah, das zu den Vereinigten Arabischen Emiraten gehört. Wir hatten uns in dieser schachbrettartigen Ansammlung extrem hoher Neubauten inmitten von Nichts verloren und steuerten eines dieser luxuriösen Hotels an, um nach einem bestimmten Markt zu fragen. Der Empfangschef war überaus freundlich, drückte uns einen Stadtplan auf Arabisch in die Hand, sagte dann »Moment please« und verschwand. Nach einer Weile tauchte er mit einem englisch beschrifteten Stadtplan und einem dicken wunder-

Zu Gast bei der Familie eines Massai, den wir während unseres Kenia-Urlaubs kennengelernt haben

schönen Bildband von Fujairah wieder auf. Erst dachten wir, er wollte uns darin etwas zeigen, dann kam uns die Vermutung, er wollte uns das Buch vielleicht verkaufen. Doch nichts dergleichen. Er wollte es uns schenken. Wir müssen sehr ungläubig dreingeschaut haben und ich fragte vorsichtig: »Why?« Warum? Darauf wies er mit einer nahezu aristokratisch wirkenden generösen Handbewegung auf unsere Kleidung, ohne etwas zu sagen, und lächelte uns an.

Glücksgefühle und Dankbarkeit erfüllen mich, weil ich die Möglichkeit hatte, so viel von der Welt zu sehen. Im Nachhinein betrachtet wundere ich mich darüber, auf welche Situationen ich mich oder wir uns eingelassen haben, ohne diese störenden Sicherheitsgedanken, die sich heute einschleichen. Einen Massai zu Fuß stundenlang durch die Wildnis zu begleiten, weil er uns seine Familie vorstellen möchte – wir hatten ihn 1986 am Strand eines kenianischen Hotels kennengelernt –, das würde ich heute nicht mehr tun.

Wie schwierig war es, den Becher mit Wasser aus einer dürftig abgedeckten, verrosteten Tonne abzulehnen, ohne die Gastgeber zu beleidigen. Und wie grandios reagierte darauf unser Bekannter, der es seiner Familie als besondere Geste ihrer Gastfreundschaft schmackhaft machte, uns frische Kokosnüsse vom Baum zu holen, damit wir unseren Durst stillen konnten.

Und dann die Begebenheit auf Java, irgendwann in den 90er-Jahren. Wir waren zu viert auf eigene Faust losgezogen, um die Stadt Semarang zu erkunden, und wunderten uns später, dass wir uns dem Taxifahrer nicht verständlich machen konnten, den wir heranwinkten, damit er uns wieder zu unserer Unterkunft bringen sollte. So unangenehm die Situation war – es wurde dunkel und wir hätten nicht gewusst, wo wir bleiben sollten –, es rückt die eigenen Maßstäbe zurecht, einmal zu erfahren, dass man weder mit Englisch noch mit einer anderen, in der sogenannten zivilisierten Welt gängigen Sprache weiterkommt. Der Taxifahrer war höflich und freundlich und nahm sich Zeit für uns, wir redeten aufeinander ein, aber nur aneinander vorbei. Schließlich entdeckten wir eine Bank mit einem davor postierten Polizisten und waren sicher, im Geldinstitut einen Englisch sprechenden Angestellten vorzufinden, den wir bitten konnten, uns weiterzuhelfen. Ausgesucht höflich und liebenswert widmeten sich alle Anwesenden uns Ausländern, aber in einer Sprache, mit der wir nicht das Geringste anfangen konnten. Da kam mein praktisch veranlagter Mann auf eine tolle Idee. Er nahm ein Blatt Papier und malte die gesamte Strecke auf, die wir gekommen waren. Mit diesem Hilfsmittel fanden wir den Weg zurück.

Welch ein glücklicher Zufall, dass derjenige, der uns in den 80er-Jahren auf Zypern die Insel zeigte, der letzte Fahrer des zypriotischen Staatspräsidenten Erzbischof Makarios war –

dieser schillernden politischen Figur, dessen Name mit Bürgerkrieg und Freiheitskampf verbunden ist, mit Putsch und Verbannung, mit geopolitischen Interessen von Griechenland, der Türkei und den USA. Nicht zu vergessen die Briten, die Zypern seit dem Ende des 19. Jahrhunderts verwalteten und es erst 1960 in die Unabhängigkeit entließen. Die Fahrten kreuz und quer über die mit historischen Bauwerken und reizvollen Landschaften reich gesegnete Insel in der kundigen Begleitung desjenigen, der Makarios während seiner letzten Lebensjahre chauffiert hatte, brachte uns Zypern auf sehr spezielle Weise nahe. Es macht einen Unterschied, ob man die Teilung der Insel als Besucher der zypriotischen Hauptstadt Nikosia, an der Demarkationslinie stehend und die Blauhelme betrachtend, wahrnimmt oder gespiegelt durch persönliche Geschichten eines einheimischen Begleiters, der von sich und dem Schicksal seiner weitverzweigten Familie erzählt. Der direkte Kontakt zu Menschen anderer Länder relativiert hin und wieder das, was man von deren politischem Umfeld in den Nachrichten erfährt – notgedrungen verknappt und zugespitzt. Und er verhilft zu einer Art Grundkompetenz, die einen befähigt, Fragen zu stellen, bevor man zu Urteilen kommt.

Wenn ich den Globus langsam drehe, auf der Suche nach bleibenden Erinnerungen, entfährt mir ein nostalgischer Seufzer, sobald der US-amerikanische Bundesstaat Tennessee auftaucht. Nashville, Tennessee – an jeder Ecke ist der Geist von Elvis Presley zu spüren, den ich zu seinen Glanzzeiten gar nicht so toll fand. Ich stand mehr auf Beatles, Stones, The Who und was es da sonst noch so alles gab. Elvis habe ich erst etwas später für mich entdeckt. Nashville – da begegnete ich Anfang der 80er-Jahre auf einer ausgedehnten Amerikareise einem Sheriff, der wahrlich alle Klischees erfüllte. Es ergab sich, dass ich den Kaugummi kauenden

Hünen mit Cowboystiefeln und -hut, den ich um Gottes willen nicht zum Feind hätte haben wollen, privat kennenlernte, und ich hatte meine liebe Not, diesen emotionalen Spagat hinzukriegen: Er war ein herzensguter, sanfter, geduldiger Endfünfziger, der sich an seinem Arbeitsplatz aufführte wie Gottvater persönlich. Halt, nein, der wäre den Festgenommenen gegenüber sicher gnädiger gewesen. Aber darüber war mit dem Sheriff nicht zu reden. Über alles andere schon: Politik, Religion, Musik, Natur.
Wo sind die Berührungspunkte, bei denen Menschen weltweit einander verstehen? Wo liegen die Unterschiede, die den Umgang miteinander erschweren? Wie verteilen sich einerseits Respekt und Sympathie und andererseits Verachtung und Misstrauen, und warum so und nicht anders? Was ist mit dem Ost-West-Gegensatz? Ist es nicht eigentlich albern, wenn man Wien zum Westen und Prag zum Osten zählt, obwohl Wien eindeutig östlicher liegt als Prag?
Ich krame in meinem Gedächtnis und in meinen Notizen und kann nichts Böses finden, das mich unterwegs in der weiten Welt ereilt hätte. Ärgerlichkeiten ja, störender Kleinkram natürlich, aber wirklich Böses, Schlimmes – nein.

15
Deutsch

Erinnern Sie sich noch an die Fußballweltmeisterschaft 2006 in Deutschland? An die vielen Tausend Fähnchen schwenkenden fröhlichen Menschen? Ein wahres Sommermärchen. Alles passte. Sogar das Wetter. Die Reaktion aus dem Ausland war durchweg wohlwollend: Endlich entwickeln die Deutschen ein entspanntes Verhältnis zu ihrer eigenen nationalen Identität. Eine gute Voraussetzung für friedliches Miteinander. 2002, als Deutschland in Japan Fußball-Vizeweltmeister und die Freude darüber groß und laut und öffentlich wurde, war die Stimmung im Lande schon ähnlich ausgelassen. An ausländischem Wohlwollen mangelte es auch damals nicht, so meine ich mich zu erinnern, aber in Talkshows wurde allen Ernstes gefragt: Dürfen wir uns so freuen? Und die verunsicherte Moderatorin einer dieser Sendungen zauberte jedes Mal einen angewiderten Ausdruck auf ihr Gesicht, wenn sie den Begriff »Patriotismus« benutzte, den sie stets sorgsam um das Wörtchen »positiv« ergänzte, um nur ja nicht missverstanden werden zu können. Positiver Patriotismus. Gibt es negativen Patriotismus? Oder wäre das dann nicht eher Nationalismus? Patriotismus ist ein Gefühl *für* etwas. Nationalismus speist sich aus Gegnerschaft zu anderem. Wer hat das noch mal gesagt? Ich finde, es trifft den Kern.

Wer die Begriffe Patriotismus und Nationalismus nicht unterscheidet, ist entweder leichtsinnig, dumm oder führt Böses im Schilde. Patriotischen Gedanken und Gefühlen automatisch nationalistisches Denken und Empfinden zu unterstellen, ist politische Brandstiftung. Und diejenigen, die solche Brände unbedarft legen, begreifen nicht, was sie damit anrichten. Es ist nicht nur semantisch ein kleiner Schritt von Nationalismus zu Nationalsozialismus. Wer sich als deutscher Staatsbürger über sein Land freut und das auch zum Ausdruck bringt, bewegt sich auf vermintem Gelände. Hochgefährlich. Also meidet man dieses Terrain nach Möglichkeit. Denn man will ja nicht riskieren, Arme oder Beine oder das Leben zu verlieren – gesellschaftlich, beruflich, politisch –, obwohl man es eigentlich gerne erwandert hätte, dieses Terrain. Da haben diejenigen »Wanderführer« leichtes Spiel, die sich solch unbefriedigte Sehnsüchte zunutze machen und eine alternative Gegend anpreisen, in der man sich nicht vor Minen fürchten muss, weil man sie selbst legt. Das ist die Gefahr Nummer eins. Es gibt noch eine Gefahr Nummer zwei, die mit Europa zusammenhängt und nicht ganz so offensichtlich ist. Ein einiges Europa, in dem die Menschen der verschiedensten Länder gemeinsam an Wohlstand und Gerechtigkeit für alle arbeiten, ohne nationale Egoismen, ist eine wundervolle Vorstellung. Ich behaupte: Wenn wir Europäer dieser Vision nahekommen wollen, dann braucht jeder Einzelne das Recht auf seine eigene Identität mit allem, was dazugehört: Freude und Stolz inklusive. Ich behaupte weiter: Jeder Mensch braucht das, was ich eine Heimat nennen würde, etwas, wo er sich auskennt, worin er gewachsen ist. Nur mit dieser Stabilität und Identität ausgestattet, ist man in der Lage, multikulturell zu denken, aufgeschlossen zu sein und andere Länder und Kulturen nicht als Bedrohung, sondern als Bereicherung zu empfinden. Und darüber muss man offen reden dürfen, ohne gleich von der Keule der *political correctness* erwischt zu werden. Wer nicht weiß, wohin er gehört, wird diese länderübergreifende Entwicklung nicht aushalten. Je enger Europa

zusammenwächst, umso wichtiger werden die eigenen Wurzeln, die einem Kraft und Sicherheit geben. Patrioten sind von ihrer Anlage her die besten Europäer. Wem Vaterlandsliebe – aus welchen Gründen auch immer – verwehrt blieb, der tut sich schwer, positive Gefühle für so etwas Großes und Anonymes wie Europa zu entwickeln.
Als Studentin habe ich mich als »Terraner« bezeichnet. Ich wollte ein Erdenbewohner sein, dem es nicht darauf ankommt, wo er geboren wurde und aufgewachsen ist. Diese tiefe Sehnsucht nach Frieden, nach Menschlichkeit, nach Solidarität zwischen den besser und schlechter Lebenden überstrahlte alles.
Wenn man jung und hungrig auf die Welt ist, dann sind Wurzeln nicht so wichtig. Sie stören eher. Man ist selbst so voller Tatendrang und Energie. Es sind die Gleichaltrigen überall auf der Welt, denen man sich zugehörig fühlt, und nicht einem Land, in das man zufällig hineingeboren wurde.
Wie auch immer – ich halte nichts von diesen aufgeladenen Diskussionen, in denen Rituale zelebriert werden: Die einen schimpfen die anderen vaterlandslose Gesellen. Umgekehrt gilt ein Satz wie: »Ich bin stolz, Deutscher zu sein« als unanständig und führt zur Ächtung. Das ist nicht mein Satz, aus vielen verschiedenen Gründen. Aber ich möchte, dass man ihn auch als Deutscher sagen darf, ohne als Ewiggestriger zu gelten oder in einen Topf mit Neonazis geworfen zu werden. Oder sollte ich mich bei dem Thema besser raushalten? Eben weil es nicht mein Problem ist? Bequemer wäre es allemal, wegen der allseits lauernden, immerwährenden Gefahr, vor falsche Karren gespannt zu werden und immer wieder deutlich machen zu müssen, dass man mit diesem Karren wahrlich nichts zu schaffen hat. Aber für die innere Stabilität und Belastbarkeit einer Gesellschaft ist es notwendig, sich nicht rauszuhalten. Das ist auch eine Form von Patriotismus.

Wider den Zeitgeist – eine Wunschliste

(2002)

Ich möchte, dass Menschen das, was sie denken, auch sagen, und zwar ganz gleich, wer dabeisteht und es hört.

Ich möchte, dass sich Menschen viel öfter in die Lage anderer versetzen, um das, was diese tun, besser zu verstehen.

Ich möchte, dass Menschen über Themen streiten, ohne sich gegenseitig zu beleidigen oder beleidigt zu fühlen.

Ich möchte, dass Menschen die Politik des amerikanischen Präsidenten George W. Bush junior kritisieren dürfen, ohne sich dem Vorwurf des Antiamerikanismus auszusetzen.

Ich möchte, dass Menschen die Politik des russischen Präsidenten Wladimir Putin verteidigen dürfen, ohne als jemand zu gelten, dem Demokratie und Menschenrechte nicht so wichtig sind.

Ich möchte, dass Menschen für die Lage der Palästinenser um Verständnis werben dürfen, ohne als Terrorismussympathisanten zu gelten.

Ich möchte, dass Menschen die Politik des israelischen Präsidenten Scharon verurteilen dürfen, ohne sich als Antisemiten beschimpfen lassen zu müssen.

Ich möchte, dass Menschen sich Sprachregelungen verweigern, die in unserer Demokratie die Rolle eines Maulkorbs übernehmen.

Ich möchte, dass Menschen »Ja, aber ...« sagen können, ohne zu einer Entweder-oder-Position genötigt zu werden.

Bewahren – Öffnen

Ich habe schon erzählt, dass sich mein Mann und ich auf einer Reise durch arabische Länder mit unserer Kleidung an die Landessitten angepasst haben. Umgekehrt erwarte ich von einer Muslimin Verständnis dafür, dass sie unter bestimmten Gegebenheiten in einem europäischen christlich geprägten Land darauf verzichten muss, ein Kopftuch zu tragen. Ich habe, lange bevor es hier in Deutschland diesen Streit um eine Lehrerin in Baden-Württemberg gab, die an einer staatlichen Schule mit Kopftuch unterrichten wollte, in einem meiner Bücher über Deutschland diese Frage behandelt. Auslöser für mich waren damals die nahezu militanten Auseinandersetzungen in Frankreich darüber, ob Schülerinnen mit Kopftuch in die Schule gehen dürfen.

Andere Kulturen
(1996)

Bei allem Verständnis für Minderheitenschutz, der eine überaus wichtige Errungenschaft und ein Zeichen von demokratischer Reife ist: Es handelt sich bei Frankreich um ein Land mit einer nichtislamischen Tradition, mit einer Kultur, die andere Regeln, andere Normen, andere Sitten hat als islamische Gesellschaften. Und wenn in einem europäischen Land Menschen außereuropäischer Kulturkreise zu Gast sind, dann haben sie zunächst einmal ein Recht auf Gastfreundschaft, aber sie haben kein Recht, denke ich, sich woanders grundsätzlich so zu benehmen wie bei sich zu Hause. Ich laufe auch nicht in südeuropäischen Ländern mit kurzer Hose und Trägerhemdchen in die Kirche, selbst wenn ich persönlich davon überzeugt bin, dass es Gott ziemlich gleichgültig ist, wie viel oder wenig die Besucher seines Hauses anhaben. Aber darum geht es nicht. Ich versuche, mich als Gast in einem anderen Land so zu verhalten, wie es die Menschen, die dort leben, gewohnt sind. Ich kann am Strand nicht oben ohne herumlaufen, wenn ich in einem stockkatholischen oder islamischen Land Urlaub mache. Ich habe keinen Anspruch auf mein Glas Wein, wenn ich mich in Saudi-Arabien aufhalte. Damit muss ich warten, bis ich wieder zu Hause bin oder in einem Gastland, wo diese Sitten üblich sind. Das alles kann ich bedauern, bemängeln, kritisieren, aber nicht ändern. Ich habe einfach kein Recht, in einer fremden Kultur auf meinen Normen zu bestehen.

Damals, 1996, habe ich meine Gedanken darüber zu Papier gebracht, dass ich dennoch mit Blick auf diesen Kopftuchstreit nicht weiß, was richtig ist. Denn was folgt daraus, wenn ich die Sache zu Ende denke, … wenn ich zum Beispiel einem Mädchen verbiete, mit Kopftuch in die Schule zu gehen? Treibe ich sie dann nicht in die Arme von Koranschulen, die ich, aus dem Blickwinkel meiner Kultur betrachtet, nicht gut finden kann? Dann lieber doch Kopftuch, um das Mädchen besser integrieren zu können? Oder was?
Ich halte mich an diesem Beispiel so lange auf, weil es symptomatisch ist für die Risiken schneller, einfacher Antworten und weil sich daran die damit verbundenen Gefahren für den gesellschaftlichen Frieden so gut deutlich machen lassen. Wir pflegen in Deutschland alles fein säuberlich in entweder/oder zu unterteilen und in Schubladen zu sortieren. Nachdenklichkeit scheint nicht gefragt zu sein. Vielleicht liegt das auch daran, dass es in der Medienlandschaft strukturell viel mehr Möglichkeiten gibt, Missverständnisse zu produzieren,

als Chancen, sie auszuräumen. Jemanden einer falschen Denkweise zu bezichtigen – das geht schnell, das schafft man notfalls auch in dreißig Sekunden. Diesen Verdacht auszuräumen, dauert länger. Dafür ist kein Platz. Keine Zeit.

Tatsache ist, dass manche Menschen in unserem Land Angst vor Fremdem haben. Das alleine ist noch kein Kriterium für Rechtsextremismus, Rassismus oder Menschenverachtung. Die demokratische Qualität einer Gesellschaft zeigt sich darin, dass man als verantwortlicher Politiker und verantwortungsbewusster Journalist die Befindlichkeiten dieser Menschen ernst nimmt, dass man versucht zu informieren, aufzuklären, Berührungsängste abzubauen und dort, wo es in der Tat um eine Beeinträchtigung geht, unterschiedliche Standpunkte tabulos anzusprechen. Alles andere bringt nichts. Im Gegenteil, ängstliche Menschen, deren Sorgen man ignoriert, werden in die Arme von Extremisten getrieben. Das war zu allen Zeiten so.

Eine Frage der Ehre

Ich fühlte mich geehrt, als ich von offizieller Seite gefragt wurde, ob ich im Vorfeld der Osterweiterung der Europäischen Union eine Podiumsdiskussion in Berlin moderieren wolle. Das war im Mai 2002. Man wollte den Ängsten, die mit dieser Erweiterung verbunden waren, etwas Substanzielles entgegensetzen, die Sorgen der Menschen, die um ihren Arbeitsplatz fürchteten, ernst nehmen, einfach umfassend aufklären und informieren. Was für eine schöne Aufgabe, dachte ich und sagte mit Freuden zu. Hätte ich es doch bleiben lassen!

Es stellte sich relativ schnell ein unangenehmes Gefühl bei mir ein. Es wäre vermessen, von einer Vorahnung zu sprechen. Aber als dann die *location*, der Veranstaltungsort, bekannt war, wuchs meine Skepsis. Es war mir alles zu »in«. Auf dem Podium sollten sich folgende Positionen versammeln – ich werde sie nicht mit Namen, sondern mit Buchstaben benennen: Da war zunächst Herr A, der uneingeschränkte Befürworter der Erweiterung, dem die Sache nicht zügig genug ging und der dazu neigte, kritische Einwände schnell als europafeindlich abzutun. Er war Mitglied der Partei X. Dann Herr B, vom Grundsatz her auch ein Befürworter, den allerdings noch ungelöste Fragen umtrieben. Mitglied der Partei Y. Als Dritter war Herr C, ein deutscher Unternehmer, gemeldet. Er hatte Bedenken, war aber offen für die kommende Entwicklung, und die vierte und letzte Position bezog eine junge polnische Schriftstellerin, Frau D. Es hätte einer Reihe aufeinanderfolgender Diskussionen bedurft, um dem Thema und den unterschiedlichen Ansichten dazu auf den Grund gehen zu können. Das war mir schnell klar. Aber bei Podiumsdiskussionen und Talkshows braucht man auch den Mut zur Lücke. Ich hatte mich gründlich vorbereitet und einen Gesprächsfaden gesponnen, an dem ich mich festhalten konnte, der mich aber nicht sklavisch fesselte. Und dann ging's los. Ehrlich gesagt, stank mir schon die Örtlichkeit, und zwar im wahrsten Sinne des Wortes: eine mehr oder weniger heruntergekommene Kneipe und Disco. Vielleicht hatte ich ja nur keinen Sinn dafür – was andere von Atmosphäre schwärmen ließ, hielt ich für »runtergekommen«. Für mich war es einfach nur ein schlimmer Schuppen, in dem ich freiwillig nie geblieben wäre. Die Veranstaltungsorganisation überzeugte mich auch nicht. Wegen eines Missverständnisses war ich viel zu früh gekommen, und es galt, die Zeit in einem kalten Nebenraum zu überstehen, ohne dass die Motivation Schaden nahm. Herr B von der Partei Y traf als erster der Gäste ein und nervte mich mit seiner jovialen Tour. Er gehörte zu der Sorte Mann, die durch den permanenten Gebrauch der

Anrede »Gnädige Frau« kaschieren zu können glauben, dass sie Frauen als Gesprächspartner nicht ernst nehmen. Unangenehm. Der Unternehmer, Herr C, kam als Nächster. Er war jünger, als ich dachte, freundlich und professionell. Die polnische Schriftstellerin stellte sich als eine junge filigran gebaute, sympathische Erscheinung heraus. Sehr bescheiden und zurückhaltend. Herr A, von der Partei X, der Macher, rauschte als Letzter herein. Zwei offizielle EU-Vertreter sollten die Diskussion eröffnen, erschienen aber erst gar nicht. Die hatten wahrscheinlich vor der Tür kehrtgemacht ... Alle Diskutanten sollten mit Ansteckmikrofonen ausgestattet werden, hieß es. Das stimmte auch, aber jedem Einzelnen von uns wurden diese Geräte einfach in die Hand gedrückt. Es interessierte keinen Menschen, an welcher Seite des Revers das Mikrofon befestigt werden sollte. Dafür ist natürlich die Sitzordnung maßgebend. Wer zum Beispiel vom Publikum aus gesehen ganz rechts außen sitzt, bekommt logischerweise das Mikrofon auf seine rechte Seite, weil das der Blickrichtung zum Moderator und in die restliche Runde entspricht. Erst auf Nachfrage schaltete jemand die Sender ein. Tonprobe? Fehlanzeige. Verantwortlicher Techniker? Keine Ahnung. Es kam, wie es kommen musste: Es wurde ein einziges Ton-Desaster. Meine Anfangsmoderation musste ich mehrfach wiederholen, weil das Mikrofon nicht nur schlecht, sondern gar nicht funktionierte. Schließlich bekam ich ein Handmikrofon gereicht. Das ging besser. Bei der Antwort auf die erste Frage wiederholte sich dasselbe Spiel, nur mit einem anderen Akteur. Und so lief das die Runde durch. Kein einziger war auf Anhieb zu verstehen. Als technische Zugabe hatten wir Rückkopplung und Rauschen. Die polnische Schriftstellerin, die eigentlich deutsch sprechen wollte, entschied sich über weite Strecken dann doch für ihre polnische Muttersprache, aber sie redete, abgesehen von den technischen Schwierigkeiten, so leise, dass Zuschauer in den hinteren Reihen vermuten konnten, wir machten gerade Pause da vorne. Man hörte nichts und alle mussten still warten, bis die Dolmetscherin an der Reihe war, die man zwar nur schlecht, aber immerhin vernehmen konnte. Die Voraussetzungen für diese Podiumsdiskussion waren also optimal … Kurzzeitig dachte ich an *Versteckte Kamera*. Aber leider erschien da niemand, der uns erlöste. Und dann passierte etwas völlig Verrücktes. Herr B attackierte Herrn A in einer Art, die nicht nur Herrn A total überraschte. Dummerweise hatte Herr B in der Sache in vielen Punkten recht, sprach er doch all die bisher ungeklärten Fragen an. Aber sein Stil war kleinkariert und voller parteipolitischer Häme. Völlig unpassend. Herr A, normalerweise cool bis in die Fingerspitzen, begann sichtbar zu schwitzen und echauffierte sich immer mehr. Es kam der Moment, an dem ich beim besten Willen nicht mehr wusste, wie ich die beiden anderen, den deutschen Unternehmer und die polnische Schriftstellerin, sinnvoll ins Gespräch hätte einbeziehen sollen. Ich ließ es dann auch bleiben, denn die Streiterei war längst das beherrschende Thema geworden. Schließlich eröffnete ich die Fragerunde des Publikums und freute mich über die Bandbreite und Ernsthaftigkeit der Wortmeldungen. Vielleicht war doch noch ein Ausklang möglich, der die Absicht dieser Veranstaltung ernst nahm, nämlich Ängste abzubauen und zu informieren. Aber die Frage eines Zuschauers nach den Beneš-Dekreten* führte fast zum Eklat.

* Als Beneš-Dekrete werden allgemein die Gesetzesnormen bezeichnet, welche die tschechoslowakische Exilregierung bzw. Regierung unter Präsident Edvard Beneš zwischen 1940 und Oktober 1945 erließ. Einige dieser Dekrete sind bis heute umstritten, so etwa das Dekret, welches den Entzug der Staatsbürgerschaft und die Enteignung für die Bürger deutscher und ungarischer Nationalität vorsah. Das war die Voraussetzung für deren Vertreibung aus der Tschechoslowakei.

Der angesprochene Herr A fing an, in einer Weise herumzudrucksen, darauf bedacht, um Himmels willen jetzt kein falsches Wort zu sagen, über das Herr B und andere dann genüsslich herfallen könnten, dass mir schließlich der Geduldsfaden riss und ich genervt dazwischenplatzte: »Nun sagen Sie doch mal in zwei Sätzen wenigstens, worum es geht.« Seine Antwort: »Das kann man nicht in zwei Sätzen sagen.« Es blieb mir nichts anderes übrig, als es selbst zu übernehmen, denn man konnte nicht erwarten, dass alle im Publikum sitzenden Menschen parat hatten, was die Beneš-Dekrete besagen. Als ich in etwa so formulierte: »… Vertreibung und Enteignung von Sudetendeutschen …«, blaffte er mich an: »Sehen Sie! Schon falsch. Von Vertreibung steht da nichts, nur von Enteignung.« Es war ein einziger Albtraum. Ich kann mich an keine Sendung oder Veranstaltung erinnern, bei der ich mich so unwohl gefühlt habe. Doch zwischendurch gab es immer viel Beifall. Denn wir schenkten uns alle nichts, kloppten uns verbal wie die Kesselflicker. Das Publikum langweilte sich offenbar nicht, aber wir schadeten dem Thema. Als es endlich vorbei war, entfuhr mir noch auf dem Podium sitzend: »Das war 'ne Katastrophe.« Voller Ärger und Scham bahnte ich mir den Weg durchs Publikum in den Nebenraum, in dem wir uns alle nochmals versammelten. Ich war gar nicht mehr zu beruhigen. Herrn B schien das alles nicht anzufechten, Herr A hatte große Mühe, seine Fassung zu wahren, wobei ich mir nicht sicher war, ob sich sein Zorn mehr gegen Herrn B oder mehr gegen mich richtete. Das war nun auch schon egal. Die Entourage von Herrn A wirkte wie kurz vor einer Kriegserklärung. Der mit der Durchführung beauftragte Geschäftsführer hielt sich vornehm zurück und meinte nur: »Der Saal war doch voll. Und mit wohlerzogenen Langweilernummern holt man heute keinen mehr hinterm Ofen hervor. Der Zoff war doch klasse.« Ich versuchte zu erklären, dass Zoff und Langeweile nur die Endpunkte einer langen Strecke sind, auf der man sich bewegen kann, und dass ich mir eine Aufklärungskampagne zum Thema Osterweiterung der EU anders vorgestellt hätte und sehr schlecht damit leben könnte, dass mir das als Moderator nicht gelungen ist. Woraufhin Herr B feixte, tja, Friede, Freude, Eierkuchen sei das nun mal nicht. Ich konnte mir nicht verkneifen, ihn anzubellen, dass Friede, Freude, Eierkuchen auch nicht meine Sache sei, aber diese vordergründige parteipolitisch oder sonst wie motivierte Streiterei sei wahrhaftig nicht die Alternative. Ich brauchte ziemlich lange, um diese Geschichte zu verarbeiten. Beim Rausgehen kamen einige Menschen auf mich zu und bedankten sich für meine couragierte Moderation. Ich dachte, die veralbern mich. Das war doch der totale Horror.

16
Zeit

Was würden Sie mit einer geschenkten Stunde Zeit anfangen? Zu diesem Thema wurde ich 1994 im Rahmen einer Umfrage angesprochen, die das Wochenmagazin einer Tageszeitung veranstaltete. Das war meine Antwort:

Über das Phänomen Zeit nachdenken und darüber, ob und wie wir Journalisten uns mitschuldig machen am Elend und der Friedlosigkeit der Welt, indem wir keine Zeit mehr haben oder glauben, keine Zeit mehr haben zu dürfen, um unsere ureigenste Aufgabe zu erfüllen, nämlich Zusammenhänge zu erklären. Mangel an Zeit ist letztendlich Mangel an Menschlichkeit. Darüber würde ich versuchen nachzudenken – weil ich glaube, sonst keine Zeit dazu zu haben –, und ich würde versuchen, die gewonnenen Erkenntnisse in die nicht geschenkte Zeit herüberzuretten.

Als mich diese Anfrage erreichte, musste ich unwillkürlich schmunzeln, denn ausgerechnet Gedanken über das Phänomen Zeit brachten mich im Alter von vierzehn Jahren dazu, zum ersten Mal etwas aufzuschreiben, was mich beschäftigte, um besser damit zurechtzukommen.

Zeit
(1964)

Was ist Zeit? Eine Aneinanderreihung von Stunden, Tagen, Jahren, nüchtern betrachtet. Aber ich will es nicht nüchtern betrachten, das Leben erfordert so viel Nüchternheit, dass ich es satt

habe, nur nüchtern zu sein. Ich spüre die Zeit nicht, und doch bedrückt sie mich manchmal, steht drohend vor mir. Eine unheimliche Macht, die jeden in ihren Bann schlägt, der sich nicht wehren kann, und wer kann sich wehren? »Ich habe keine Zeit«, wie oft sagt das jeder von uns am Tag, ich auch, aber weiß ich denn, was das bedeutet? Zeit, ein kurzes Wort, und doch steckt unheimlich viel Kraft, Druck, Zwang dahinter. Jeder muss sich ihr unterwerfen, jeder muss mit ihr gehen, wenn er nicht von ihr überrannt werden will. Es geht schnell, von ihr überrannt zu werden, manche merken es gar nicht. Das ist ja gerade das Beängstigende: Man spürt sie nicht, sieht sie nicht, und doch ist sie da. Man sagt, sie heile Wunden, sie ist also etwas Gutes, wenn sie heilt …? Oder kommt es nicht vielmehr auf den Einzelnen an und das, was er aus ihr macht, ob sie etwas Gutes ist? Wenn sie etwas Hässliches, Trauriges vergessen lässt, lässt sie dann nicht auch das Schöne vergessen? Das ist nicht gut, nein, das ist gar nicht gut. Die Zeit betrügt einen um die schönsten Erinnerungen oder lässt sie durch ihren Schleier verblasst erscheinen.
Zeit lässt sich nicht erfassen oder begreifen, in Maße pressen und berechnen, es ist nicht damit getan, dass man sagt, ein Tag hat 24 Stunden, eine Stunde 60 Minuten … Das ist für die Zeit viel zu genau, alles, was man nicht begreifen kann, ist ungenau, außerhalb jeder menschlichen Ordnung. Die Uhr ist ein Versuch, die Zeit uns verständlich zu machen, genau zu machen, ein missglückter Versuch.
Man wird der Zeit einfach nicht Herr, meistens hat man zu wenig von ihr, einige jedoch haben zu viel, dieses Zuwenig und Zuviel ist gefährlich, sehr gefährlich, gefährlich fürs Leben. Die zu viel haben, kommen mit ihren Gedanken nicht mehr klar, sie können plötzlich zu viel denken. Das ist nicht immer gut, man kann dann plötzlich nicht mehr, man sieht keinen Sinn mehr im menschlichen Treiben, das einem, wenn man zu viel Zeit hat, lächerlich unsinnig vorkommt. Bis man schließlich einen Punkt erreicht,

auf dem man, wenn man ihn nicht überwinden kann, Schluss macht. Dann ist es aus ... Zu viel ist gefährlich fürs Leben.
Oder man hat nicht genug Zeit zu denken, man hat zu wenig Zeit dafür. Dann schlagen einem die unbewältigten Gedanken über dem Kopf zusammen, man kommt nicht mehr nach, es geht zu schnell, alles geht zu schnell. Auch das Herz ... und dann ist alles aus.
Das ist Zeit, die gut ist ... oder schlecht? Oder hängt es nicht vielmehr vom Einzelnen ...
Warum schreibe ich das? Es ist doch bloß ein unkontrolliertes Durcheinander von Ideen, Einfällen, Überlegungen, Gedanken, nichts Aufgebautes. Vielleicht hatte ich auch zu viel Zeit, als ich das hingeschrieben habe, das über die Zeit. Vielleicht ist es besser, wenn man seine Gedanken – sei es, wenn man sich zu viel Gedanken machen kann, oder wenn man nicht mehr fertig wird mit der Fülle seiner Gedanken –, vielleicht ist es besser, sie aufzuschreiben, damit man hinterher noch einmal lesen kann, was man gedacht hat, damit man nach Monaten, Jahren immer noch lesen kann, was man damals, als man zu viel Zeit hatte, gedacht hat, damit man weiterdenkt, nicht immer wieder von vorne anfangen muss, dasselbe zu denken; weiterdenken hilft, dasselbe zu denken ist gefährlich, so gefährlich wie zu viel und zu wenig Zeit, weil man nicht mehr klar denken kann. Die Zeit im Hintergrund macht alles unklar, nicht die Gedanken. Doch jene, die sich mit der Zeit beschäftigen, verwirren sich in ihrem Versuch, klar zu sein.

Erwachsene sollten Jugendliche nicht unterschätzen ... Wenn ich heute Vierzehnjährige betrachte und mir vorstelle, dass diese »Kinder« solche Gedanken haben könnten, dann wird mir schmerzlich klar, dass ich sie auch unterschätzen würde, wenn ich nicht so vieles damals aufgeschrieben hätte. In einem dieser alten Texte aus dem Sommer 1965 steht es sogar schwarz auf weiß: »Es hat nur einen Grund, warum ich das hier aufschreibe: Wenn ich später erwachsen bin, könnte ich ja vergessen haben, ein Teil ›dieser Jugend‹ gewesen zu sein. Und ich will nicht, dass ich zu den Leuten gehören soll, die nicht verstehen.«

Das Problem mit der Zeit ist, dass diejenigen, die ein Problem damit haben, dieses Problem meistens sehr genau analysieren können, theoretisch wissen, wie Abhilfe zu schaffen wäre, aber die Lösung nicht in die Praxis umsetzen können. Ich nehme mich da nicht aus. Wo liegen die Gründe für die elende Hetzerei? Ist es der Sachzwang, der immer herhalten muss, wenn eigene Verantwortlichkeiten geleugnet oder weggeschoben werden? Ist es die Unfähigkeit, den Überblick zu behalten, weil man sich immer noch mehr aufhalst oder aufhalsen lässt? Warum eigentlich? Weil man den Hals nicht vollkriegen kann – aus Gier nach Geld oder Ruhm? Weil die Zeiten so sind, wie sie sind, die Regeln aus dem Ruder laufen und einem gar nichts anderes übrig bleibt, um die Existenz zu sichern? Weil das eigene Naturell es nicht erlaubt, sich rauszuhalten? Weil man nicht gelernt hat, Nein zu sagen? Wann hat das begonnen, dass Menschen immer häufiger behaupten, »Ich habe keine Zeit«? Ist ein dubioser Wertewandel dafür verantwortlich, dass Zeitmangel mit Wichtigkeit und Bedeutung einer Person einhergeht? Es gibt so viele Baustellen, auf denen man Sinnvolles tun kann, um die Gesellschaft menschlicher und gerechter zu gestalten.

»Es ist nicht zu wenig Zeit, die wir haben, sondern es ist zu viel Zeit, die wir nicht richtig nutzen.« Dieser Ausspruch wird Seneca zugeschrieben. Also doch ein uraltes Problem der Menschheit? Wie nutzt man Zeit richtig? Abgesehen davon, dass jeder Mensch seine eigene Antwort finden muss, besteht die Gefahr darin, sich von dieser Frage verrückt machen zu lassen. Vergangene Zeit ist weg, einfach weg. Da kann man nichts nachholen, wenn einem plötzlich einfällt, man hätte

vielleicht doch andere Prioritäten setzen sollen. Es empfiehlt sich, diese Erkenntnis nicht zu verdrängen, aber doch so gelassen wie möglich präsent zu haben. Wenn dieses Unwiederbringliche vergangener Zeit Dauerängste schürt, dass Menschen, die einem viel bedeuten und für die man sich »eigentlich« mehr Zeit nehmen will, plötzlich gestorben sein könnten, dann erdrückt einen diese Last und man erstickt am eigenen schlechten Gewissen. Dann gibt es auch noch diejenigen, die permanent die Sorge umtreibt, etwas zu versäumen. Natürlich verpasst man immer irgendetwas, schließlich kann man nicht an allen Orten gleichzeitig sein. Es gibt einfach zu viele Alternativen, zwischen denen man sich entscheiden muss. Ziemlich kompliziert, das Ganze.
Das Thema lässt mich immer wieder an eine Geschichte denken, die ich vor langer Zeit in einer Tageszeitung unter der Rubrik »Unverlangt eingesandt« gelesen habe. Eine Frau erzählte von einem nahen Verwandten, den sie in den letzten Jahren aus den Augen verloren hatte, obwohl sie ihn sehr mochte. Es ergab sich einfach nicht. Es blieb keine Zeit für einen Kontakt. Ihr fünfjähriger Sohn hatte diesen Mann folglich nie kennengelernt und eines Tages brachte der sich um. Die Frau nahm ihren kleinen Sohn zwar nicht mit zum Begräbnis und versuchte auch so, diese Geschichte von ihm fernzuhalten. Aber Kinder stellen Fragen und wollen Bescheid wissen. Also erzählte sie ihm so behutsam wie möglich von der Trauerfeier und zeigte dem Kleinen auch ein Foto des Mannes, der sich das Leben genommen hatte. Und der kleine Kerl stellt sich vor seine Mutter, die Hände in die Hüften gestemmt und sagt: »Mama, du machst immer Termine, warum hast du mit ihm keinen Termin gemacht?«

17
Freund Tier

Der kleine Große

Es war klein, seidig weich und wunderschön gezeichnet, das Katzenkind, das erst noch ein Kater werden wollte. Und was für einer! Ich hatte bis dahin noch nie ein Haustier gehabt und war immerhin schon neunzehn Jahre alt. Stadtkinder in Etagenwohnungen sind da bekanntlich etwas benachteiligt. Man weiß nie so genau, wie andere Mieter oder Vermieter reagieren, und man kann auch lange darüber nachdenken, ob man einem Tier ein Zuhause ohne Auslauf in freier Natur zumuten sollte. Es ist ihm so schlecht zu erklären. Aber die Frage stellte sich nicht. Es handelte sich um einen Findling, und die Alternative für das neugierige und erstaunlich zutrauliche Geschöpf war ein ohnehin überfülltes Tierheim. Ich beschloss also, den Kater zu behalten. Keine Ahnung, was ihm widerfahren war. Wir hatten ihn beim Spazierengehen weitab von jeder menschlichen Behausung gefunden. Wahrscheinlich hatte der kleine Kerl Hunger, denn er machte sich lautstark bemerkbar. Füttern war kein Problem, aber wie kriegt man so ein Tierchen möglichst schnell stubenrein? Davor graute mir am meisten. Unnötigerweise, wie sich herausstellen sollte, denn die provisorisch mit Sand gefüllte Kiste war noch nicht abgestellt, als mein Kater, den ich zunächst auch Kater nannte, hineinhüpfte und mit seinen Geschäften loslegte. So viel zum Thema: stubenrein.

Es dauerte nicht lange, bis ich die weltanschaulichen Auseinandersetzungen zwischen überzeugten Katzen- und Hundebesitzern mitbekam. Hin und wieder glichen die ausgetauschten Argumente eher religiösen Glaubensbekenntnissen. »Eine Katze hat immer ihren eigenen Kopf!«, »Nur ein Hund kann ein richtiger Freund sein!«, »Katzen sind falsch!«, »Hunde sind treu!«, »Wer eine Katze hat, ist Individualist.«, »Wer sich einen Hund hält, ist für Befehl und Gehorsam.« Katzenbesitzer schauten auf Hundebesitzer herab, weil diese armseligen Kreaturen eben keine starken Partner aushielten, nicht einmal Katzen. Hundebesitzer rümpften über Katzenbesitzer die Nase, denen offenbar die Reife fehlte, sich für einen Hund als Haustier zu entscheiden. Es ist erstaunlich, wie viel Borniertheit sich auch ganz vernünftige Leute leisten.

Das alles war nicht mein Problem. Ich war verliebt in mein getigertes Katerchen, ein bildschönes Tier, wie mir alle bestätigten, mit großen gelben Augen und einem schwarzen Strich vom Kopf bis zur Schwanzspitze. Und ich war überzeugt, dass wir Freunde werden und er sich an mich und nicht nur an die Wohnung gewöhnen würde, wie es immer von Katzen behauptet wird. Noch hatte er bequem auf einer Hand Platz und fand besonderes Vergnügen daran, an mir herumzuklettern. Ich hatte damals lange Haare und auf meiner Schulter unter den Haaren fühlte er sich offenbar geborgen. Er versuchte an meinem Ohr oder meinem Hals zu saugen, was ich zwar verhinderte, aber er tat mir irgendwie leid. Vermutlich war er als Katzenbaby zu kurz gekommen. Entgegen diverser Ratschläge aus dem Freundes- und Bekanntenkreis ließ ich meinen Kater auf meinem Bett schlafen. Das kleine Bündel brauchte schließlich Nähe, und er rollte sich immer nur am Fußende zusammen. Hin und wieder machte er es sich auch in den Kniekehlen bequem, was mich in meiner Bewegungsfreiheit etwas einschränkte. Aber was tut man nicht alles. Er sollte es gut haben bei mir. Ich wollte optimal für ihn sorgen. Und dazu gehörte auch ein Besuch beim Tierarzt. Der schmunzelte und schüttelte den Kopf. »Wo haben sie den denn her?« Ich dachte mir nichts bei der Frage und erzählte freudestrahlend von diesem wunderbaren Zufall, der uns zusammengeführt hatte. Der Mediziner schien auch ganz angetan von meinem schönen Kätzchen und meinte schließlich: »Eigentlich ist es eher unwahrscheinlich, aber es sieht verdammt so aus, als wäre da 'ne Wildkatze zwischen gewesen.« – »Ja, schön – und?« Ich wusste zu wenig von Katzen und Wildkatzen, als dass ich begriffen hätte, was der Arzt damit sagen wollte. Zwischenzeitlich hatte er den widerspenstigen Kater vermessen und machte mich behutsam darauf aufmerksam, dass der Kleine wohl ziemlich groß und kräftig werden würde. In der Tat – er wuchs und wuchs und irgendwann hatten seine Tatzen mit ausgefahrenen Krallen so gerade eben noch Platz auf meinem Handrücken. Spielen und Rumbalgen war nur noch mit dicken langen Lederhandschuhen, wie sie Motorradfahrer zu tragen pflegen, möglich. Mein Kater meinte das sicher nicht böse, und er ließ ja auch los, wenn ich sagte, jetzt sei es genug – jedenfalls meistens. Aber Krallenausfahren ist nun mal ein ganz normaler Reflex, und er war nun mal ziemlich kräftig. Ich kann mich an eine Situation erinnern, als ein Handwerker zu uns in die Wohnung kam und an der Tür wie angewurzelt stehen blieb, weil er meinen Kater entdeckte, der majestätisch in der Ecke thronte. »Watt es datt dann?« (Was ist das denn?), entfuhr es dem ruhigen Kölner. »Es datt enne Hungk?« (Ist das ein Hund?) Der robuste Mann war erst zum Eintritt zu bewegen, als ich meinen Kater weggesperrt hatte. Das mittlerweile 80 Zentimeter lange und acht Kilo schwere Tier, das unpassenderweise auf den Namen

Pussy hörte, schlief immer noch auf meinem Bett, was meine Mutter eher beunruhigte.
Mein Kater hatte sich zwischenzeitlich ein Hinkebein zugezogen, und das kam so: Wir wohnten im dritten Stock einer Altbauwohnung, das heißt, nach Neubaumaßen gerechnet befanden wir uns eher auf der Höhe des vierten Stocks. Der Balkon gehörte zu den Lieblingsplätzen meines Katers. Er saß meist auf einer Kommode in Höhe der Brüstung und beobachtete mit zitternden Kiefern die vorbeifliegenden Vögel. Manchmal kauerte er auch auf dem Boden und quetschte sich zwischen die eingerissene Plastikverkleidung des Geländers. Im Nachhinein betrachtet, verstehe ich heute nicht mehr, wie ruhig und unbedarft ich ihm zuschaute, zutiefst davon überzeugt, dass er nicht herunterfallen könnte. Aber eines Tages fiel er eben doch. Er rutschte ab, schlug auf einem Blumenkasten einer der unteren Wohnungen auf, fiel weiter und blieb ganz unten im Garten liegen. Er war damals längst noch nicht ausgewachsen. Ich rannte sofort nach unten, wahnsinnig aufgeregt, machte mir Sorgen, dass er vielleicht tot oder schwer verletzt wäre, und bombardierte mich, während ich die Treppen herunterstürzte, mit Vorwürfen, dass ich nicht besser aufgepasst hatte.
Mein Kater saß völlig verstört im Gras. Ich redete ihm gut zu, versuchte ihn zu beruhigen. Ich hatte den Eindruck, er bekommt keine Luft, und seine Augen waren so merkwürdig nass. Es sah fast aus, als weinte er. Den genauen weiteren Ablauf habe ich verdrängt. Ich weiß nur noch, dass er jämmerlich schrie, als ich ihn hochnahm und in einen Korb setzte, um mit ihm zum Arzt zu fahren. So hatte ich bis dahin noch nie eine Katze schreien hören. Es klang wie eine Kinderstimme. Zu allem Unglück war unser Tierarzt nicht da und seine Vertretung entpuppte sich als mürrisch und

brutal. Er zog rücksichtslos an der laut schreienden Katze herum, um das verdrehte Hinterbein zu röntgen. Seit dieser Zeit wurde jeder Tierarztbesuch für uns beide zur Tortur. Ich musste mit allen mir zur Verfügung stehenden Kräften kämpfen, um das große Tier in einen Korb mit Gitter zu bugsieren. Und der Kater wehrte sich verzweifelt. Sobald er darin gefangen war, jammerte er herzzerreißend und machte vor lauter Angst in den Korb. Die Schmerzen von damals hat er wohl nie wieder vergessen.

Da könne man nichts machen, murmelte der Arzt. Der Hinterlauf sei im Gelenk gebrochen und da die Katze noch im Wachstum sei, gäbe es ohnehin keine Möglichkeit. Ich solle sie wieder mitnehmen und sehen, ob ich sie durchbringe. Wenn sie sich unterm Schrank verkriechen würde, wäre das ein sicheres Zeichen dafür, dass es zu Ende ginge, und dann könnte ich sie ja wieder vorbeibringen, wenn ich wollte.

Was tun? Was war richtig und sinnvoll? Ich wollte den kleinen Kerl doch nicht quälen, aber ich konnte mich doch auch nicht als Herr über Leben und Tod aufspielen. Wir fuhren zurück nach Hause, und ich legte ihn aufs Bett, das ich vorher entsprechend präpariert hatte. Da blieb er drei oder vier Tage liegen. Ich fütterte ihn, sprach ihm gut zu, verbrachte fast meine ganze Zeit bei ihm und bin fast ausgeflippt vor Glück, als er sich nach dieser langen Zeit plötzlich erhob und vom Bett hüpfte. Er schrie zwar auf, aber bewegte sich weiter. Das kaputte Hinterbein konnte er offenbar nicht richtig nutzen und zog es nach. Ich fragte mich, wie er jemals wieder irgendwo hochspringen wollte. Es dauerte zwar, aber er entwickelte sehr viel Geschick, sein gebrochenes und irgendwie wieder zusammengewachsenes Bein zu gebrauchen. Später merkte man zwar sein Hinken noch, vor allem, wenn er langsam ging, aber es schien ihn insgesamt kaum zu behindern.

Irgendwann ergab es sich, dass ich in Urlaub fuhr und sich keine andere Möglichkeit fand, als meinen Kater vorübergehend im Tierheim unterzubringen. Ich quälte mich ziemlich damit herum und fühlte mich gar nicht wohl bei dem Gedanken, aber als mich alle Menschen in meiner Umgebung für verrückt erklärten, »wegen einer Katze« einen Urlaub sausen zu lassen, wurde ich unsicher, ob meine Anhänglichkeit nicht tatsächlich etwas übertrieben war. Und in vierzehn Tagen wollte ich schließlich wieder zurück sein. An den Abschied im Tierheim kann ich mich noch gut erinnern. Der stattliche Kater lief völlig verschüchtert herum und versuchte sich in einer Ecke zu verkriechen, als er sich nicht mehr an mich klammern konnte. Und er klammerte wie ein Kind. Mit Mühe schob ich meine traurigen Gefühle beiseite und redete mir immerzu ein, dass es wohl wirklich nicht ganz normal sei, »wegen einer Katze so ein Theater« zu veranstalten, wie sich einige meiner Bekannten ausdrückten, die mein Verhalten sehr irritierte. Für alle Fälle hatte ich im Tierheim die Telefonnummer eines Freundes hinterlassen, bei dem ich mich regelmäßig erkundigen wollte, wie es meinem Kätzchen ginge. Und tatsächlich, nach wenigen Tagen teilte er mir mit: »Die Katze ist krank, sie frisst nicht, es geht ihr ganz schlecht, du musst sie möglichst bald abholen. Die garantieren für nichts.« Das Abholen übernahm er, brachte den Kater in die Wohnung, stellte ihm zu fressen und zu saufen hin. Mehr konnte er auch nicht tun. Und ich setzte mich in den Nachtzug und fuhr nach Hause. Völlig übermüdet kam ich in den frühen Morgenstunden an. Ich war nicht nur kaputt, sondern auch ziemlich aufgeregt. Vielleicht wollte mein Kater gar nichts mehr von mir wissen, weil ich ihn so im Stich gelassen hatte. Als ich den Schlüssel ins Schloss steckte, schlug mir das Herz bis zum Hals. Ich öffnete die Tür, und mein abgemagerter, langer Kater kam auf mich zugeschossen. Er strich um meine Beine, schnurrte, als hätte er einen Verstärker eingebaut, verdrehte die Augen, stupste seinen Kopf an meinen, als ich mich zu ihm herunterbeugte, sprang an mir hoch, hielt mich regelrecht fest. Eine unbeschreiblich innige Begrüßung. Nach ausgiebigem Kraulen und Streicheln ging ich in mein Zimmer – er immer zwischen meinen Beinen hin und her –, um mich hinzulegen. Er sprang aufs Bett und blieb diesmal nicht am Fußende liegen, sondern schlich vorsichtig bis zu meinem Kopf unter mein Kinn, und so müssen wir stundenlang gelegen und geschlafen haben, denn genauso sind wir wieder aufgewacht. Er wich nicht von meiner Seite, und es dauerte eine Weile, bis er es wieder ruhig und gelassen ertragen konnte, dass ich das Haus verließ.

Eines sollte ich zum Schluss noch erzählen. Wenn jemand zu uns zu Besuch kam, den mein großer Kater nicht mochte, dann ließ er seinen Gefühlen freien Lauf. Er griff an. Bei seiner Statur, seinen Kräften und seinen langen Krallen waren Hosenbeine jeglicher Art kein Hindernis. Er schaffte es spielend, auch Jeans zu durchdringen. Mit Rücksicht auf den jeweiligen Gast blieb mir gar nichts anderes übrig, als meinen Kater festzuhalten wie einen bissigen Hund, der sich auf sein Opfer stürzen will. Ich habe mich damals oft gefragt, wodurch seine Sympathie oder Antipathie ausgelöst wird, warum er auf manche Menschen total aggressiv und auf andere lammfromm reagiert. Heute im Rückblick, fast vierzig Jahre später, erschreckt es mich fast, wie zielsicher mein großer Kater die Guten und die Schlechten auseinanderhalten konnte. Heute muss ich das selber erledigen.

Die verpasste Erlösung

Es sah nach Regen aus. Ich ging auf die Terrasse, um Polster und Badetücher von den Liegen zu holen. Kurz bevor ich das erste Handtuch falten wollte, entdeckte ich darauf ein Insekt, weder Wespe noch Biene. Das kleine Tier bewegte sich in Zeitlupe. Sein Rüssel war ausgefahren, vorbereitet zum Stich. Ein Hinterbein lag gekreuzt unter dem anderen. Der pelzige Körper pulsierte und versuchte immer wieder vergeblich, seine verdrehten Beine zu sortieren. Das Insekt schien sonst unverletzt. Es klebte am Handtuch. Ich hatte Mühe, es davon zu lösen, um es vorsichtig in einem Blumenkasten abzusetzen. Es machte einen so hilflosen Eindruck, es zitterte. Ich ahnte, nein ich sah, wie es kämpfte. Hätte ich es vielleicht doch lieber zertreten oder zerdrücken sollen, um den Todeskampf abzukürzen? Aber vielleicht hatte es noch eine Chance, denn es sah nicht verletzt aus, da war nur dieses verdrehte Beinchen. Für beide Varianten gab es Argumente. Welche waren die besseren? Mit einem Papiertaschentuch angelte ich das kleine Wesen wieder heraus und brachte es im selben Blumenkasten auf einem Nachbarblatt in eine mir besser scheinende Position. Dann räumte ich wie geplant auf und ging in regelmäßigen Abständen nachschauen. Ich hatte den Eindruck, mein Schützling erholte sich zusehends. Doch dann bewegte er sich nicht mehr. Ich machte mir Vorwürfe, das Tier nicht getötet zu haben.

Tierliebe

Mein geliebter Superkater, Wellensittiche, meist blau, und eine weiße Maus – so sieht meine Haustierbilanz bis jetzt aus. Am spannendsten war die Phase der Gleichzeitigkeit. Es war keine Absicht, es hatte sich einfach so ergeben: das Kater-Findelkind traf auf einen bereits vorhandenen Wellensittich und die weiße Maus kam als Überraschungsgeschenk in unsere Familie. Ich lege Wert auf die Feststellung, dass sowohl Vogel als auch Maus eines natürlichen Todes gestorben sind. Sehr gerne hätte ich einen Hund gehabt. Zunächst hielt mich die Etagenwohnung davon ab, die nach meinem Empfinden dagegen spricht. Und später der Wunsch nach Freiheit und Ungebundenheit. Das Drama der Trennung von meinem Kater, der einmal die Zeit meines Urlaubs im Tierheim verbringen musste, hat mich nachhaltig geschockt. So etwas kam nicht mehr infrage. Ins Flugzeug steigen zu können, ohne sich Sorgen darüber machen zu müssen, ob der Hund den Transport in der Kiste oder die Wartezeit in der Tierpension gut übersteht. Nennt man das Egoismus oder Tierliebe?

18
Angst

Ein schöner Flug. Ich weiß, es ist der 11. September und manche Menschen fliegen an diesem besonderen Tag nicht mehr. Hat es je ein Datum gegeben, das unter einem international bekannten Kürzel Weltberühmtheit erlangt hat? Nine eleven. Merkwürdig ist das schon: Seit dieser unfassbaren Katastrophe ist kein Jahr vergangen, ohne dass ich nicht genau an deren Jahrestag hätte fliegen müssen. Was heißt schon »müssen«? Ich hätte ja absagen können. Ich hätte die Verpflichtung zu einem Vortrag, einer Podiumsdiskussion, einer Moderatorenaufgabe ja nicht annehmen müssen. Ich hätte – wenn ich abergläubisch wäre. Ich bin abergläubisch, aber anders.

Der 11. September jährte sich zum vierten Mal, als ich wieder in einer Maschine saß, ohne dieses Datum verdrängt zu haben, aber auch ohne mich davon beherrschen zu lassen. Nennt man das Glauben? Oder Gottvertrauen? Oder cool? Vielleicht ist cool nur eine moderne Umschreibung von Gottvertrauen. Egal. Ein wenig Verspätung hatten wir beim Start, aber so kräftigen Rückenwind, dass wir dennoch pünktlich landen würden. Das jedenfalls hatte der Flugkapitän versprochen. Ein schöner Flug. Wunderbares Licht am Nachmittag, erst Bilderbuchsicht auf die Küste und dann das weite blaue Meer. Mein Mann und ich hatten es uns gerade bequem gemacht, die Reiseflughöhe war erreicht, das Kabinenpersonal hatte mit der Essensausgabe begonnen. Plötzlich war etwas anders. Von einer Sekunde auf die nächste.

Die Fluggeräusche hatten sich verändert. Im selben Augenblick eine Stimme, die Angst machte: »Descend, descend, descend!« Es klang wie ein Befehl, dem man sich nicht widersetzen durfte. Die Kabinenbesatzung rannte durch den Gang, verstaute in atemberaubender Geschwindigkeit Wagen und Körbe und nahm ihre Plätze ein. Eine Stewardess riss die Tür zum Cockpit auf und schmiss sie sofort wieder zu. Wir verloren an Höhe. Das Wasser unter uns kam näher. Ich sah nur Wasser und hatte Angst. Wären wir über Land geflogen, meine Angst wäre viel kleiner gewesen, obwohl ich weiß, dass die Überlebenschancen beim Notwassern wesentlich höher sind als bei einer Notlandung auf festem Boden in unwegsamem Gelände. Völlig unlogisch, über Wasser mehr Angst zu haben. Aber Angst hat nichts mit Logik zu tun.
In diese seltsame Mischung aus aufsteigender Panik und lähmender Ruhe platzte die Ansage einer Stewardess: »Bitte setzen Sie sich hin und schnallen Sie sich an.« Sonst nichts. Ich will bitte nicht ertrinken. Angespannt bis zum letzten Muskel, dennoch gefasst und in meinen Bewegungen irgendwie reduziert, packe ich die Zeitungen weg. Völlig irre natürlich. War's das jetzt? Dieser Gedanke lässt sich ehrlicherweise nicht wegschieben. Darauf trainiert, sich kopfgesteuert zu verhalten, versuche ich ihn von außen zu betrachten. Sehr unangenehm, dass es noch so lange dauert, bis klar ist, ob wir das hier überleben oder nicht. Wir verlieren dramatisch an Höhe, aber von 30 000 Fuß bis auf null – das dauert eben. Ist viel, viel länger, als man die Luft anhalten kann. Ich sehe kein Festland, weiß nicht, wie weit es bis zur nächsten Insel ist. Vielleicht gibt es in erreichbarer Nähe doch einen geeigneten Flugplatz, bis zu dem wir es schaffen könnten. Schließlich hat auch ein Airliner Segelflugeigenschaften, wenn auch keine berauschenden. Wir sitzen auch nicht in einem Hubschrauber, den es mit Macht nur nach

unten zieht, wenn die Technik ausfällt. Was ist überhaupt los? Feuer ist weder zu sehen noch zu riechen, die Triebwerke können auch nicht ausgefallen sein. Dafür ist es zu laut. Wir sinken weiter. Wie lange noch? Über Wasser lässt sich die Höhe nicht gut schätzen. Es gibt keine Vergleichsgröße, kein Haus, keine Straße, nur Wellen, von denen man nicht weiß, wie hoch sie sind. Über die Angst schieben sich Fragen: Was ist vernünftigerweise zu tun – oder zu lassen –, wenn man überleben will? Wie kommt man hier am schnellsten raus? Äußerliche Ruhe. Extreme Konzentration. Schnell soll es gehen – wenn schon.

Endlich meldet sich der Pilot aus dem Cockpit und sagt, es habe einen plötzlichen Druckabfall gegeben und man habe unverzüglich eine andere Reisehöhe aufsuchen müssen. Jetzt sei keine Gefahr mehr. In der momentanen Höhe von etwa 8000 Fuß würden wir bis zum Flughafen der nächstgelegenen Insel zurückfliegen. Und dann sehen wir weiter.

Als wir sicher und butterweich gelandet sind, bin ich viel zu geschafft, um richtig erleichtert zu sein. Das dauert noch eine Weile. Für den jungen Familienvater in der Sitzreihe vor uns hat man vorsorglich eine Ambulanz bestellt. Er ist kalkweiß, ihm ist übel, er hat Atemprobleme und Herzschmerzen. Während der Phase der Unsicherheit hatte er seine Frau und seine beiden kleinen Kindern stabilisiert und ihnen das Gefühl gegeben, mit ihm an ihrer Seite sicher zu sein. Er werde schon gut auf sie aufpassen. Jetzt, als sich die Anspannung löst, fällt er förmlich in sich zusammen. In den vorderen Reihen hatte die ganze Zeit über eine bemerkenswerte Ruhe geherrscht. Kein Schreien oder Schimpfen, nichts. Im hinteren Teil muss es so etwas wie Panik gegeben haben. Aber davon haben wir vorne nichts mitbekommen. Und was war passiert? Ein Cockpitfenster war zu Bruch gegangen. Einfach so. Der Geistesgegenwart und der guten Ausbildung der

Crew ist es vermutlich zu verdanken, dass es uns nicht so ergangen ist wie ein paar Wochen vorher den Passagieren einer anderen Maschine. Ein plötzlicher Druckabfall hatte bei allen Insassen Bewusstlosigkeit ausgelöst, und das Flugzeug war führerlos gegen einen Berg gerast. Ach, eh ich's vergesse. Der Taxifahrer, der uns am Mittag zum Flughafen gefahren hatte, kam mit einer zersprungenen Windschutzscheibe. Zufall?

Wäre alles planmäßig verlaufen, befänden wir uns bereits im Anflug auf unser Reiseziel. So aber werden wir hier auf diesem Flughafen ins Abfertigungsgebäude geleitet, ohne zu wissen, wie es weitergehen soll. Was dann folgt, kann man nur gelassen ertragen angesichts der Erleichterung darüber, dass nichts Schlimmeres passiert ist. Ein Offizieller führt alle Passagiere der gestrandeten Maschine in einen extrem verrauchten Teil des Flughafens, eine Art Kopfbahnhof mit Snackbar. Niemand weiß etwas Genaues. Eine Ersatzmaschine? Ein neues Fenster? Wie lange? Keine Ahnung. Die Informationspolitik ist – wie üblich in solchen Fällen – einigermaßen chaotisch.

Wir ergeben uns in unser Schicksal, setzen uns und warten geduldig. Neben uns eine junge Frau, deren rechte Hand in einer Tragetasche verschwunden ist. Sie krault eine Katze. Die Gerüchteküche fängt an zu brodeln: An Weiterflug ist heute nicht mehr zu denken – ein Hotel in der Stadt – Übernachtung am Flughafen – Ersatzmaschine ist unterwegs – ein neues Fenster wird eingebaut …

»Um halb sieben gibt es ein warmes Abendessen«, tönt plötzlich eine klare Stimme mit leicht ausländischem Akzent. Sie gehört einer kleinen stämmigen, resoluten Person in Uniform, die wie eine Lehrerin auf Klassenfahrt versucht, alle ihre Schäfchen zusammenzutrommeln. Die Karawane setzt sich in Bewegung, von Flugsteig D nach Flugsteig A. Erst lässt sie sich im falschen Restaurant nieder, weil niemand Bescheid weiß, dann endlich doch im richtigen. Die letzten Reste der Anspannung fallen ab. Der aufkeimende Ärger über das Informationsvakuum und die Ungewissheit werden immer wieder erstickt von der Dankbarkeit dafür, noch einmal davongekommen zu sein. Nach dem Essen, das wahlweise aus Fleisch mit Pommes frites oder Makkaroni mit Sauce Bolognese besteht und besser schmeckt als erwartet, geht es im Gänsemarsch weiter. Wir werden in einem Teil des stark frequentierten Flughafens geparkt, in dem so gut wie nichts los ist. Es ist eine Sackgasse, wie der Platz gleich zu Beginn, aber geräumiger und wesentlich besser belüftet. Sitzgelegenheiten sind ausreichend vorhanden, zum Teil sogar gepolsterte Bänke, deren Rückenteile so hoch sind, dass man bequem den Kopf anlehnen und in eine Art Schlafposition rutschen kann, wenn man die Beine auf den davorstehenden Tischchen ablegt, nicht ohne zuvor eine Zeitung darunter geschoben zu haben. Die Hitze des Tages ist verflogen und ich bin froh um meine Jacke und die in letzter Sekunde – warum eigentlich? – ins Handgepäck gesteckten Strümpfe. Zusammen mit den restlichen Zeitungen, die ich als Decke über meine Beine ausbreite, gelingt es mir, zunächst nicht zu frieren.

Da sitzen wir nun, warten auf Nachricht und dösen vor uns hin. Das langsam heraufziehende Frösteln und die noch nicht ganz überwundenen Angstgefühle lassen mich plötzlich an eine weiter zurückliegende Geschichte denken, die ich schon fast vergessen hatte.

Es war auf dieser Kreuzfahrt mit der bereits beschriebenen Polartaufe. Die Reise führte uns an der Küste Norwegens entlang immer weiter nach Norden. Einer der Offiziere erzählte anschaulich von den Tücken des Treibeises. Letztes Jahr sei ein italienisches Schiff vom Treibeis derart überrascht worden, dass sogar das Umkehren riskant gewesen sei, weil die Gefahr bestanden habe, dass Eisbrocken in die Antriebsschraube geraten und das Schiff manövrierunfähig wird. Man brauche in dieser Gegend Eislotsen, die sich auskennen und im wahrsten Sinne des Wortes eine Nase fürs Eis haben. Denn diese relativ flachen Treibeisschichten seien auf dem Radarschirm nicht zu sehen. Mit einem anderen Schiff als diesem sei er einmal mit voller Kraft in eine solche Schicht hineingedonnert. Es habe sich angehört, als sei ein riesiger Büchsenöffner am Werk. Ein fürchterliches Geräusch, aber es sei nichts passiert.

Wir befanden uns mittlerweile in der Magdalenenbucht, ganz im Norden von Spitzbergen. Die Faszination überlagerte meine Bedenken. Meist werden Naturgewalten unterschätzt, und ich versuchte mir vorzustellen, was passiert, wenn der gewaltige Gletscher vor uns in dem Moment kalbt, wo wir nur wenige Hundert Meter entfernt waren. Ob es eine Riesenwelle geben würde? Ob das davor liegende Eis die Wucht dämpfen könnte? Die Abbruchkante des Gletschers war nach Auskunft der Brücke 45 bis 50 Meter dick. Von der Struktur her erinnerte sie an Borkenschokolade. Die Wassertemperatur betrug etwa ein Grad, weshalb das Wasser bei Bewegung eher nach Öl aussah. Und dann dieses unberechenbare Treibeis. Plötzlich ist es da, kommt immer näher, ganz nah und dann ist es wieder weg, ohne dass man genau hätte sehen können, wie das eigentlich geschah. Kein Wunder, dass Schiffe immer wieder im Eis festsitzen. Dass wir uns bis zum 80. oder 81. Breitengrad nach Norden wagen würden, wusste ich natürlich – darin lag ja auch ein wesentlicher Reiz dieser Reise –, aber das wollte mir nicht recht in den Kopf. Denn das hieß doch, dass uns nur noch neun oder zehn Breitengrade vom Nordpol trennten. Richtig begriffen hatte ich das nicht. Mich berührte der Gedanke an die vielen Forscher und Abenteurer – wobei das eine vom anderen vielleicht gar nicht zu trennen ist –, die ihr Leben auf Expeditionen in dieser eisigen Gegend gelassen haben. Wir dagegen reisten komfortabel in einem geheizten Schiff, hatten genug zu essen und zu trinken und ließen die gigantischen Naturschönheiten an uns vorbeiparadieren.

Wir waren gerade auf dem Rückweg von Spitzbergen, um die Lofoten anzulaufen, als die See immer bewegter wurde und man nicht wirklich problemlos geradeaus gehen konnte. Zum Glück machte mir das nichts aus. Die Sonne, die um diese Jahreszeit auch nachts scheint, verführte uns dazu, spätabends noch mal an Deck zu gehen und mit Freunden noch einen Drink an der Bar zu nehmen, von wo aus man durch Panoramafenster auf beiden Seiten nach draußen sehen konnte. Es herrschte gute Stimmung, alle waren ins Gespräch vertieft, und es dauerte eine Weile, bis ich realisiert hatte, dass man auf der rechten Seite nur Wasser sah und auf der gegenüberliegenden Seite nur Himmel. Bei starkem Seegang passiert so etwas natürlich, aber der Anblick wechselt und bleibt nicht so statisch wie in dem Fall. Merkwürdigerweise war diese Schräglage zunächst auch gar nicht zu spüren.

Ich machte die Umstehenden darauf aufmerksam – »Schaut mal, hier nur Wasser zu sehen und da nur Himmel«. Schlagartig veränderte sich die Stimmung. Instinktiv liefen einige auf die Seite des Schiffes, die quasi in der Luft hing – als ob man durch Gewichtsverlagerung etwas hätte ändern können. Der Hoteldirektor, der bei uns stand, war ein alter Seefahrer, dem es in Fleisch und Blut übergegangen zu sein schien, besorgte Passagiere zu beruhigen. »Das ist nichts Schlimmes, das ist nur der Wind.« Aber genau erklären konnte er die besondere Schieflage des Schiffes auch nicht.

Als ich ihn mit meinen Fragen immer weiter bedrängte, verschwand er hinter der Bar, wohl um die Brücke zu kontaktieren, tauchte wenig später wieder auf und meinte: »Kein Grund zur Sorge, wir fahren einen Vollkreis.« »Aber das machen wir doch sicher nicht freiwillig, also was ist los?«, wollte ich wissen. Darauf kam keine Antwort. Mittlerweile hing das Schiff so schräg, dass es zu spüren war. Vollends gespenstisch wurde es, als sich Aschenbecher, Gläser und Flaschen von selbst in Bewegung setzten und die Theke entlangrutschten. Genau wie in den Spielfilmen, die den Untergang der Titanic zeigen. Grauenvoll. Ich hatte Todesangst. Mir schoss so viel durch den Kopf. Als Erstes – unbedingt etwas Warmes anziehen. Wenn wir in die Boote müssten, war das enorm wichtig. Das bekommt man ja auch immer wieder gesagt. Meine Angst vor diesem eisigen Wasser und davor, langsam zu sterben, schnürte mir die Kehle zu, aber ich bemühte mich, mir nichts anmerken zu lassen. Eine Sekunde lang überlegte ich, wie man sich kurz vorher vielleicht noch schnell umbringen könnte, um sich diese Qual zu ersparen. Ich dachte an meinen Mann, wie entsetzlich es werden würde, wenn weder er mir noch ich ihm helfen könnte, und wer wem beim Sterben zuschauen müsste. Ich dachte an meine Familie, für die ich doch da sein wollte, und daran, dass es besser gewesen wäre, das Testament beim Notar zu hinterlegen, um langwierige bürokratische Schwierigkeiten zu vermeiden. Ich war einerseits total panisch, andererseits merkwürdig ruhig und entschlossen. Irgendjemanden hörte ich sagen: »Wenn ich da lebend rauskomme, dann betrete ich nie wieder ein Schiff.« So etwas in der Art dachte auch ich.
Wir suchten unsere Kabine auf, die zum Glück auf der Backbordseite lag, also auf der Seite, die weit aus dem Wasser ragte. Der Blick nach draußen ließ sich hier besser ertragen. Ich

Irgendwo zwischen Spitzbergen und den Lofoten im Sommer 1994 um Mitternacht

hatte tatsächlich schon an der Bar versucht, nicht zu oft und zu lange Richtung Wasserseite zu schauen, weil das meine Angst ins Unermessliche wachsen ließ. Es führte einem brutal vor Augen, welche Gewalten da tobten. Wir waren gerade dabei, uns für den Notfall anzuziehen, als eine Durchsage des Kapitäns endlich die Situation aufklärte und mit einem Schlag entspannte: »Meine Damen und Herren, wir drehen einen Vollkreis, da man auf der Brücke etwas gesehen hat, das aussah wie ein havarierter Segler. Das hat sich nicht bestätigt, es handelte sich um einen toten Wal. Normalerweise reduzieren wir erst die Geschwindigkeit und drehen dann, aber in dem Fall war es wichtiger, eventuell Leben zu retten. Ich wünsche Ihnen eine angenehme Nacht.« Erst jetzt fing ich an zu zittern. Wären wir früher zu Bett gegangen, hätten wir von alldem nichts gemerkt. Wir begaben uns erneut an Deck und ließen uns um Mitternacht von der Sonne bescheinen.

19
Freund Mensch

Hilfsbereit

Nur noch schnell den Messerschleifer, diesen runden Metallstab, abtrocknen, dann war Feierabend. Wäre ich nicht so müde gewesen, hätte ich vielleicht daran gedacht, etwas vorsichtiger zu hantieren. So aber rammte ich mir ein paar Metallsplitter in den rechten Daumen. Die Heftigkeit des Schmerzes überraschte mich. Mein Mann zog mit einer Pinzette das heraus, was er sehen und greifen konnte, aber ich hatte das Gefühl, als sei noch etwas dringeblieben. Erst mal abwarten. Nachts bin ich jedes Mal vor Schmerzen wach geworden, wenn ich mit dem Daumen die Bettdecke berührte, und morgens war die Fingerkuppe stark geschwollen und überaus schmerzempfindlich. Wir fahndeten nach weiteren Splittern und wurden auch fündig. Das wird schon, dachte ich. Ein Arztbesuch passte jedenfalls zeitlich nicht ins Programm. Wir waren gerade in Spanien, an unserem zweiten Wohnsitz, ich hatte noch Diverses vorzubereiten, weil in wenigen Tagen ein paar berufliche Termine in Deutschland anstanden, zu denen ich diesmal alleine flog. Eine Salbe aus der Apotheke sollte zunächst genügen. Aber der Daumen besserte sich nicht, im Gegenteil. Er war einfach nicht mehr zu benutzen, was sich auf einer Reise hinderlicher auswirkt, als man vermuten könnte, solange alles selbstverständlich funktioniert. Ich verbrachte eine Nacht in unserem deutschen Zuhause, bevor es am nächsten Morgen per Flugzeug

Auf dem Petersburger Dialog 2007 habe ich dem damaligen russischen Präsidenten Wladimir Putin mein Buch *Was passiert in Russland?* geschenkt, das mittlerweile auch auf Russisch vorliegt.

weiterging. Nach Leipzig und von dort nach Weimar, wo der Zweite Petersburger Dialog mit Bundeskanzler Schröder und Präsident Putin stattfand. Überpünktlich wie immer stand »unser« Taxifahrer vor der Tür, um mich zum Flughafen zu bringen, und mein dicker Daumen fiel ihm sofort auf. »Da muss 50-prozentige Ichthyolsalbe drauf, wenn es was bringen soll«, meinte er, und wir fuhren noch schnell an einer Apotheke vorbei. »Das sieht ja schlimm aus!«, war der Kommentar der Apothekerin, die mir riet, den Daumen ausgiebig in warmem Wasser zu baden, am besten mit Seife oder irgendetwas Desinfizierendem. Ich bat sie, mir gleich die Salbe aufzutragen und ein Pflaster draufzukleben. Damit hätte ich alleine sicher Schwierigkeiten gehabt.
Von den Schmerzen und der Behinderung genervt, mittlerweile auch zeitlich etwas unter Druck, hetzte ich am Flugha-

fen vom Check-in-Schalter gleich zur Sicherheitskontrolle. In 99 Prozent der Fälle bin ich bisher immer auf höfliche und freundliche Kontrollbeamte gestoßen, aber ausgerechnet an diesem Tag erwischte ich das andere eine Prozent. Abweisend und böse blickten die alle drein, so als müssten sich die Passagiere für die Belästigung entschuldigen, die sie hier verursachten. Als zwei missmutige Gestalten an meiner bereits durchleuchteten Handtasche herumfingerten, mischte ich mich ein und sagte: »Ach, ich weiß schon, entweder mein Schlüsselanhänger oder mein Talisman.« Keine Reaktion. Ich zeigte beides vor. Keine Reaktion. Stattdessen fing die stumme Frau an, in Seelenruhe den Inhalt meiner Handtasche vor aller Augen auszubreiten. Ich fragte: »Was suchen Sie denn, vielleicht kann ich Ihnen helfen.« Wieder keine Reaktion. Da platzte mir der Kragen und ich beschwerte mich über diese wenig diskrete und unhöfliche Form der Kontrolle. Es gesellten sich zwei weitere Sicherheitsleute hinzu, die den Vorgang sichtlich amüsiert verfolgten. Einer der beiden ermunterte seine Kollegin: »Du kannst ja mit der Dame in die Kabine gehen und alles durchfilzen.« Das fand ich unverschämt. »Können wir gerne machen«, erwiderte ich, »besser als diese unsensible Auspackerei, die Sie hier veranstalten. Es ist eine Frage des Stils.« Wir blafften noch eine Weile hin und her, bis ich mich zu der Bemerkung hinreißen ließ: »Ich fliege jetzt zu Putin und Schröder und pflege jede Woche eine Maschine in die Luft zu sprengen.« Der Kommentar war natürlich völlig fehl am Platz und im selben Augenblick war mir das auch klar, aber da war es schon zu spät. Einer in der Kontrollmannschaft, der sich bisher zurückgehalten hatte, sagte ruhig: »Das interessiert uns nicht, wohin Sie fliegen.« Damit hatte er natürlich recht. Die ganze Sache hatte mich dermaßen aufgewühlt, dass ich vor lauter Aufregung auf dem Weg zum Gate in die falsche Rich-

tung lief. Ich versuchte, mich zu beruhigen, ging zurück, um die Sache in Ruhe aufzuklären und auch meine dämliche Bemerkung zurückzunehmen. Es gab tatsächlich so etwas wie eine kleine Annäherung und ein Sicherheitsbeamter fragte sogar vorsichtig: »Kann es sein, dass Sie heute Morgen etwas sehr sensibel sind?« Wir entschuldigten uns gegenseitig, ich für meinen Ausraster und er für das Verhalten seiner Kollegen. Die Weiterreise verlief ohne Zwischenfälle, wenn man von meinem anschwellenden Daumen absah, der mir vor Schmerzen fast die Tränen in die Augen trieb.
Zwischen Einchecken im Hotel und Umziehen für den ersten offiziellen Anlass rief ich schnell unseren Arzt an – gestern war es dafür zu spät und heute Morgen zu früh gewesen –, der mir dringend riet, sofort einen Kollegen aufzusuchen. Damit sei nicht zu spaßen, daran könne man sterben. Das erschreckte mich dann doch. Nur – wie sollte ich das jetzt machen? Ich war fest eingeplant, die Pressekonferenz zu leiten, die in einer halben Stunde begann. Auf dem Weg dorthin fing mich noch eine Kollegin mit Kamerateam ab, um meine Erwartungen an den diesjährigen Petersburger Dialog zu erfahren. Ich fürchte, ich habe lauter allgemeines Zeug gefaselt, weil ich mit meinen Gedanken ganz woanders war. Den nächsten Programmpunkt, eine Podiumsdiskussion, absolvierte ich noch eine Weile als Zuschauer, bevor ich mich vorzeitig aus dem Saal schlich, um mich meinem Daumen zu widmen. Ich hatte gegenüber des Tagungsgebäudes ein Praxisschild entdeckt, aber der Arzt war leider nicht im Hause. Man verwies mich an die Klinik, die sich allerdings am anderen Ende der Stadt befand. Ein Sicherheitsbeamter des Landeskriminalamtes und ein Polizist bemerkten meine vergeblichen Bemühungen, fragten, ob sie helfen könnten, und fuhren mich mit einem Polizeiwagen nicht nur in die Klinik, sondern warteten dort auch auf mich. Das Röntgenbild zeig-

te einen Splitter von 0,9 Zentimeter Länge, den mir die Ärzte hier und jetzt entfernen wollten. Das könne allerdings dauern, da er extrem dünn und schwer zu lokalisieren sei. Aber ich wollte und musste doch wieder zurück zur Tagung. Also verpassten mir die Mediziner eine Tetanusspritze und Verhaltensmaßregeln: Ich solle umgehend wiederkommen, wenn der Daumen heiß würde. Der LKA-Mann und der Polizist fuhren mich wieder zum Veranstaltungsort, nicht ohne mir ihre weitere uneingeschränkte Hilfe anzubieten. Jetzt lief ich mit einem Ungetüm von professionellem Verband herum, der jedem auffiel und zu den üblichen Fragen Anlass gab. Für den Abend war ein Konzert geplant unter der Leitung von Valerij Gergijev*. Das wollte ich mir natürlich schon gar nicht entgehen lassen. Wie erwartet ein Hochgenuss.

Auch den nächsten Tag überstand ich noch, hatte mir dann aber einen früheren Rückflug besorgt, um am darauffolgenden Tag zu Hause endlich diesen verflixten Splitter loszuwerden. Dazu hatte ich im Krankenhaus des Nachbarortes einen Termin ausgemacht. Es ging mir nicht gut, ich hatte kaum geschlafen, mir war übel, und ich sah unserem Taxifahrer an, der schon am Flughafen bereitstand, wie sehr ihn mein Anblick erschreckt haben muss. Auf der Fahrt nach Hause erzählte ich ihm von dem anstehenden »Operationstermin« und er fragte, wie ich denn da hinkommen wolle. Mit nur einer Hand könne ich ja wohl kaum selbst fahren. Er möchte sich nicht aufdrängen und wolle auch nichts dafür haben, aber er würde mir anbieten, mich zu bringen und auch auf mich zu warten. Er wusste ja, dass ich alleine und

---

* Valerij A. Gergijev, Generaldirektor des Mariinsky-Theaters in St. Petersburg, ist ein international gefeierter russischer Dirigent, der u. a. Gastdirigent der Metropolitan Opera in New York war und derzeit Chefdirigent des London Symphony Orchestra ist. Er gilt als Entdecker des Opernstars Anna Netrebko.

mein Mann in Spanien war. »Der würde mir das nie verzeihen, wenn ich Sie jetzt im Stich lasse«, meinte er noch. Also fuhr er mich in die Klinik. Doch zur verabredeten Zeit war der Arzt mit einem Unfallopfer beschäftigt und niemand konnte genau sagen, wie lange das dauern würde. So verbrachten wir eine Stunde in der Cafeteria des Krankenhauses. Dann endlich war es so weit. Der Arzt holte zwei Splitter heraus, der zweite war auf dem Röntgenbild gar nicht zu erkennen gewesen. Er arbeitete ungewöhnlich schnell und schonend und redete mir ins Gewissen. Das sei leichtsinnig gewesen. Das hätte böse enden können. Der Taxifahrer nahm mich in Empfang und fuhr mich nach Hause.

Vertrauen

Bei all den positiven Erfahrungen im Umgang mit Menschen – nicht erst seitdem ich ein Fernsehgesicht wurde – bin ich im Laufe meines Lebens natürlich auch enttäuscht worden. Bei manchen Personen erwartet man von vornherein nichts anderes, und die Enttäuschung trifft einen sozusagen vorbereitet. Schlimm genug. Aber besonders weh tut es dann, wenn man nie damit gerechnet hätte, dass ausgerechnet der oder die … Davor kann man sich nicht schützen. Auch nicht dadurch, dass man immer misstrauischer wird und vorsichtshalber niemandem mehr traut. Wer alles und jedes nur mit Argwohn beäugt, wird nicht glücklich werden. Misstrauen ist Gift für Lebensqualität. Auch an dieser Stelle ist wieder eine dieser zahlreichen Gratwanderungen zu bewältigen, aus denen der Alltag besteht. Auf der einen Seite das vergiftende Misstrauen, auf der anderen Seite naive, vielleicht riskante Vertrauensseligkeit. Es gilt, nach Möglichkeit in keinen dieser beiden Abgründe zu fallen.

Wer kennt sie nicht, die skeptischen Zeitgenossen, die sich doppelt und dreifach verschließen, ständig angespannt sind und auf der Lauer liegen, von der Frage beherrscht, wie man sie wohl als Nächstes hereinlegen oder betrügen will. Die gar nicht merken, wie verletzend ihr Verhalten ist und wie viel Lebensfreude sie sich selber stehlen. Ist das Charaktersache oder wird man so, wenn die eigenen Verletzungen groß genug sind?
Zugegeben, ich habe in meinem Leben vermutlich sehr viel Glück gehabt. Mein Grundvertrauen zu Menschen und der Glaube an meine eigene mentale Stärke haben mich in Situationen geführt, die übel hätten ausgehen können, wenn mir jemand böse gewollt hätte. Als junger Mensch war ich überzeugt davon, mit Reden und Argumentieren nahezu jede Klippe umschiffen zu können. Ich dachte, man müsse sein Gegenüber nur ernst nehmen und klarmachen, dass man selbst auch ernst genommen werden will. Das waren die Spielregeln. Heute würde ich mich nicht mehr so bedingungslos darauf verlassen. Es ist schwer, einen Rat für den »richtigen« Umgang mit Menschen zu geben. Das Christentum versucht es mit dem Gebot der Nächstenliebe. Meine Interpretation dieses Gedankens lautet so: anderen eine Chance geben und das Risiko eingehen, auch mal etwas zu glauben, ohne es bis ins Letzte vertraglich absichern zu können; vorsichtig, aber nicht misstrauisch sein und frühzeitig signalisieren, dass enttäuschtes Vertrauen Konsequenzen haben wird.
»Der Mensch ist eine Fehlkonstruktion«, habe ich neulich jemand sagen hören. Wenn man an die Perversitäten von Gewalttätern denkt, fällt es schwer, etwas Überzeugendes dagegen einzuwenden. Aber es gibt nun mal nur diese Erdenbewohner mit Namen Mensch. Vielleicht sollten wir uns öfter gegenseitig daran erinnern, dass sich von unserer Gattungsbezeichnung der Begriff Menschlichkeit ableitet.

Noch eine kleine Begebenheit zum Schluss. Wie alle meine Kollegen bekomme ich sehr viele Zuschriften, per Post, per Mail, per Fax. So auch auf mein letztes Buch *Was passiert in Russland?* und nach Sendungen, in denen ich in diesem Zusammenhang zu Gast war. Sehr vereinzelt wird Kritik geäußert. Manchmal sachlich und konstruktiv, aber auch wütend und bösartig. »Auf so was musst du doch nicht reagieren«, ist die einhellige Meinung in meiner nächsten Umgebung. Stimmt eigentlich. Aber ich wollte die Vorwürfe, die mir ein Schreiber gemacht hatte, nicht so stehen lassen und habe ihm geantwortet. Und wenn dann jemand, der mich ursprünglich wüst beschimpft und als Journalist abgehakt hatte, sich wieder meldet und schreibt: »Ich hätte nie gedacht, dass ich von Ihnen eine Antwort bekomme« – und sich daraus eine inhaltliche Auseinandersetzung ergibt, dann macht das doch Mut, oder? Als fröhlicher Melancholiker und idealistischer Realist werde ich versuchen, das so beizubehalten.

20
Ausblicke

Ist man ein Träumer, wenn man träumt? Ein unverbesserlicher Optimist, wenn man immer noch an das Gute glaubt? Der russische Schriftsteller Jewgenij Jewtuschenko hat einmal sinngemäß gesagt: Unverbesserliche Optimisten zeichnen sich durch Mangel an Wissen aus, unverbesserliche Pessimisten durch Mangel an Fantasie.
Das mit dem Wissen lässt sich reparieren, das mit der Fantasie … Ist es klug, Widersprüche zu akzeptieren, oder faul und feige, weil es gilt, Widersprüchliches aufzulösen? Gibt es Widersprüche, die sich nicht auflösen lassen, und welche sind es? Muss ich demütig, fatalistisch oder ganz schön schlau sein, um mit ewigen Widersprüchen leben zu können? Kann man weise und abgeklärt, mit einem leisen Hang zum Zynismus, dennoch begeisterungs- und blödelfähig, engagiert und fröhlich durch eine Welt laufen, die einen zeitweise zur Verzweiflung, Resignation oder Raserei treibt?

2050 – Visionen
(2000)

Wer hätte damals, im Jahr 2000, gedacht, dass es so kommen würde? Und es lässt sich trefflich darüber spekulieren, ob wir den nun endlich beschrittenen erfolgreichen Weg nicht schon viel früher hätten einschlagen sollen. Halten wir uns nicht all-

zu lange mit der fernen Vergangenheit auf. Aber ein grober Überblick sollte schon sein:

1. *Abgeschottete Politzirkel – Parteien und Verbände – widmeten sich ausschließlich der Durchsetzung lautstark vorgetragener Minderheitsinteressen, die demagogisch geschickt als Allgemeinwohl verkauft wurden.*
2. *Auf die zunehmende Unzufriedenheit – besonders in der jüngeren Generation – reagierten sowohl Regierung als auch Opposition mit Instrumenten der Umverteilung. Steuern und Abgaben betrugen durchschnittlich zwei Drittel des Einkommens, um ständig neue staatliche Förderprogramme auflegen zu können.*
3. *Immer mehr junge Menschen fühlten sich in unserem System der repräsentativen Demokratie immer weniger repräsentiert, zweifelten schließlich am Sinn der Demokratie überhaupt. Ein Großteil verließ das Land, die anderen verweigerten sich oder zogen gewalttätig auf die Straße.*

2033 stand Deutschland am Rande eines Bürgerkrieges. Es ist einer Reihe glücklicher historischer Umstände zu verdanken, dass diese Katastrophe verhindert werden konnte. Eine entscheidende Rolle spielte dabei die Tatsache, dass sich der bereits seit 2006 vehement geforderte Vorschlag endlich durchsetzte, europaweit Verhaltensweisen von Menschen zu studieren und danach Gesetze und Regeln zu machen und nicht umgekehrt: sich erst ideologisch befrachtete Systeme mit entsprechenden Vorschriften auszudenken und danach die Menschen formen zu wollen.

Ohne das selbstlose Engagement einiger Multimillionäre wäre das Projekt allerdings nie zustande gekommen. Sie betrachteten ihren Einsatz als Investition in die Zukunft und waren überzeugt, dass spätestens ihre Kinder und Enkel die Früchte würden ernten können. Die Realität hat sie bestätigt.

Die politische Durchsetzbarkeit der gewonnenen Erkenntnisse wurde nicht zuletzt dadurch erreicht, dass es den bereits erwähn-

ten Privatleuten in einem bestechenden Coup gelang, den öffentlich-rechtlichen Rundfunkanstalten Sendezeit abzukaufen und diese mit Informationsprogrammen zu füllen. Es dauerte nicht lange und die Quote schnellte in die Höhe. Die Programmmacher schafften die Gratwanderung: bürgernah, weder anbiedernd noch abgehoben; verständlich, weder simplifizierend noch elitär; gründlich, weder langweilig noch oberflächlich. Losgelöst von Lobbyinteressen wurden im breiten Themenspektrum Erfolgsmeldungen bevorzugt. Die dazugehörigen Hintergrundberichte analysierten die maßgeblichen Faktoren, um Nachahmer anzuregen. Beispiel: »Wie die Gemeinde XY ihre Verwaltung reformierte.« Oder: »Wie die Belegschaft XY ihr Unternehmen rettete.« Oder: »Wie der Kreis XY Ausländer integriert.« Auf diese Weise wurde im besten Sinne Aufklärung betrieben. In einer einzigartigen offensiven Zusammenarbeit zwischen Wissenschaft und Massenmedien gelang es, die Menschen gegen parteipolitisch verkrustete Behauptungen immun zu machen, und es wurde plötzlich »in«, jederzeit seine Meinung angstfrei zu äußern, ohne sie vorher auf political correctness *hin zu überprüfen.*

Und so leben wir heute: Die Parlamente repräsentieren die Vielfalt der Gesellschaft. Durch eine Verdreifachung der Diäten ist es endlich gelungen, über den öffentlichen Dienst hinaus Menschen zum politischen Engagement zu bewegen. Nebenbeschäftigungen müssen offengelegt werden. Seither kümmern sich die Volksvertreter in erster Linie um ihre Hauptbeschäftigung und sind gezwungen, gegebenenfalls ihr Abstimmungsverhalten zu rechtfertigen. Der Fraktionszwang wurde aufgehoben und Berufspolitiker gibt es nicht mehr. Wählbar ist man erst nach einer fünfjährigen Berufstätigkeit außerhalb der Politik.

Dank der technischen Möglichkeiten kann jeder Bürger per Tastendruck seine Meinung äußern. Diese Informationen laufen an einer Stelle auf, die – analog zur Institution der Euro-

päischen Zentralbank – mit unabhängigen Personen besetzt ist, um politischen Missbrauch zu verhindern.
Im zusammenwachsenden Europa sind die Regionen losgelöst von Grenzen ehemaliger Nationalstaaten erstarkt. Baden-Württemberg, Bayern, ein Teil Österreichs und der Schweiz haben zum Beispiel ein Technologiezentrum entwickelt und konkurrieren mit einem Verbund aus Schleswig-Holstein, Teilen Niedersachsens, den Niederlanden, Hamburg und Bremen.
Die komplette Freigabe der Ladenöffnungszeiten hat die Vielfalt im Einzelhandel nicht beeinträchtigt. Es haben sich regional höchst unterschiedliche Modelle herausgebildet. Im Handwerksbereich kann man sich ohne Meisterbrief selbstständig machen, muss dies allerdings öffentlich kennzeichnen.
Flächendeckende Dauersubventionen gehören endgültig der Vergangenheit an. Aus den Steinkohlezechen sind Museen geworden. Staatliche Hilfen gibt es nur noch vorübergehend und zeitlich eng begrenzt.
Die Sozialversicherungssysteme sind nicht mehr an den Arbeitsplatz gekoppelt. Jeder Bürger unterliegt zwar einem Rentenversicherungszwang, der sich allerdings nur noch auf eine Basisversorgung bezieht. Mit der Krankenversicherung verhält es sich ähnlich. Individuelle Lebenssituationen lassen sich individuell regeln. Dazu sind die Bürger deshalb in der Lage, weil Löhne und Gehälter brutto ausgezahlt und konsumorientiert besteuert werden, was zur Folge hat, dass Sparen, Altersvorsorge und Investitionen steuerlich unbelastet bleiben.
Der soziale Friede ist gewährleistet, da in zäher und mühevoller Kleinarbeit Strukturfehler beseitigt werden konnten. Statt Wohltaten für alle gibt es bei uns heute gezielte Hilfe für Bedürftige.

Hoffnung darf nicht sterben. Das ist das Einzige. Und Adalbert Ludwig Balling hat recht, wenn er behauptet: »Glücklich ist, wer sich bei Sonnenuntergang über die aufgehende Sonne freut.«

Anhang
für den politisch interessierten Leser

Risiko
(1999)

»Wer nicht wagt, der nicht gewinnt.« Klar. Leuchtet ein. Aber »ein Spatz in der Hand ist besser als eine Taube auf dem Dach.« Oder? Und »was man hat, das weiß man, was man kriegt, das weiß man noch lange nicht.« Eben. Riskante Sache.
Das Bedürfnis, Gewohntes zu bewahren, ist in Deutschland – nicht zuletzt aus historischen Gründen – stark ausgeprägt. Es korrespondiert mit dem Wunsch nach hundertprozentiger Sicherheit und Absicherung. Und mischt sich mit der irrigen, bei West-Menschen weitverbreiteten Vorstellung, irgendwie schon alles in den Griff zu kriegen. Das Fatale daran ist, dass dieses latent vorhandene Sicherheitsbedürfnis von allen möglichen Seiten gefördert und instrumentalisiert wird, indem man gezielt den Eindruck erweckt, als könne man tatsächlich alle Gefahren und Risiken zu hundert Prozent ausschließen. Mit dieser Grundeinstellung lässt sich wundervoll Politik machen im Sinne von verhindern, denn eine hundertprozentige Sicherheit kann es nicht geben. Unter dem Stichwort »Verhältnismäßigkeit« wird immer ein Abwägen nötig sein.
Es kommt noch etwas hinzu, das dem gleichen Mechanismus folgt und unsere Gesellschaft zurzeit fast völlig blockiert. Wir sitzen in einer Gerechtigkeitsfalle. Diesen treffenden Ausdruck hat ein Journalistenkollege geprägt. Damit ist der Beharrungscharakter unserer Gesellschaft gemeint. Dieses Kleben am Sta-

tus quo. Alles, was anders ist als bisher, kann nur ungerechter und damit riskanter werden. Dabei hat sich ein kardinaler Denkfehler eingeschlichen: Alle gutmeinenden Menschen wollen mit jeder einzelnen politischen Maßnahme Gerechtigkeit erzielen. Das ist nicht möglich. Also tun wir gar nichts und das Gesamtsystem ist blockiert. Das nennt man dann Reformstau. Es würde helfen, andere Gesellschaften intensiver zu beobachten, um herauszufinden, wie die mit diesem Komplex umgehen und ob wir von denen etwas lernen können. In der Regel wandert der Blick dann nach Westen, in die USA. Warum schauen wir nicht mal nach Osten zu den Russen? Ein Volk, dem man über Jahrzehnte eingebläut hat, dass der Staat es schon richten wird. Ein Volk, dem zugemutet wurde, von heute auf morgen aus ideologischen Gründen alle Strukturen einzureißen, ohne dass irgendjemand genau gewusst hätte, wie die neuen Strukturen auszusehen haben und wie sie konkret aufzubauen sind. Ein Volk, das sich – bildlich gesprochen – im Souterrain eingerichtet hat. Wie gehen diese Menschen mit den vielfältigen alltäglichen Lebensrisiken um? In erster Linie: gelassen. Sie verlieren ihr Erspartes und fangen von vorne an. Sie verlieren ihren Job und suchen sich irgendeinen anderen. Sie werden tyrannisiert und betrogen von einem kranken alten Mann auf dem Präsidentenstuhl und haben Mitleid mit ihm, statt ihn zum Teufel zu jagen. Ihr ganzes Leben besteht aus einer Kette von Risiken. Aber sie haben schnell begriffen, dass Risiken und Chancen zwei Seiten ein und derselben Medaille sind. Dieses Bewusstsein scheint in Deutschland auf wundersame Weise abhandengekommen zu sein und mit ihm das Wissen um bestimmte Dinge. Nehmen wir den geschäftlichen Bereich. Eigentlich ist es eine Binsenweisheit, dass das Risiko mit steigender Rendite Schritt hält und dass sichere Anlagen nicht viel abwerfen. Mit Blick auf Russland haben alle deutschen Anleger die aberwitzig hohen Renditen wackeliger Spekulationsob-

jekte gerne kassiert und sich dann aufgeregt, als das Kartenhaus im August des vergangenen Jahres (1998) zusammenbrach. Es entbehrt nicht einer gewissen Komik, wenn ausgerechnet Deutsche den Russen Risikobereitschaft und Eigeninitiative schmackhaft machen wollen, während sie für sich selbst nur in staatlichen Sicherungssystemen denken können und jede Form von persönlichem Risiko für eine unverschämte Zumutung halten. Mit ideologisch bedingter Begriffsverwirrung machen wir uns vollends lächerlich. Warum heißt der gleiche Mechanismus – nämlich marode Betriebe mit Staatsknete auf Dauer am Laufen zu halten – Kommunismus-Nostalgie, sobald er sich auf russischem Boden abspielt, und Sozialverträglichkeit, sobald er bei uns stattfindet? Warum muten Menschen aus dem Westen den Menschen aus dem Osten das Risiko zu, ihre gesamte Gesellschaft im Eiltempo umzustellen, wenn sie doch für sich jedes kleinste Risiko doppelt und dreifach abgesichert ausschalten wollen? Und der Gipfel: Erst versprechen wir unser Engagement und unsere Hilfe, wenn sie dort, in Russland, nur schnell alle Risiken einer politischen Umstellung auf sich nehmen, und dann müssen genau diese Risiken als Begründung dafür herhalten, dass aus unserem Engagement leider nichts werden kann.

Wie wäre es denn mit folgendem Gedanken, wenn es darum geht, anderswo nach unserem Muster Gesellschaften umgestalten zu wollen: Die Risiken steigen in dem Maße, wie wir von hier aus Dinge vorgeben, die dort nicht verankert sind. Die Chancen steigen in dem Maße, wie wir bereit sind, für uns Ungewohntes einfach mal zu akzeptieren. Aber so zu denken lernt man nicht so leicht, wenn man auf der Seite der Welt lebt, wo es sich leichter und weniger riskant lebt. Sich mit allen Konsequenzen die Risiken anderer bewusst zu machen, lässt die eigene Toleranz wachsen. Es lohnt sich schon allein deshalb, sich mit dem Thema Risiko auseinanderzusetzen.

Warum brauchen wir in einer pluralistischen Gesellschaft einen Grundbestand gemeinsamer Werte?

(2004)

Die kürzeste Antwort auf diese Frage lautet: Weil wir ohne gemeinsame Werte die Existenz einer pluralistischen Gesellschaft gefährden. Das mag widersprüchlich klingen, aber es sind nicht selten gerade die vermeintlichen Widersprüche, die über die stabilste innere Logik verfügen.

Auf den ersten Blick scheinen sich die Begriffe »Freiheit« und »Regeln« gegenseitig auszuschließen. Auf den zweiten wird schnell klar, dass Freiheit und Regeln zwei Seiten ein und derselben Medaille sind. Freiheit ohne Regeln ist Anarchie. Regeln und Gesetze schränken Freiheiten ein, um die Freiheit als Wert sichern zu können. Soweit die Theorie. Spannend wird es bei der praktischen Grenzziehung. Wie viel Freiheit braucht eine Gesellschaft, um sich pluralistisch nennen zu können? Wie viele Regeln verträgt eine Gesellschaft, um sich noch pluralistisch nennen zu dürfen?

Um diese Fragen zu entscheiden, bedarf es nicht nur formaler demokratischer Prozesse, sondern auch einer Reihe von Tugenden, die den viel zitierten mündigen Bürger – auf den eine funktionierende Demokratie angewiesen ist – auszeichnen: Dialogbereitschaft und Diskussionsfähigkeit, kurz: Streitkultur, die zwischen sachlicher Argumentation und persönlicher Beleidigung zu unterscheiden weiß. Pluralistische Gesellschaften zeichnen sich unter anderem dadurch aus, dass sie Lebensveränderungen schneller aufnehmen als andere. Ganz gleich, ob sich Gewichte innerhalb der Gesellschaft verschieben oder äußere Einflüsse wechseln – eine pluralistische Gesellschaft wird darauf reagieren und sich strukturell anpassen. Dieser Prozess gestaltet sich zwangsläufig für die langjährigen Mitglieder schmerzhafter als für die neu hinzugekommenen. Lieb

gewordene Gewohnheiten lassen sich nicht nur als Spießermarotten abtun, sie vermitteln auch eine gewisse Sicherheit. Man kennt sich aus.
Menschen, denen Veränderungen zugemutet werden, müssen eine Verbesserung darin erkennen. Warum sonst sollten sie etwas ändern? Es sei denn, der Erhalt gemeinsamer Werte steht auf dem Spiel. Dann sieht die Sache anders aus. Dann lohnt auch ein unbequemer Weg.
Wegen der großen Bandbreite, die eine pluralistische Gesellschaft den Menschen im Hinblick auf ihre persönliche Lebensgestaltung bietet, gehören Respekt und Toleranz zu den unverzichtbaren Bestandteilen einer solchen Gesellschaft, wenn sie gut funktionieren soll. Obwohl jeder, der etwas auf sich hält, Respekt und Toleranz im gegenseitigen Umgang für wichtig erachtet, hapert es nicht selten bei der praktischen Anwendung. Ein Grund mag darin zu finden sein, dass Menschen in ihrer Mehrheit dazu neigen, ihren eigenen Lebensstil, ihre eigene Weltanschauung für die einzig richtige zu halten und – bewusst oder unbewusst – eine Werteskala aufzustellen, bei der sie selbst und ihr Lebensmodell ganz oben stehen. Wer aus dieser Prioritätenliste Rechte und Privilegien ableitet oder gar versucht, anderen seine Vorstellungen aufzudrängen, der verliert ganz schnell die Fähigkeit, Respekt und Toleranz auszuüben, selbst wenn er diese nach wie vor – theoretisch – für hochstehende Werte hält.
An dieser Stelle lauern zwei Missverständnisse. Das erste hängt damit zusammen, dass Toleranz und Gleichgültigkeit zwei verschiedene Dinge sind. Bin ich tolerant, wenn ich die rituelle Beschneidung von Mädchen respektiere, oder hört da die Toleranz eben wegen gemeinsamer Werte in einer pluralistischen Gesellschaft auf? Mache ich mich möglicherweise sogar schuldig, wenn ich das »toleriere«, weil es nichts weiter ist als bequeme Gleichgültigkeit? Das zweite Missverständnis birgt ganz besondere Tücken: So pluralistisch und weltoffen eine Gesell-

schaft sein mag, so hat sie doch ihre ganz eigenen Ursprünge und Traditionen. Hier kommt der Begriff »Heimat« ins Spiel und erneut einer dieser scheinbaren Widersprüche. Nur wer sich heimisch fühlt, erträgt Globalisierung. Wer regional verwurzelt ist, hat mit Europa kein Problem. Patriotismus hat nichts mit Nationalismus zu tun. Mehr noch: Wer aus falsch verstandener Weltoffenheit patriotische Gefühle unterdrückt oder verunglimpft, fördert Fremdenangst und Rassenhass und schadet einer offenen pluralistischen Gesellschaft.

Damit diese Gesellschaft sich entwickeln kann und Bestand hat, braucht sie ein stabiles Fundament, das je nach kulturellem Untergrund anders beschaffen sein darf, aber Mindestvoraussetzungen erfüllen muss, um tragfähig zu sein. Die Kunst besteht darin, das rechte Maß zu finden. Aus übergroßer Vorsicht rundherum alles zubetonieren – das ist keine Lösung, dann wächst nichts mehr. Auf solide Gründung verzichten – das kann sich kein Bauherr leisten, ganz gleich, wie modern und fortschrittlich sein Haus sein mag.

Wer bestimmt nun die Liste der gemeinsamen Werte, die eine pluralistische Gesellschaft unbedingt braucht, wer formuliert die dazu notwendigen Regeln und wer kümmert sich darum, dass sie eingehalten werden? Dazu brauchen wir Eliten. Nach meinem Verständnis besteht das Hauptkriterium dafür, Elite zu sein, nicht in exzellenter Bildung – das ist eine selbstverständliche Voraussetzung –, sondern darin, von den Dingen den Wert statt den Preis zu kennen und in der Lage zu sein zu sagen: Aus Gewissensgründen kann ich das und das nicht machen.

*

Netzwerke – nützlich und fatal

(2008)

Was fällt Ihnen zum Begriff »Netzwerk« ein? Mir fällt zweierlei auf. Der Begriff ist durchweg positiv besetzt. Er steht für beschleunigte Informationsbeschaffung und Schutz, und er wird für zwei sehr unterschiedliche Bereiche benutzt, einen technischen und einen menschlichen.

Als ich neulich für einen Vortrag über Frauen in Russland auf der Suche nach zusätzlichen Informationen durchs Internet spazierte und eben jenen Suchbegriff eingab: »Frauen in Russland«, da erhielt ich seitenweise pornografische Angebote, Listen voll heiratswilliger Russinnen, detailliert beschrieben wie im Versandhauskatalog, und natürlich Prostituierte der unterschiedlichsten Stilrichtungen. Nach dem ersten Schock – ich gebe zu, es hat mich schockiert – versuchte ich es erneut, indem ich den Begriff »Politik« hinzufügte, also »Frauen in Russland, Politik« tippte, und siehe da, ich kam den von mir gewünschten Informationen näher. Warum ist es nicht umgekehrt? Warum erscheint nicht beim Suchbegriff »Frauen in Russland« alles Mögliche an politischen, soziologischen, gesellschaftlichen Informationen zu diesem Thema, und diejenigen, die anderes, Spezielleres suchen, müssen den zusätzlichen Begriff »Pornografie« oder »Prostitution« oder »Heiratsvermittlung« eingeben? Kann man doch fragen. Als ich diese kleine Geschichte einem Kollegen erzählte, meinte der nur: »Mein Gott, bist du naiv, das ist eben so, das macht der Apparat nun mal so.« Und ich dachte eigentlich, wir machen, dass der Apparat macht … Da läuft etwas falsch. Das wird jetzt keine moralische Keule oder das Wort zum Sonntag. Es geht mir auch nicht um den Inhalt, sondern um die Struktur, die dahinter steht. Wenn die Kontoauszüge Ihrer Bank plötzlich zusammenhängende Informationen, die seit ewigen Zeiten auch zusammenhängend aus-

gedruckt wurden, sinnentstellt auseinanderreißen, und die einzige Antwort der Bankangestellten lautet, wir finden das auch sehr unübersichtlich, aber das wird uns seit Neuestem so angeliefert – mit anderen Worten: Das können wir auch nicht ändern –, dann liegt der gleiche Mechanismus zugrunde: Die Mehrheit der Menschen, also Konsumenten, Nutzer, Verbraucher etc., hat sich gefälligst nach Vorgaben zu richten, die irgendwo aus dem Nichts auftauchen, für die niemand verantwortlich ist, die einfach da sind und das Verhalten bestimmen. Das mag im Einzelfall eine lächerliche Kleinigkeit sein, aber das Prinzip dieser Umkehrung ist fatal, weil es die Dinge auf den Kopf stellt.

Zwei weitere Punkte machen es noch fataler. Zum einen haben sich die meisten Menschen daran gewöhnt, derart zu funktionieren und sozusagen das Diktat technischer Netzwerke zu akzeptieren, und zum anderen halten diejenigen, die sich daran stören und es gerne anders hätten, lieber den Mund. Denn man gilt ganz schnell als unflexibel oder fortschrittsfeindlich (oder alt?), wenn man nicht bereit ist, etwas zu akzeptieren, dessen Sinn man nicht einsieht.

Die fatale Seite von Informationsnetzwerken lässt sich mit Blick auf den Journalistenberuf noch erweitern. Vormals stellte die Zensur ein probates Mittel dar, Wahrheiten zu verschleiern. Heute geht das anders. Heute heißt das Zauberwort »folgenlose Informiertheit«. Diese neue Form von Zensur funktioniert nicht durch Geheimhaltung, sondern durch die Überfülle an Fakten, die kein Mensch mehr überblicken, geschweige denn sortieren und einordnen kann. Die Zahl derer, die durch zu viele Informationen nicht mehr informiert sind, wächst. Der ehemalige Spiegel-*Herausgeber Rudolf Augstein hat das noch kurz vor seinem Tod so formuliert. Deshalb ist auch das, was man gemeinhin Medienkompetenz nennt, genauso wichtig wie Bildung. »Medienkompetenz ist ein Schutzfaktor gegen Infor-*

mationsüberflutung« – das hat mal jemand sehr treffend auf den Punkt gebracht. Wie man allerdings Medienkompetenz als solche nicht nur definiert, sondern erreicht, da bin ich noch auf der Suche nach einer anwendbaren Hilfestellung. Wie geht das, dass man nicht nur weiß, sondern versteht? Man kann über vieles streiten, aber dass wir alle unter einer gnadenlosen Informationsüberflutung leiden, scheint mir unbestritten. »Info-Stress« ist mittlerweile zum Forschungsobjekt geworden, und zwar sowohl was die sinnvolle Aufnahme und Verwertung von Informationen angeht, als auch was die gesundheitlichen Auswirkungen dieses speziellen Stresses betrifft.

Nun zu den Netzwerken aus Menschen. Als Journalist, als politischer Journalist und schon gar als Auslandskorrespondent hängt die Qualität der Berichterstattung nicht unwesentlich von der richtigen Mischung der Gesprächspartner ab. Ganz allgemein gilt eine Dreiteilung. Da sind zunächst die offiziellen, deren Namen auf der Hand liegen und ohne die es nicht geht, wie zum Beispiel Pressesprecher, Ministerreferenten usw. Dann die halboffiziellen, die man sich suchen muss. Das sind solche, die in interessanten Positionen sitzen, aber nicht in den institutionalisierten Kontakt zur Presse eingebunden sind. Und schließlich die privaten, die der Zufall bestimmt. Was immer das ist. Bei der Gelegenheit noch ein Hinweis: Herbeigeführte Zufälle, wo Journalisten zu nützlichen Idioten bestimmter politischer oder wirtschaftlicher Interessen gemacht werden sollen, sind kein Privileg autoritärer Regime. Die demokratischen und die, die sich so nennen, ohne es zu sein, können das auch sehr gut. Da ist man nur weniger darauf gefasst.

Die Bandbreite der Kontakte, die möglichst weite Ausdehnung eines Netzwerkes bildet die Grundlage für solide journalistische Arbeit. Darüber hinaus ist die Fähigkeit, Privates und Berufliches auseinanderzuhalten, von entscheidender Bedeutung. Das sagt sich so leicht und tut sich so schwer. Aber es ist ein

Gewinn, wenn man es schafft, neuen Bekannten glaubhaft das Gefühl zu vermitteln, dass sie einen nicht wegen ihrer Funktion, sondern um ihrer selbst willen interessieren. Das ist die eine Ebene. Die andere, viel gefährlichere ist die, wenn das Vermischen von Beruflichem und Privatem dazu führt, dass man den Blick nicht mehr frei hat, den professionellen kritischen Blick. Keine Frage, es ist nützlich, wenn mich ein freundschaftliches Verhältnis mit einem hoch angesiedelten politischen Entscheidungsträger verbindet. Viele Informationen bekommt man nur, wenn ein Vertrauensverhältnis besteht. Die Kunst ist allerdings, ein professionelles Vertrauensverhältnis zu Personen aufzubauen, mit denen man nicht befreundet ist. Das ist viel schwerer, aber machbar. Und vor allem notwendig. Denn wie soll ich als Journalist einen Politiker profund kritisieren, bei dem ich morgen privat zum Essen eingeladen bin? Das geht nicht. Das eine oder das andere wird leiden.

Die elementare Frage bei Netzwerken lautet: Bin ich Teil des Netzwerks, also liege ich im Netz, oder hänge ich draußen? Diese Ortsbestimmung entscheidet im Wesentlichen darüber, ob sich einem eher die nützliche oder die fatale Seite von Netzwerken erschließt. Überall, wo Menschen miteinander zu tun haben, entstehen zwangsläufig Netzwerke. Diese sind nützlich und fatal, zutiefst undemokratisch und höchst leistungsfähig.

Zur Veranschaulichung ein Beispiel: Fernsehjournalisten haben oft das Problem, politische Themen optisch attraktiv umzusetzen. Die Bilder sollen Aufmerksamkeit erregen, aber nicht ablenken. Sie sollen möglichst originell sein, aber nicht zu bemüht wirken. Ein guter Kameramann ist da Gold wert. Einer, der sich interessiert, der kreativ ist. Jedenfalls keiner, der nur auf Anweisung den Auslöser betätigt. Wenn Sie einen solchen Kameramann gefunden, mit ihm mehrfach erfolgreich gearbeitet haben und das nächste Projekt ansteht, das mit einer nicht unattraktiven Dienstreise verbunden ist, dann haben Sie ein Problem. Denn zentrale Dispositionsstellen öffentlich-rechtlicher Anstalten wittern unlautere Seilschaften. Sie bestimmen lieber »zentral-neutral«, wer reisen darf. Begriffe wie Gerechtigkeit und Chancengleichheit kommen ins Spiel. Nicht Engagement und Leistung.

Im Sinne der Sache – einem guten Filmbericht – sollten alle Beteiligten froh sein, wenn es dafür gute Teams, gute Netzwerke gibt, zu dem in diesem Fall auch noch eine gute Cutterin gehört und eine ebensolche Mischmannschaft im Tonstudio, die u. a. dafür sorgt, dass Hintergrundgeräusche auch Hintergrundgeräusche bleiben. Kurz und gut: Funktionierende Netzwerke werden nicht selten ausgehebelt, weil man den durchaus möglichen Missbrauch gleich mit unterstellt. Vetternwirtschaft ist auch eine Form von Netzwerk. Und schon sitzen wir in der Falle. Ein Verwandtschafts- oder Freundschaftsverhältnis allein ist nicht das Kriterium für Vetternwirtschaft. Das weiß natürlich jeder. Trotzdem ist nichts leichter, als jemandem, der mit Verwandten und Freunden gute Arbeit leistet, Vetternwirtschaft vorzuwerfen, um ihn auszuhebeln. Um noch mal das Bild des Netzes zu bemühen: Wer hat sich nicht schon mal in einem verheddert?

Der Umgang mit Netzwerken – technischen und aus Menschen bestehenden – wäre aus meiner Sicht ein lohnendes Unterrichtsfach in der Schule. Dann bestünde die Chance, wenn schon nicht Medienkompetenz zu erlangen, so doch zumindest zu erfahren, dass da etwas ist, was sinnvoll und hilfreich sein könnte. Und noch wichtiger: ein staatsbürgerliches Gespür dafür zu entwickeln, wann undemokratische Netzwerke einer demokratischen Gesellschaft guttun und wann nicht.